跟着名家写文章

马衍伟 主编

中国言实出版社

图书在版编目(CIP)数据

跟着名家写文章 / 马衍伟主编. -- 北京：中国言
实出版社，2024.4
　ISBN 978-7-5171-4809-8

Ⅰ.①跟… Ⅱ.①马… Ⅲ.①写作学—文集 Ⅳ.
①H05-53

中国国家版本馆CIP数据核字（2024）第080812号

跟着名家写文章

责任编辑：曹庆臻
责任校对：王建玲

出版发行：中国言实出版社
　　　　地　　址：北京市朝阳区北苑路180号加利大厦5号楼105室
　　　　邮　　编：100101
　　　　编辑部：北京市海淀区花园路6号院B座6层
　　　　邮　　编：100088
　　　　电　　话：010-64924853（总编室）　　010-64924716（发行部）
　　　　网　　址：www.zgyscbs.cn　　电子邮箱：zgyscbs@263.net

经　　销：新华书店
印　　刷：北京中科印刷有限公司
版　　次：2024年4月第1版　　2024年4月第1次印刷
规　　格：880毫米×1230毫米　　1/32　　14.25印张
字　　数：306千字

定　　价：79.00元
书　　号：ISBN 978-7-5171-4809-8

目 录（文章按作者姓氏笔画排序）

一、文风篇

三、公文篇

四、论文篇

五、文学篇

文风篇

文风与话风

王　蒙

　　工农兵学商，人人都要写文说话。尤其是领导干部，要说更多的话。

　　这么多人说话，为什么有时有人出现千篇一律、了无新意？装腔作势、缺少公信力？照本宣科，打动不了人？空洞抽象，与实际不沾边？乃至于出现文理不通、名词生硬、浮夸张扬、叫人反感、令人昏昏欲睡的情况？

　　文与话，怕的是只会照本宣科。我们说话著文，一定要从实际出发，要务实，要唯实。文与话的力量在于针对实际情况，解决实际问题。文与话的价值在于从中得到对于实际事物的认识、体会、对策。

　　我们的文与话应该有新意。是的，真理是稳定的，你不能老是搞花样翻新。但同样一个真理，对于不同时间地点条件下的不同实际状况，必然会做出不同的挑战因应与侧重点的强调，引发出不同的对待与思路。有同，有不同；有变，有不变。我们不可能只是照抄照转就把事情办好。

　　在发表大量的文字与话语的同时，我们更需要的是倾听，不但倾听我们喜欢听的东西，我们认为是正确的东西，还要倾听我们不那么喜欢的东西，或我们很容易地判断为不正确的东西。不正确，不爱听，为什么还会屡屡浮出水面？这里头会有深层次的问题，包括实际问题与思想理论问题。我们的一切说法，只能面对、只能接触这些深层次的问题，而不是回避、躲闪这种深层次的、不无尖锐性的问题。我们各行各业有许多好的骨干、精英、领军人物，他们勤奋踏实、忠诚可靠、敬业钻研，这太好了，但仅仅这样可能还不够，他们能不能敢不敢面对挑战、迎接风浪、回应干扰、头脑清醒、坚强屹立？只有能够面对与解决难题的有思想有头脑的人，才能成为真正的骨干。

话语与文字要有个性，要联系自身，要现身说法、出现你的"真身"。共性是寓于个性之中的。不论什么样的共识、大道理、全民族的与全体人民的共同目标，都离不开一时再一时、一地再一地、一事又一事、一人又一人的具体情况，修辞立其诚，我们所以要修辞，要讲究文风话风，不是为了形式上的漂亮与红火，而是为了最真诚准确地表达我们的思想观念。话语文字有了个性，才有了最真诚、最动人的共性，才能发挥凝聚人心、推动事业的作用。

顺便说一下，一些重要的场合，认真准备文稿，做到一丝不苟、一字一标点无差错是必要的也是可能的，这是我们的责任心的表现。但在另一些联欢活动、学术活动、团聚活动，乃至学生活动、少年儿童活动中，也都把讲话稿、把主持词写出来，到处是八股腔调、公文风格，或不伦不类的媒体腔调、推

销腔调、港台腔调……实在不是最好的办法。让我们提倡一种
更亲切、更纯朴、更简练、更活泼也更真实的会风、文风、话
风吧。

（选自《秘书工作》，2013 年第 3 期）

主要的是思想内容

巴 金

关于"文风"大家已经谈得很多。大多数人都谈得很好，我没有什么新的意见。我觉得文章的好坏主要地在于它的思想内容。有了正确的思想和丰富的材料，一定能写出好的文章。我这句话里自然还包括了一个条件：作者要懂得他自己写的东西；他在文章里所阐明的思想应当经过他的消化成为他自己的思想。他要懂得它，才能够说得清楚；他要热爱它，才能够说得动人；他是在说真话，才能够说得恳切；他充分相信它，才能够说服别人。至于语气、辞藻等等都是次要的事。各人写文章可以用他自己的表现方法。有人喜欢开门见山，一开头就说出结论，然后慢慢地解释下去；有人喜欢先举出具体的例子，摆出一些事实，最后才说出结论。就拿我自己来说，我写文章有我自己的表现方法。有时候我的思想对了，文章就有可取之处；思想一不对头，我就会写出坏文章来；有时候我的思想不大清楚，或者我知道得太少，那么我的文章就不生动，无力量。所以在思想不对头、不清楚，或者我知道得太少的时候，我即使拼命在文字上花功夫，使出全身的力气，也没法把文章写好。
这是真话。

（选自《语文学习》，1958 年 6 月号）

文风问题怎么样改进

叶圣陶

咱们说改进文风，话里头就含有这么个意思：咱们现在的文风有问题，不够好。谁同意要改进文风，谁就得真心承认这一点。否则尽说改进也不会改进到哪儿。

其次，所谓文风的"文"，该给它定个范围。就是说，这个"文"究竟包括哪些东西？

我想，凡是在社会上散布的，在机关团体里传送的，用油印铅印种种方法印刷的，都包括在内。无论文告、讲稿、政治论文、学术论文、科学著作、通讯报道、文艺创作，凡是存心给公众看的，都包括在内。

唯有学生的习作可以不包括在内。学生的习作既然是"文"，当然也有"风"，为什么可以不包括在内呢？我想，学生的习作只送请老师指正批改，并不是给公众看的，这是一。其二呢，学生的习作受一般文风的影响很大，可是还没有形成固定的风，一般文风有所改进的时候，学生的习作受到好影响，自然会往好的方面发展。

假如我的想法不错，咱们以存心给公众看的东西为范围，该怎么样考虑文风问题在哪儿，不够好在哪儿呢？

我想，咱们必须特别注意"存心给公众看"这六个字。

存心给公众看，那就必须是值得给人家看的东西，对人家有好处的东西，哪怕好处只有一点儿。手里拿个烂苹果，能送给人家吃吗？

咱们有没有拿错误的思想、不正确不精密的理解和认识写在文章里呢？

咱们有没有拿自己也不大相信、自己也不甚了了的东西写在文章里呢？

咱们有没有连篇累牍写了一大堆，实在意义可只有一点儿，或者连一点儿也说不上，使人家浪费了宝贵的时间和精力呢？

咱们有没有放任咱们的思路和笔，写到哪儿算哪儿，使人家摸不着头脑，看了半天一无所得呢？

咱们有没有违反了我国的语言习惯，错用一些词，错用一些句式，或者杜造一些词，杜造一些句式，使人家感觉非常别扭，揣摩也揣摩不透呢？

诸如此类的问句还可以提出很多。

假如回答说"有"，无论属于哪一项，总之对人家有或多或少的不利，文风问题就在那儿，不够好就在那儿。

既然"有"，就该老实承认，千万不要想出种种理由为自己辩护。其次就该努力充实自己，首先是思想认识方面，次之是表达的技巧方面。唯有努力充实自己，咱们的文风才能有所改进。

咱们查明文风问题在哪儿，要求改进就有了着手处。拿治病来比，根据病象可以探究病原，知道了病原，就可以开出药方，确定疗法。

譬如病象是拿一些错误的思想、不正确不精密的理解和认识写在文章里，病原就在咱们思想改造的努力还差，思想方法的锻炼还不够。今后必得认真进行思想改造，认真锻炼出思想方法。即使不为写文章，只为在社会主义社会里做个具有积极作用的人，这些努力也必不可少，何况要写给公众看？

譬如病象是拿一些自己也不大相信、自己也不甚了了的东西写在文章里，病原就在咱们的态度和作风不对头。这也由于思想改造的努力还差，还没透彻地领会什么叫对读者负责。今后必得切切实实改变态度和作风，做任何事情都要对得起公众，写文章是任何事情里的一件事情，当然要对得起读者。经过再三考虑，确然是由衷的，是自己的真知灼见，才写下来贡献给读者。否则宁可暂时搁笔，绝不勉强对付。

譬如病象是写得多，实在意义不多，病原就在咱们忽略了节约的原则。不顾节约，让它浪费，那是没有底的。可有可无的，无关紧要的，既然可以容留一句或是一段，为什么不可以容留十句或是十段呢？不忽略节约，这就有个一定的限度，今后必得在实践中特别注意，无论一个词、一句话、一大段，都拿是不是非写不可来衡量，是的，决不让它遗漏；不是的，决不随便容留。意义丰富，当然写成长篇；意义不多，无妨来个短篇；意义实在寥寥，也就宁可搁笔。

譬如病象是写得使人家似懂非懂、摸不清头脑，病原就在咱们有不可告人的隐情，或者在咱们没有养成良好的思维习惯，所谓思路是一条七叉八出的路。如果属于前一项，那是很严重的毛病，要治疗也得从认真进行思想改造下手。如果属于后一项，读点儿逻辑会有好处，能从各方面的实践中体会逻辑的道理，尤其有好处。

譬如病象是用词造句不恰当，病原就在咱们的语言素养差，没有完全走上约定俗成的轨道，或者在咱们根本瞧不起语言，以为语言是小节，无关宏旨。无论属于前一项或是后一项，今后必得看中语言，改变以前忽视或是藐视的态度。写文章，就是凭语言跟人家打交道，语言是咱们能够使用的唯一的工具，所以丝毫马虎不得。这句话看来也平常，但是深切体会之后，将会见得确然有受用处。

总说一句，文风问题是多方面的，因而改进的途径也是多方面的。

（选自《语文学习》，1958 年 4 月号）

文风问题杂感

吕叔湘

文风问题是个大问题，并且是个容易引起争论的问题。就拿一般所说的"假、大、空"来说吧。你说这篇文章说话不老实，他会说，要是把真相和盘托出，必然引起种种误会，造成混乱。你说这篇文章未免夸大，他会说，不这样就不能满足人们的希望。你说这篇文章净是空话，他会说，你没看出其中的奥妙。总之，凡是写文章的人，十个有九个都认定文章是自己的好，什么"一字为师"等等都是神话。有鉴于此，过去凡是报刊来约稿，让谈谈文风问题，我总是尽量推辞，实在推不了的时候就谈些无伤大雅的小问题，估计到有关文字的作者会一笑置之。现在文风问题已经难得有人谈起了，我把这些零散片段集合到一起，又加进去一些新近见到的材料，供将来写文章的人参考，如果他们愿意参考的话。例子虽然不多，涉及的方面不少，以类相从，略分九节。总题《文风问题》，又加"杂感"二字。

一、言之无物

言之无物就是说空话。刚才说不谈说空话的事情，现在又拿来做题目，实在是因为在古书里发现两个百分之百地说空话的例子，非常有趣，忍不住要抄来供大家欣赏。

宋朝曾慥《高斋漫录》里有一条：

（1）徐师川之族兄少赴举场，试《圆坛八陛赋》，终日不能下一字。乃大书试卷云："圆坛八陛，八陛圆坛。八陛圆坛，既圆坛而八陛；圆坛八陛，又八陛以圆坛。"榜出，阳为失意状。或调之曰："吾兄所以被黜，正由小赋内不见题故也。"至今传以为笑。

洪迈的《容斋随笔·四笔》卷七里有一篇《人焉廋哉论》，与此相似而又过之。《论语·为政》有一处"人焉廋哉"："子曰：视其所以，观其所由，察其所安，人焉廋哉！人焉廋哉！"《孟子·离娄》也有一处"人焉廋哉"："存乎人者，莫良于眸子。眸子不能掩其恶。胸中正则眸子了然，胸中不正则眸子眊焉。听其言也，观其眸子，人焉廋哉！"这"人焉廋哉"四个字，《论语》里说了两遍，《孟子》里只说了一遍，于是一位太学生（类似今天的大学生）就此"戏作一论"：

（2）知人焉廋哉之义，然后知人焉廋哉，人焉廋哉之义。知人焉廋哉，人焉廋哉之义，然后知人焉廋哉之义。孔子所云人焉廋哉，人焉廋哉者，详言之也。孟子所云人焉廋哉者，略言之也。孔子之所谓人焉廋哉，人焉廋哉，即孟子之所谓人焉廋哉。孟子之所谓人焉廋哉，即孔子之所谓人焉廋哉，人焉廋哉也。夫人焉廋哉，人焉廋哉，人焉廋哉，虽曰不同，而其所以为人焉廋哉，人焉廋哉，人焉廋哉，未始不同。

这些都是赤裸裸的空话，事实上是极难遇到的。但是明清两代五百多年中，几百万、几千万应科举的读书人所写的亿万篇八股文不就是上面的《人焉廋哉论》稍加梳妆打扮的东西吗？现在是没有人写八股文了，但是八股气似乎并未绝迹。试拟一例：

（3）我们知道，要做好某一件事情，就得懂得这件事情的规律，写文章也不能例外。了解了写文章的规律、原则和方法，写作的时候就有所遵循，就有可能自觉地根据写文章的规律、原则和方法去完成一篇文章的写作过程，就有可能运用这些规律、原则和方法去解决一篇文章的写作过程中所遇到的问题。

当然，这是简化了的样品，实际遇到的决不会这么简单，是要花点功夫才能认出来的。

二、莫测高深

有些文章，初看不懂，再看一遍或两遍，懂了，或者基本上懂了。这是一种情况，我们说这种文章晦涩。另外一种情况，一篇文章初看不懂，再三地看，还是不懂。可是你也不敢说这篇文章没有内容，你只能承认你所受的语文训练不适合看懂这种文章。这样的文章我也先举一篇拟作：

（4）绘画作品从自我出发的形式观念，造成了一种共时变化的形式类聚与生成性的增强，对自我意识的逆反心理，以及人类自卑感的反向心理，产生了共时的变化，达到自我精神的升华，并及内心视象。对形象价值的尊重，诸如佛罗伦萨的灵感的癌变，视觉旋律的归位，取得可变心意的律动。三维思考的朦胧反馈，实体动态的进取，必将留下意念的阶越，表达一个多元的、自主的、信息的、反差的世界。（《讽刺与幽默》1987年5期，作者郭常信）

凡是拟作总难免夸大，但决不会是无中生有，总是有原型的。下面是一件货真价实的样品，是1987年12月1日的《人民日报》上的一位作者在他的文章《唬人的招数》里引用的。

（5）人格内在机制的形成程序是与社会文化渗透的社会化程序是同构的，因此在探微形象个体的文化心理机制时，应注意它与地域文化情境和时间限度的同一性。

《唬人的招数》的作者解之曰："其实不过是在说艺术作品中人物形象的性格形成与这形象生活着的社会环境以及这环境的历史演变的关系。"

经过这一番破译，这一路文章跟前面讲的行文晦涩的文章的区别就出来了。晦涩的文章有作者自己的思想要表达，只是没有做到，也许是难于做到，深入而浅出。而"唬人的招数"多半是浅入而深出，其内容往往在一般读者的常识范围之内。这样，它跟前边所说的言之无物的文章就成为一具盾牌的两面了。最近在一本外国书里看到一段类似的议论，现在也把它抄在下面，可见这种文章到处都有：

专门化的语言也可以被人们误用，或者可能变成一种面具，用来掩盖原来想要表达的真实意思，或者用以掩盖原来就没有什么东西可说这一事实。(Michael Gregory and Susanne Carroll: Language Varieties and their Social Contexts, Chap. 3)

三、成语的误用和滥用

不知道从什么时候起，四个字的成语成了某些写文章的人的宠儿。成语这东西，偶一用之，并且用得恰当，的确有助于文采。可是，首先得了解这个成语的真正意义——大多数成语是比字面上的意思要多点儿什么的。不懂得这个含义，就会用错。举三个例子。

（6）第一个例子是"东山再起"。这个成语的起源是东晋时候的谢安一度出仕，不久就辞官隐居东山（《晋书》作《东土》），后来时局变动，他又出来做官，不久做了宰相。现在常常看见被人误用，例如说一个罪犯集团被破获，

"虽然余党暂时销声匿迹,可是不知道什么时候又会东山再起。"把溃散的匪徒比喻为隐居的名士,显然是不恰当的。

（7）第二个例子是"偃旗息鼓"。1985年5月31日的《人民日报》第三版有一条新闻,标题是《全国武术比赛偃旗息鼓》。这是什么意思呢?是不是比赛遇到了障碍?还是谁下了停止比赛的命令?没有呀。那为什么要"偃旗息鼓"呢?再看新闻的正文,原来是"本报银川5月30日电:精彩纷呈、场场爆满的全国武术比赛今天在这里圆满结束"。难道"偃旗息鼓"就是"圆满结束"的意思?查查《辞源》看。《辞源》在"偃旗息鼓"这一条中引了两个出处:①《三国志·卷三十六·赵云传》注引《赵云别传》:"更大开门,偃旗息鼓,公（曹操）军疑云有伏兵,引去。"——赵家军和曹家军的仗没打成,谈不上圆满结束。②《旧唐书·卷八十四·裴光庭传》:"突厥受诏,则诸蕃君长必相率而来,虽偃旗息鼓,高枕有余矣。"——不用打仗了,也就无所谓结束了。《辞源》还附带说明,"也作卧旗息鼓,见《三国志·诸葛亮传》注",引的就是后来京戏里的《空城计》的故事,也是仗没打成。敢情"偃旗息鼓"跟"圆满结束"不是一回事,中间不能画等号。

（8）第三个例子是"成也萧何,败也萧何"。《人民日报》1988年2月14日第一版有记者访问雷宇的谈话记录。记者对雷宇说:"说得更为坦率而具体些,在权力的使用方面,你既有经验,也有教训。'成也萧何,败也萧何',人们更关心你对使用权力的看法,做成功的萧何而不做失败的萧何。"这可就大大的误会了。"成也萧何，败也萧何"是说韩信的遭遇：当初投奔汉王刘邦，登坛拜将，是由于萧何的推荐，后来让吕后诓去杀了也是萧何出的主意。

爱用成语就难免要滥用，滥用就常常会用得不恰当，甚至会杜撰。下面引两个例子，出处失记。

（9）（略）。

（10）书中描写的场景规模大，人物多，斗争错综复杂，情节生动，使人目不暇接，饶有兴味。但作者写来却很从容，有条不紊。作者还不断变幻自己的笔墨，时而大开大阖，时而细致入微；时而金戈铁马，时而晓风残月；时而紧张到密不透风，时而诗意地抒情，令人心旷神怡。

有时候记忆不真，胡乱篡改，使成语不成为成语。例如：

（11）"巴"片（按指影片《巴山夜雨》）获得的诸项大奖实是名至实归的。（1981 年 6 月 20 日某报，报名失记）

"实至名归"是成语，意思是质量高了，名气自然就大了。"名至实归"怎么讲呢？难道可以说名气大了质量自然就高了吗？

至于把成语里的字写错，那也是常见的。例如把"振振有词"写成"阵阵有词"，把"长此以往"写成"常此以往"，等等。有两个成语的写法恐怕已经难于改回来了:"毕恭毕敬"(原为"必恭必敬"),"不究既往"(原为"不咎既往")。

还有一种毛病是把四个字的成语去掉一半用一半。有两个例子:

(12)华罗庚不渝地深入生产实际找课题的精神也受到党和国家的高度评价。(《人民日报》1985年2月4日第三版《在千百万人之中》)

(13)世上没有十全十美的人和事,没有现成的幸福,全靠想得开,靠相互谅解,靠争取,靠奋斗……唉,我也说不好,反正,你心领就是了。(《当代》1984年6期199页)

例(12)是把"始终不渝"的"始终"去掉,只剩下"不渝"二字,没法儿讲。例(13)是把"心领神会"的"神会"去掉,只剩下"心领"二字,倒是可以讲,却是另外一种意思了。《现代汉语词典》:【心领】客套话,用于辞谢别人的馈赠或酒食招待。

(14)还有一件事情需要注意的是现代的读者对于古典文学不一定熟悉,因而在文章里用成语要考虑到读者即使不知道这几个字的来源,也能懂得它的意思。忘了是50年代的哪一年,在报上看见一条新闻的标题,是"伊拉克山雨欲来/近二百名军官被捕"。如果作者不给读者一点儿帮助,许多读者是不会真正懂得"山雨欲来"这四个字的含义的。但是这条新闻本身只说:"伊拉克当局逮捕了伊拉克陆军的 192 名军官,罪名是策划政变。正在继续大批逮捕爱国人士。"读者还是不懂标题里那四个字是什么意思。如果能在最后加上一句"伊拉克政局大有'山雨欲来风满楼'之势",读者就明白了;否则,最好不要在标题里边用上这四个字。

最后,对爱用成语的同志们说几句也许是不中听的话。不错,汉语有丰富的宝贵遗产,值得我们骄傲。可是毕竟一个时代有一个时代的语言,现代人说现代话,听起来有一种亲切感,好得很。干吗老想掏老祖宗的兜儿呢?依我说,我们做人要做现代人,写文也要写现代文。多向前看,少向后看,这不很好吗?

四、四字语

成语以四个字的为多,但不一定凡是四个字的组合都是成语。成语是固定的,一般四字语不怎么太固定;成语很少连着用,四字语常爱连着用。谁最喜欢多用四字语?中学生和小报的投稿者。

听说中学老师乃至小学老师之中很有些人,指导学生作文,首先要他们"储备"精彩的词语,用个本子抄下来,作文的时候打开本子来找。早几年还曾经看到过一本讲成语的书稿,作者鼓吹多用成语不遗余力,特别推荐下面这段新闻报道作为范本,说是如何如何的好,是了不起的"佳作"。

（15）丹东三面环山，一面临水，山光水色，引人入胜。西哈努克亲王和夫人，英萨利特使和其他柬埔寨贵宾们小憩之后，登上锦江山顶的锦江亭，凭栏远眺，俯瞰全景。山上佳木葱茏，江里春水溶溶，远近屋宇栉比，舟车往返频繁，呈现出一片生气勃勃的景象。西哈努克亲王意兴盎然，谈笑风生，不时拿起望远镜浏览景色，赞扬丹东市的建设成就。

"佳作"当然谈不上，但还算得是通顺。下面这一段就连通顺也成问题了。这一段见于某一个文摘报。

（16）《争鸣》第三期发表艾斐撰写的文章，认为红学界对《红楼梦》的研究越来越离开了《红楼梦》的本体内容，不在"书内"所含蕴、所潜在的思想意义、创作倾向、表现手法和艺术技巧上，下功夫进行研究和探索，而是津津有味地在"红外学"、"红外线"上唯芥是较，烦琐考证，猜谶探佚，穿凿绎义，畸言喋冗，龈龉频仍，以至于仅仅为了与《红楼梦》本体内容并无多大关系，甚至完全没有关系的一首诗、一幅画、一竿竹子、一丛菊花、一个谜语等等，也要轮番连篇讲演，交相累牍著文，虽已唇焦文滥，仍旧存疑无终。好像《红楼梦》不是一部小说，而倒是一件出土文物，需要像考古学家那样，对其内在微末和外及小芥也拆析论证，侧测穷极，以至于形成了这样一个共同的客观效果，即《红楼梦》这部伟大的现实主义文学杰作，离开我们社会主义的文学现实越来越远了，与文学界越来越隔膜了，对文艺理论研究和文学创作实践的积极意义和借鉴价值越来越疏淡和微小了，从而使文学界不那么愿意问津和染指红学界和《红楼梦》的事了。（胡耷摘）

这段文字里边的生造和误用的词语的比率之高是罕见的。因为没有找到《争鸣》里边的原文，所以无从断定这些妙语是艾斐同志原文所有还是胡耷同志的创造。如果是后者，艾斐同志完全可以提出抗议，我想。

治这种毛病并不难。有一个验方：请人照念，念不下去或者听不懂就改，改到能够听懂为止。

下面这段是从1984年第8期《人民文学》摘下来的，它的特点是四字语特别特别的多，像连珠炮似的。

（17）噫，曾几何时，去年往日，豁出了破釜沉舟、背水一战，历经了千辛万苦、九死一生，永诀了千古英灵、万代烈士，而奠定了为民族解放、为人民翻身而发号施令的革命根据地——区区之隅。

山乡，山镇，一片荒凉。地处陕北的黄土高原，峰峦重叠，沟壑间隔，塬梁峁谷，溜溜平川，现出特殊地势的奇形怪貌。处处层层的颓垣断壁，斑斑屑屑的残砖碎瓦，尽是历史的废址遗迹。镇民、农民，多居沿山周围窑洞；而其附近一带，多属凸凹田垄、上下梯田，断续零散，交错间杂，像是大地许许多多、条条块块的补丁似的。时属深

秋，气候干燥，温度无常，已由午热渐入夜冷；而展望土色
秋色，黄上加黄，黄中透黄，真是满目不胜的无限的黄金
美景。

读这样的文章，像是躺在夜车的卧铺上，听车轮在铁轨上
行驶，发出均匀的咯噔咯噔之声，引人入睡。

五、转文和生造

现代人写文章应该用现代语言，这是不成问题的。有些作
家对古典文学有修养，在文章里用上些文言词语，能够做到水
乳交融。但这不是很容易做到的。没有这种修养而轻易尝试，
多半会弄巧成拙。下面是两个例子。

（18）我国足球队在迭遭失败后，连克五关，挂冠而
归。（出处失记；把"挂冠"误解成夺得桂冠。）

（19）考古发掘出土的古物遗骸，都不得不送到外国去
鉴定……不仅耗时耗钱，还得以"央求"、"看别人脸色"的
态度屈就。（《光明日报》1984年11月27日，二版："古物"
中间落了个"生"字；这里该是"仰求"，不该是"屈就"。）

由不恰当而不通，是很容易跨过的一步。不通的例子：

（20）富于感情，易冲动，一瞬之间，为之所感
动！……又恰恰正好与其共有同好。（《小说选刊》1984年

12 期）

（21）却新式水泥楼阁立锥地而拔起……但他装傻，取人以悦，只是憨笑……他不收我的竹子，我有何奈？（《小说选刊》1986 年 5 期）

喜欢转文的人也就爱好生造词语。生造词语是经常会遇到的，这里只举少数几个例子。

（22）砍刀就静落，亮亮的，像失遗的一柄弯月。（出处同（21））

（23）犹如世上的一切建筑物那样，忠实而简拙地铭刻着社会的沧桑……免去他们到内地采购工艺品的劳程。（《人民文学》1984 年 8 期）

（24）未满十五岁的男子跳高新秀柯文程，近在台湾一次田径分龄赛中创造一米九七佳绩。（《光明日报》1984 年 11 月 27 日）

六、是耶？非耶？

没有一个人能够无所不知，无所不晓。写文章的时候只有多存一个心眼儿，遇到没有把握的事情，查查书，问问人，只有好处，没有害处。很多人或者太相信自己，或者为了赶任务，在文章里留下错误，事后发现，往往难于改正。举几个例子：

（25）位于江苏省北部的泗洪、洪泽、盱眙、泗阳、沭

阳、宿迁、高淳、邳县和灌云九个县……（《光明日报》1984 年 11 月 7 日第一版）

按：高淳县在江苏省南部，与泗洪等县相去甚远。

（26）蔡元培出身科举，为清末翰林学士。（《人民日报》1984 年 11 月 19 日第五版）

按：蔡元培曾任清朝的翰林院编修，不是翰林学士。清朝也没有翰林学士这么个官职。

（27）大妹，把"光绪二年"改一下，写成"1910 年"。（《人民文学》1987 年 11 期）

按：光绪二年是 1876 年，1910 年是宣统二年。

（28）自从英勇的苏联红军解放了捷克以后，布拉格不再是封建帝王游玩享乐的地方。（《旅行家》1958 年 4 期）

作者忘了奥匈帝国的瓦解是在 1918 年，这以后布拉格就"不再是封建帝王游玩享乐的地方"。从 1918 年到 1945 年这二十七年中，捷克已经是一个共和国，只有总统，没有皇帝了。

（29）比如美国在 19 世纪 30 年代以后，几乎可以使美国森林毁灭的砍伐，以及不仅因为二次世界大战、政治家的功绩，也因为制止了这一场砍伐而名留青史的罗斯福总统。(《新观察》1988 年 2 期)

这个例子取自长篇报告文学《伐木者，醒来！》。这是一篇非常感动人的好文章，可是这里把两个罗斯福说成一个人，就成为白璧微瑕了。按：制止森林砍伐的是老罗斯福（Theodore Roosevelt，1858—1919），领导美国参加二次世界大战的是小罗斯福（Franklin D.Roosevelt，1882—1945），他们不是一个人，也不是父子或叔侄，只是沾点亲就是了。

（30）(丘吉尔竞选，他知道英国的普通选民对上层社会爱用法语显示高雅非常不满，)故意读错外国人名，每次将 Marseilles（法语，先生）读作 Mar-sales。（期刊，刊名和年、期失记）

这可真是强不知以为知了。Marseilles 不是人名，是地名，就是大家都熟悉的"马赛"，不是什么"先生"，"先生"的法文是 Monsieur。即令是"先生"，也只是一个普通名词，不是哪一个人的名字。

（31）阳春三月，青海省黄河湟水沿岸农业区麦苗吐绿，杨柳返青，五万亩果园也繁花似锦，争妍斗艳。（日报通讯，报名和日期失记）

　　这段文字见报之后，就有"青海一读者"来信说："青海主要是春小麦，阳历三月在气候较暖的地区小麦也刚出芽，大地还不见绿色，在西宁、湟源等地有相当一部分地区春播还没完毕，已播的小麦也还没出芽。再说果园，新闻见报时这里杏花还没开，梨花更不用说，哪来的繁花似锦？"可见作者写的不是亲眼所见，而是想象之词。

　　以上（30）（31）两例已经由不虚心升级为不老实了。

（七—九节略）

（选自《吕叔湘全集》，辽宁教育出版社 2002 年版）

文章和文风

辛　之

一

怎样写理论文章，个人毫无定见，恐怕也没有人能提出一个标准答案来。不过，有一点是可以肯定的：理论既然是客观实际的概括，作者的眼光就不能停留在事物的外表上，而必须下苦功夫深入事物的本质，掌握事物的内部联系。就是说，作者不能用主观的想象去代替事物本身固有的联系，或者说用主观编造的公式去代替这种联系。

写文章的难处就在这里。

但是从主观出发，胡乱联系而成的文章确有不少。开中药铺，一二三四，想到哪里，写到哪里，问题摆了一大堆，什么也未谈清楚。这是一种。不突出地反映主要问题，爱说许多无关的话。这是另一种。例如谈月亮一定要讲地壳形成的历史；讲现代辩证法一定要大谈古代哲学；等等。这类文章都不能反映事物本身的联系。

马克思教人"应该逻辑地思维和正确地表达思想"。逻辑地思维就是要了解全面的情况，掌握事实的总和，加以分析综合，形成理论和概念；正确地表达思想，就是要充分地、准确地用语言和文字再现逻辑思维的过程。胡乱联系写成的文章，没有经过逻辑的思维，也就不可能正确地表达思想。

二

有这样一种文章：只有文章的形式，没有文章的精神。因为它没有表明作者的见解，没有告诉读者一些什么。文章的内容几乎都是从经典著作、党的文件和别人的文章中移植过来的。说不好么，文章的观点并没有错。说好么，文章确实没有新内容。应该说，这种文章只是方便了作者：他不要多费脑力，又可以不犯理论上的错误。据说，有的人正是怕犯错误，才谨言慎行到这种地步的。但是，怕犯错误不一定就不犯错误。谨小慎微的人就恰恰犯了一个不小的错误。马克思和恩格斯经常说，他们的理论不是教条，而是行动的指南。那么，把书本上的、文件上的、别人文章中的一些理论原则，人云亦云地搬来搬去，不正是违背了马克思主义的基本精神么！

当然，我们反对奇谈怪论，更不希望谁去犯理论错误。不过既然写文章，就必须有些个人的见解。否则，何必要写？顾炎武主张，文章"其必古人之所未及就，后世之所不可无，而后为之。"这对人云亦云的人是大有启发的。

要不犯错误，只有依靠艰苦的劳动。

三

研究马克思主义理论的，切不要和时代脱节。泛泛而论，不解决实际问题；昨天这样做，今天还是这样说，实际情况发展了，还是唱老调子。这类文章就是和时代脱节的一种表现。

还有，有的人偏爱用古僻的字眼和陈旧的章法。什么"准此""然则""乃以""则以"等等半死不活、不文不白的词儿提笔就用。这种人没有想到现代人应当说现代话这个简单的道理，也没有想到理论工作者有带头实现语言规范化的责任。

战斗的马克思主义者在任何时候都应当站在时代的前面，应当用生动活泼的语言和独创的风格来教育人民。

四

婆婆妈妈，就事论事，这样写出的东西，不能叫作理论文章；只有空洞原则，没有充分的事实根据，这样写出的东西，更不能叫理论文章。今天有些文章的弊端就在于缺乏充分的事实根据，作者不是经过深思熟虑，从大量的历史事实和现实材料中得出结论，而是根据部分的事实去下结论、写文章。因此，文章的说服力不强，而且常常前后脱节，观点上互不连贯。

文章写不通顺的原因之一，也在这里：作者所写的并不是他深思熟虑过的、全部掌握的东西。

五

威廉·李卜克内西在《忆马克思》一文中写道："马克思在

语言和风格问题上十分讲究，有时到了咬文嚼字的程度。"今天很需要提倡这种严肃认真、一"字"不苟的精神。

相反的情况是：漫不经心地写，写了不加修改；文字潦草至极，能考倒秀才；标点符号全不讲究，"，""，"或是"、""、"一气到底；似通不通的字句和错别字，跃然纸上。

理论工作者不一定是语言学家，也不能要求每个人都是语法修辞专家。但是起码也要讲求语法修辞，在这方面要下点功夫。记得过去有位诗人曾经写过一首打油诗，形容选辞的艰难："吟安一个字，捻断数根须；要求一字稳，耐得半身寒；吟成一个字，用破一片心。"这是讲的写诗，那么，写理论文章又何尝不要注意修辞造句呢？

六

引用经典著作和重要文章，常常是十分必要的。引用的目的，是要充实论据，增强文章的说服力。

但是自己要有一套见解，不能借助古人的话来掩饰自己论据的空乏。如果自己确有见解，那么引文多一些也不见得坏；反之，引文少一些也不见得好，多了就更糟。那会给人一种印象：似乎作者是在借用引文来耀炫知识的渊博。

七

不管写文章批判什么人，都要充分地摆根据、讲道理，以理服人。此外，还有几条：

第一，对人民内部学术观点的批判，应当实事求是地指出错误，分析产生错误的原因，提出改正错误的办法。不应当使用某些粗暴的语言，或是轻易地给下结论。

第二，应当具体地区分批判对象，具体地分析对方错误的性质以及他的动机和效果。批判的要求、态度和方式，也应当根据这些而有不同。

第三，被批判者可以做反批判。被批判者不应当顺风转舵，也不应当固执己见。

批判文章的战斗性，主要在于观点的准确、证据的确凿和议论的深刻，不在于其他。

（选自《理论战线》，1959 年第 6 期）

关于文风问题

辛安亭

近来报刊上的文风有了不少改变，随着许多新鲜事物的出现，也产生了许多生动活泼的文章，使人读了发生清新之感。但是教条式的八股气的文章也还存在。这种文章的特点表现在作者没有真实感受，没有对读者讲话的真切要求，只是为写文章而写文章，从理论、事实到名词、术语，都是食而不化，照着别人抄，像鹦鹉学舌，了无新意。

既然了无新意，因而读那些文章的人如果原先有所了解，读了之后也不会增加什么；如果原先不懂，读了之后仍然不懂。这种文章的作用是"读了也不多，不读也不少"。

写文章本来是让人家了解一些事物或道理。"不读也不少"的文章，读了之后不但无益，而且有害：浪费了时间，又使人受了折磨。因为读这种文章实在是一场灾难。

反对教条式的、八股气的文风当然不是说文章的论点不可本着现成的理论或文件，一定要标新立异。有所本当然可以，问题是在既然特地写一篇文章让人家看，对理论、对文件或对其他什么，就不应是简单地人云亦云、和尚念经似的背诵教条，而应该运用独立思考，对理论、对文件有所发挥。所谓发挥就是要联系实际，或者以社会上出现的新事物来充实它，或者结合着本部门发生的具体问题，或者触及个人的一些新的体会。总之，必须有所发挥，才能引人入胜，对人有所启发。

报刊上另一种文章的缺点不是教条式与八股气，不是内容空洞，而是表达方法不好，不够准确、鲜明、生动。有的只摆事实而缺乏分析说明，有的只讲道理而缺乏典型事例，有的文句冗杂浪费，有的用词不够贴切。这主要是努力提高的问题。

怎样提高呢？首先，作者对所写的问题应做认真的研究，求得深刻的理解。"明白的语言是清晰的思想的产物"，这话是千真万确的。自己脑里没有明确的理解，要写出准确、鲜明、生动的文章是绝不可能的。很多好的文章读起来都很顺利、愉快，因为他们都写得准确、鲜明、生动。这固然与写作的水平有关，但更重要的是作者对所写的问题有透彻的理解。

其次，要注意把摆事实和讲道理适当安排，把材料和观点密切结合。每一段话要用相当的材料说明一个观点，这样人家就容易理解。如果一段话里包含了许多观点，或者罗列了许多材料而没有观点，这样人家看了就如坠在五里雾中，会迷失方向，不知道目的何在。所以用观点统率材料，用事实说明道理，是写文章的重要原则，也是使文章准确、鲜明、生动的重要一环。

再次，文章应求层次分明，条理清楚。这就是说不但文章的每一段应是说明一点道理，而且段与段之间还必须有合理的安排，前一段应是后一段的准备，前边的道理应是理解后边的道理的桥梁。中心鲜明，重点突出。各段合起来又是说明一个总道理，也就是一篇文章的主题思想。文章的层次像上房的梯子，梯子让人一级高于一级升上房顶，文章的层次让人一步深入一步了解清楚一个问题。文章的层次也像名胜地区的地图和路标，地图和路标使人顺利地清醒地游完一处一处的名胜，文章的层次使人顺利地明确地知道作者讲了些什么。文章的层次条理是鲜明性的重要的一环。

运用各种对比的方法，运用一些恰切的比喻，选用表达意思最有力的句子，选用反映事物最恰当的词语，这些都和文章的准确、鲜明、生动有关，这里就不多谈了。

伟大的思想家赫尔岑说："为什么大自然中的一切都这样欢乐、鲜明、有生气，但是在书本上同样是这些东西，却如此枯燥难读，如此晦涩而死气沉沉呢？难道这是人类语言的本质？我以为不然。依我的意思，这应该归罪于不清楚的理解和笨拙的叙述。"他又说过："没有枯燥的科学，只有枯燥的叙述。"对于改进文风，这是很好的启示。

（选自《语文学习》，1958 年 6 月号）

试谈文风的标准

沪　光

"文风"，顾名思义，就是文章的风格。文章是用语言文字表达人们的思想认识的，是内容和形式的统一。因此，文风也就包括内容和形式的风格两个方面。不能把文风问题简单地理解为形式问题。我们需要建立什么样的文风？好文风的标准是什么？我愿意就这个问题发表些不成熟的意见。

毛主席要求我们，文章要具备准确性、鲜明性、生动性。我以为，这是具体地提出了文风的标准，为我们指出了努力的目标。但是，我们应该怎样去理解这几项标准呢？

准确性、鲜明性、生动性，既不是平列的，也不是彼此割裂的。"三性"之中，应该以准确性为先。我们是唯物主义者，提倡主观正确地反映客观，提倡以客观事物的本来面目去解释它，而不能任意加以歪曲、虚构、抹杀、增添或减少。文章只有反映了事物的真相，才有价值。在客观事物的发展中，进步的、落后的、革命的、反动的、新生的、衰亡的东西都明显地存在着。当文章真实地反映了它们之间的斗争的时候，也就获得了鲜明性。客观世界又无限的生动和丰富，文章要是把它真实地、惟妙惟肖地反映出来，同样也就获得了生动性。因此，准确性是首要的，是基础的。没有准确性，就谈不到鲜明性、生动性。我们不应该为了鲜明和生动，而损害了准确。

在准确性、鲜明性、生动性的含义中，差不多都包含有内容和形式两个方面，而且往往是内容占主导地位。当然形式也起着一定的作用。我们不能说这个"性"是谈的内容，那个"性"是谈的形式，硬把它们分了"家"。

文章的准确性可以从两个不同的角度去解释。一种是把文章解剖开来看，那么，首先是观点要准确，即符合马克思列宁主义的观点。因为没有它，就根本无法打开真理的大门，无法理解纷繁复杂的世界。违反了辩证唯物观点，也会产生严重的谬误和片面性。其次，政策要准确，即全面正确地体现党的方针政策。第三，事实要准确，是一说一，是二说二。当然，我们在这里所说的事实准确，是同客观主义的报道方法有原则区别的。第四，才是语言要准确，即恰如其分地表达思想内容。我们首先要努力求得内容准确，其次是语言准确。

另一种是从形式逻辑的角度去看准确性。那么，首先概念要明确。概念相当于词，也就是说词语要使用得确切，不要混淆和模棱两可。其次，判断要恰当。判断相当于句子，也就是说主词、宾词、联系词要搭配合适，对得上"号"，不要违反事理，如把只能部分肯定的误作全部肯定，或者把应该全部肯定的误作部分肯定等。第三，推理要合乎逻辑。推理相当于两个以上的句子，也就是说由第一句话引导到第二句话，第一句与第二句之间的关系就是推理。这要有思想上的联系可循，要相互关联，首尾呼应，有条不紊，不能转移论题，偷换概念，强拉硬扯，自相矛盾。写文章写新闻运用概念、判断、推理的过程，是一个调查研究的过程，一个分析、综合的过程，也是一个对客观事物正确反映的过程。

我们必须说明的是，以上这样两种对准确性含义的说法，只是由于观察问题的角度不同、分类的标准相异而做出的不同解释。事实上，它们是不矛盾的，可以统一起来的。不论说观点、政策、事实、语言要准确也好，或者是说概念、判断、推理要准确也好，归根结底，意义是一样的，都要求如实地、本质地反映客观世界。

鲜明性，就是文章里提倡什么，反对什么，爱什么，憎什么，要很分明，让人一看就明白无疑。而这主要也是内容问题。我们常碰到这样的情况：当自己对一个问题认识还不清楚、不深刻的时候，常常就说不出来，即使说出来，也是混沌一团、不能理解。如果作者自己对拥护什么、反对什么，还犹豫未决，爱憎不明，那么文章就必然态度暧昧，令读者感到"丈二和尚摸不着头脑"。因此，想把文章写得鲜明，作者的立场就要坚定，思想就要明确，是非善恶要分清，并且要有强烈的爱憎感情。这就不只是形式问题了。其次，才是写作方法的问题。比如，文章要树立对立面，使两个不同论点展开"斗争"；不仅要做到观点材料要统一，还必须使观点突出，主题要集中；结构要纲举目张；逻辑性要强；文字不能模棱两可等。

生动性，表面看来，只是形式和技巧问题。但是也不尽然，它还有内容问题。比如，有的文章并没有什么惊人之笔，但是因为它提出的主题新鲜，作者的见解有过人之处，就能像一块磁铁那样，把读者吸引住。再比如，写黄继光、邱少云烈士英勇牺牲的报道，因为事迹是那样惊天动地，那样感人，即使表现方法上差一些，有"败笔"，也会打动读者的心弦。这说明，我们要写出生动的报道，不要硬去找美丽的辞藻，不要硬往脸上搽脂抹粉；而主要之点应该是拿出"沙里淘金"的精神，深入到实际和群众中去，抓取新思想、新命题、新人物、新事迹。内容是"本"，形式是"末"，无论什么时候，都不能"本末倒置"。当然，表现形式对于生动性具有很大的作用。比如，要使语言带有浓厚的感情色彩，使文字含有音韵的美，读起来铿锵有声；多用群众口头上活生生的语言，不用陈词滥调；文章里加些有趣的情节；注意语言的形象性；句式要多变化；事实生动；等等。

　　根据上面的分析，我觉得要使文章具有准确性、鲜明性、生动性，正确的做法就应该是从内容和形式两方面着手，只有双管齐下，才能奏效。既不能够舍本求末、不顾内容，片面地去追求形式，也不能够只要内容，不在形式上精益求精。

　　　　　　　　　　　（选自《新闻战线》，1959 年第 10 期）

学习毛泽东同志的文风

若　水

　　文风问题不仅是语言文字的问题，而且是内容问题，是思想方法问题。我们党在提到文风问题的时候，常常是把它同学风问题和党风问题联系起来的。有什么样的学风和党风，就有什么样的文风；倒过来，什么样的文风也能助长什么样的学风和党风。所以，文风问题有它的特殊重要性；端正文风，归根结底就是端正思想。

　　毛泽东同志十分重视文风问题。他不但在 1942 年发表《反对党八股》的演说，从思想上清算了党八股，而且一直通过他自己的文章给我们树立了一个马克思列宁主义的文风的最好榜样。毛泽东同志认为，破坏党八股，发展新文风，是推进党的革命事业的条件之一。

　　毛泽东同志是卓越的马克思列宁主义的宣传家。从他的著作里，我们不仅可以学习马克思列宁主义和中国实际相统一的思想，也可以学到中国的马克思列宁主义的文风。

　　学习马克思列宁主义的文风，学习毛泽东同志的文风，这不仅是文章家和宣传员的事情，而且是每一个党员、每一个干部的事情。我们的每一个党员或者干部都要做一部分宣传工作，因此也都应当注意文风。毛泽东同志说："一个人只要他对别人讲话，他就是在做宣传工作。"这样，从毛泽东同志的著作中学习马克思列宁主义的文风，以提高我们的思想，改进我们的宣传工作，就成为我们的重要课题。

下面我们试对毛泽东同志的文风特征做若干分析。

理论和实际的结合

理论和实际结合是马克思列宁主义的根本原则，是我们党的三大作风之一，它同样也是马克思列宁主义的文风的根本特色。在毛泽东同志的著作里，我们充分看到了这一点。

毛泽东同志从事著作是服从于革命斗争的需要的，是为了用马克思列宁主义的理论来解决党和人民在革命发展中遇到的问题。教条主义者写文章，既不打算解决什么实际问题，又不打算解决什么思想问题，所以写出来的东西也必然是空洞无物的党八股。

毛泽东同志说："文章是客观事物的反映，而事物是曲折复杂的，必须反复研究，才能反映恰当。"这句话是值得我们深深体会的。文章应当恰当地反映客观事物，这就是唯物主义者的写作态度。但是，事物是曲折复杂的，它的表面和内部可以不一致，它的现象和本质可以不一致，它有正面和反面，有过去和未来，总之，它本身包含着矛盾。所以，我们写文章必须多动脑筋，反复研究，运用辩证的方法来进行分析。只有这样，我们的文章才能恰当地反映客观事物。

我们时常可以看到这样的情况：有的文章堆砌了不少材料，但是这些材料只是一些现象。作者没有能在马克思主义的一般原理指导下对这些材料进行分析，找出这些现象背后的内部联系，把这些材料有机地组织起来。因此，他的这些材料是死的，没有生命的。他不能消化这些材料，反而陷在这些材料里不能自拔。这种文章缺乏中心思想，就是有一点中心思想，也没有贯穿在全文中，反而被一大堆庞杂的材料淹没了。还有些文章则相反，只有抽象的原则和一大堆引证，没有具体的材料。有时为了"联系实际"的缘故，也加上几个少数的例子，但这些例子也全是经典著作中的现成例子。在这种文章里，理论也是没有血肉的，没有生命的。

毛泽东同志不但精通马克思列宁主义的理论，而且对中国的现状和历史有广博的知识和研究，因此在他的文章里面，理论是有血有肉的，材料是有条理的。举例说，他的《湖南农民运动考察报告》，虽然是一篇调查报告，可是其中的材料都经过分析研究，因而集中说明了一个原则性的问题。他的《实践论》和《矛盾论》，虽然是哲学论文，却也有丰富生动的实际例证。

理论和实际结合的文章必然是有思想性的文章。我们读毛泽东同志的文章，都不能不感到一种思想的吸引力。他的文章是透明清澈的，没有什么晦涩难解的地方，可是又有一种智慧的深度。空头著作家的文章，初读似乎有内容，再读时就失去了兴味。经典著作就不同，初读时也许会不甚了了，也许会感到平易无奇，但越是咀嚼下去，就越觉得正确深刻，而每隔一个时期重读一次，总会多一层新的体会。这种经验是我们很多人都有的。

革命的战斗精神

宣传包括两方面：对正面思想的阐述和对反面思想的驳斥。这两方面是不可分的，"不塞不流，不止不行"，真理要同错误不断做斗争才能发展。

毛泽东同志在各个时期的文章里，都同党内外的各种反动思潮和党内的各种机会主义做了不妥协的斗争，在这些斗争中捍卫了和发展了马克思列宁主义。

在毛泽东同志的文章中既有"破"又有"立"，什么是"是"，什么是"非"，赞成什么，反对什么，是非常明确的。对于错误的思想，不是进行枝枝节节的不关痛痒的争辩，而是从原则的高度来进行分析，揭露它的本质。他的许多文章都是一种革命的檄文、战斗的号角。他的文章里总是毫不隐饰地宣布党的主张，毫不退缩地高举起党的旗帜。这些都表现为文章的党性。

在这一点上，马克思主义者是和客观主义者根本不同的。客观主义者的文章没有明确的立场，没有鲜明的爱憎；他们好像既不赞成什么也不反对什么，他们的文字是灰色的、无力的。客观主义实际上是资产阶级立场的伪装，它并不是真正的客观。真正的科学的客观态度和无产阶级的立场是完全一致的，这种客观的态度也决不排斥战斗的热情。列宁在《我们究竟拒绝什么遗产？》中指出，《资本论》虽然是一部极其严峻客观的科学著作，却充满了热情，充满了热烈激昂的论战。列宁又说，写到有害的东西时，如果作者没有"愤怒"，那就会写得干燥无味。

一方面是高度的客观，一方面是强烈的党性，一方面是科学的冷静理智，一方面是革命的战斗热情，这些方面在毛泽东同志的文章里，完美地体现了一致。

逻辑的力量

说服方法在宣传正面的东西和驳斥反面的东西时，都需要依据逻辑，只有这样才能具有说服力。

斯大林曾提到列宁的演说具有极大的"逻辑的力量"。事实上每一篇马克思列宁主义的经典著作都具有这样的特点，它们的逻辑力量是不可抵抗的。因此，我们在读经典著作时总是好像在听真理本身说话。

这种特点也表现在毛泽东同志的论文里。结构严整，论证周密，首尾一贯，条理分明，这些都是逻辑性的表现，在《毛泽东选集》里有许多这样的范例。

一切批判必须依靠说理，单有战斗的意志而不善于对错误思想进行科学的分析，那就会变成放空炮，其结果，是碰不到敌人或错误思想的要害的。战斗性必须同科学性结合，而科学性的要求就是事实的根据和逻辑的论证。

对人民群众进行宣传，细致的说理尤其重要。在《中国农村的社会主义高潮》的一个按语里，毛泽东同志推荐了中共龙溪地委生产合作部写的《一个整社的好经验》这篇文章，认为它所描写的宣传方法"有很强的说服力。它不是像有些不善于做宣传的同志那样，仅仅简单地提到所谓'或者走共产党的路，或者走蒋介石的路'，只是拿大帽子压服听众，手里并无动人的货色，而是拿当地农民的经验做细致的分析。这就具有很强的说服力。"在这里，"当地农民的经验"是事实，"细致的分析"是逻辑，既有事实又有逻辑，说服力就强了。

我们有些同志写批判文章的方法，是先把对方的观点加以叙述和引证，再把马克思主义的观点加以叙述和引证，于是立即得出结论：对方是错的，马克思主义是对的。这种批判是空洞无力的。我们很需要向毛泽东同志学习批判的方法。试看《论持久战》这本著作，毛泽东同志把战争的矛盾双方——中国和日本——的特点做了全面的详细分析，依据全部敌我对比基本因素，说明了为什么是持久战而最后胜利属于中国，逐条批驳了"亡国论"和"速胜论"的论点，而且揭露了他们犯错误的认识根源——主观性和片面性。这就把对方的谬论驳得体无完肤，使每一个有理性的读者都不能不信服。

朴素和精练

有真切思想内容的文章不需要靠华美的形式来争取读者。毛泽东同志的文字是美的，但这是一种朴素的美。

所谓朴素，当然不应当了解为贫乏或粗糙，不应当了解为不注重修辞。毛泽东同志的语言是经过高度提炼加工的，有丰富的语汇和多样的句式，但仍然是朴素的。所谓朴素，就是《文心雕龙》中所说的"修辞立其诚"，用词造句，要力求自然，力求贴切地表达出自己的真实的思想和感情，而不是造作虚矫，舞文弄墨，借铺张的形式来掩盖内容的空虚，甚至"以词害意"，为形式而牺牲内容。孔子说，"文胜质则史"，这也是看到了浮华的不足取。

因此，朴素不朴素当然也不仅是文字问题，而且关涉到写作态度问题、思想作风问题。毛泽东同志批评那些夸夸其谈的人是"华而不实，脆而不坚""无实事求是之意，有哗众取宠之心"。至于党八股中"装腔作势，借以吓人"的那一种，毛泽东同志更严厉地批评是"剥削阶级和流氓无产者所惯用的手段"。

作为一个脚踏实地的马克思主义学者，毛泽东同志具有谦逊质实平易可亲的品质，因而他的文章也自然显出朴素的风格。毛泽东同志的文章永远是以它的深刻充实的思想内容来说服人、打动人的。没有雕琢，没有玩弄词句，每一句话都是结实有力的由衷之言。他的文字形式是严格服从于内容的需要的。

口语化也是构成朴素的因素之一。这一点，放在后面再谈。

不朴素的文章也常常是不精练的。毛泽东同志的文章非常精练，没有可有可无的东西。必要的话，他不少说；不必要的话，他不多说。

毛泽东同志善于用最少量的文字来表达最丰富的思想。恩格斯说："简单而意味深长的句子易为人理解，深印在意识中，变成口号。"毛泽东同志就常把党的政策、党的经验概括在几个字或几句话中，使人牢记不忘。在《毛泽东选集》里，我们还可以遇到很多警句，这些警句简单而又寓意深刻，耐人寻味。

当然，所谓精练，是相对于所要表达的内容来说的。单纯地计算文章的字数，并不就能判断是不是精练。如果空空洞洞，即使几百字的短文章也是不精练。如果内容丰富，即使像《资本论》那样长，也仍然是精练。毛泽东同志的文章一般都比较短，也有长的，看内容而定。但他的长文章，也都是开门见山，直入正题，结构紧凑，语句扼要，并不使人觉得长。

通俗的语言

什么是通俗化？怎样才能做到使用"通俗语言的形式"？怎样才能做到使群众易于接受？这不是单纯从形式着眼就可以完全解决的。

通俗化的问题是和理论结合实际的问题分不开的。毛泽东同志的著作，正是抓住了中国革命的根本，正是解决了人民群众的本身问题；他的文章集中了广大人民要求和意志，他的话语反映了亿万群众的思想和情绪。这正是毛泽东同志著作能够普及化的根本原因。

通俗化决不如某些人所想的那样容易。如果没有熟练地掌握马克思主义，那么通俗化就会变成简单化，甚至变成庸俗化。我们在读毛泽东同志的著作，例如《实践论》《论人民民主专政》时，都会看到作者论述的技巧，那样深刻的哲理，那样复杂的国家问题，却能讲得这样简单明了，深入浅出，普通人读了不嫌深，高级干部和理论工作者读了不嫌浅。这种表现形式上的简明平易，其实正是精通马克思主义的结果。

依据群众的亲身经验来教育群众，这是宣传的一条重要原则。在《湖南农民运动考察报告》里，毛泽东同志叙述他自己向农民宣传破除迷信的话说：

信八字望走好运，信风水望坟山贯气。今年几个月光景，土豪劣绅贪官污吏一齐倒台了。难道这几个月以前土豪劣绅贪官污吏还大家走好运，大家坟山都贯气，这几个月忽然大家走坏运，坟山也一齐不贯气了么？……巧得很！乡下穷光蛋八字忽然都好了！坟山也忽然都贯气了！神明么？那是很可敬的。但是不要农民会，只要关圣帝君、观音大士，能够打倒土豪劣绅么？那些帝君、大士们也可怜，敬了几百年，一个土豪劣绅不曾替你们打倒！现在你们想减租，我请问你们有什么法子，信神呀，还是信农民会？

在这里，毛泽东同志没有谈什么无神论的哲学，没有用什么难懂的名词和术语，只是用农民群众的亲身经历来向他们说明道理，简简单单二三百字，就一下子把农民的根深蒂固的迷信打破了。这种向群众宣传的技巧，是值得我们好好学习的。

要做到通俗化，语言的群众化是一个重要问题。毛泽东同志教导我们向人民群众学习语言。他说："人民的语汇是很丰富的，生动活泼的，表现实际生活的。""语言必须接近民众，须知民众就是革命文化的无限丰富的源泉。"

毛泽东同志在他的文章中，特别是在他的演说中，采用了很多群众的口语。比如说"搅得稀烂""又害怕得要死""闹得乌烟瘴气""忙得不可开交""不打烂坛坛罐罐"，说"要把官僚主义方式这个极坏的家伙抛到粪缸里去"；说党八股是"懒婆娘的裹脚，又长又臭"，说民族资产阶级的软弱性是"从娘肚子里带出来的老毛病",说关门主义是"孤家寡人的策略",说国民党反动派"挂了统一这羊头,卖他们一党专制的狗肉,死皮赖脸,乱吹一顿,不识人间有羞耻事"。

毛泽东同志善于利用简单明了的比喻来向群众解释道理,例如用"放下包袱"来说明不要骄傲和自弃,用"开动机器"来教导我们多用脑子,用"洗脸扫地"来形容经常做自我批评的必要,用"有的放矢"来解释理论应当结合实际,等等。

这些当然也都是通俗化的重要因素。

民族化的风格

毛泽东同志的文章带着鲜明的中国作风和中国气派,这是和洋八股根本对立的。

民族化或中国化的实质,在前面谈理论和实际结合以及大众化的问题时已提到了,这里只是做个补充。

谈民族化的问题,不能不联系到继承遗产的问题。我们的祖国有悠久的历史,我们的祖先曾创造了灿烂的古代文化,其中的精华,是我们必须继承的。毛泽东同志热爱祖国的历史和文化。他批评洋八股洋教条说:"几十年来,很多留学生都犯过这种毛病。他们从欧美日本回来,只知生吞活剥地谈外国。""许多马克思列宁主义的学者也是言必称希腊,对于自己的祖宗,则对不住,忘记了。"

毛泽东同志在自己的文章中常常引用中国古代思想家的语句。他引用过老子的"祸兮福所倚,福兮祸所伏",孔子的"欲速则不达""学而不厌""诲人不倦",孟子的"心之官则思",孙子的"知己知彼，百战不殆"，司马迁的"人固有一死，或重于泰山，或轻于鸿毛"，班固的"相反相成"，韩愈的"行成于思"，魏征的"兼听则明，偏听则暗"，朱熹的"即以其人之道，还治其人之身"，等等。当然，这种援引绝不同于老八股老教条，而是用新的观点分析和选择过的。这种援引既是"我注六经"又是"六经注我"，即用马克思主义的观点来分析古代思想家的话语，又用这些话语中的合理的东西来说明马克思主义。

在现代思想家中，孙中山和鲁迅，是特别受到毛泽东同志的重视的。

现在报刊上有一些文章的句子，是一种不自然的外国腔。当然，外国语的某些表现方法是我们可以吸收的，而在起初采用时也难免读起来有些不自然。但是，这样做应该是为了丰富我们的语言而不是败坏我们的语言。如果抛弃我们本国语言中的现成的适合的表现方法不用，而生硬地搬弄一些翻译文章中的语句来代替，佶屈聱牙，洋腔洋调，那就是"不像话"——不像中国话。

要使我们的文章具有中国的风格，除开要学习群众的语言以外，也要学习古人语言中的有生命的东西。毛泽东同志说："由于我们没有努力学习语言，古人语言中的许多还有生气的东西我们就没有充分地合理地利用。当然我们坚决反对去用已经死了的语汇和典故，这是确定了的，但是好的仍然有用的东西还是应该继承。"

成语往往集中表达了人民或古代思想家的经验和智慧，它们的特点是在简单的语句中概括了意味深长的哲理。我们有一些好的成语，因为流传过久，人们在使用时往往不去思索它们的深刻含义，因而它们也逐渐减损了光辉，不为人注意。毛泽东同志十分注意发掘成语中所包含的有价值的内容，充分地加以利用。比如，"实事求是"这个很普通的成语，我们对它的意义是了解得很肤浅的。毛泽东同志却注意到这个成语包含了一条重要的哲学原理。再如，"推陈出新""百花齐放""百家争鸣"这些古语，具有辩证法的原理，毛泽东同志也赋予新的内容，借用它来标明党对文化科学的政策。又如，毛泽东同志在谈到批评和自我批评的准则时，采用了"惩前毖后，治病救人""知无不言，言无不尽""言者无罪，闻者足戒""有则改之，无则加勉"这些成语，显然这些古代的格言，在今天的历史条件下还有它们的价值。

当然，运用古语是有条件的，必须说得通、行得开，使具有一般文化水平的人能懂得，而且是作为现代语文章中的一个有机因素，而不是复活那些生僻难懂的、已经淘汰了的语汇，也不是生搬硬凑，滥用一通，变成所谓半文半白的体裁。半文半白的文章也是"不像话"——不像现代话。

文学形式

毛泽东同志的著作有很多也具有完美的文学形式。《毛泽东选集》中有不少作品，是可以同时作为文学作品看待的。例如，《湖南农民运动考察报告》是优秀的通讯，《纪念白求恩》《为人民服务》是模范的纪念文，整顿三风的几篇报告是生动的政论，等等。

党八股的文字是干巴巴的、灰溜溜的。这种文章千篇一律，好像和尚念经，令人打瞌睡。毛泽东同志嘲笑这种文章是"语言无味，面目可憎"，"只有死板板几条筋，像瘪三一样，瘦得难看，不像一个健康的人"。毛泽东同志认为马克思列宁主义的文风应当是生动活泼新鲜有力的。他在给《中国工人》写的发刊词上写着："我希望这个报纸好好地办下去，多载些生动的文字，切忌死板、老套，令人看不懂，没味道，不起劲。"这个指示对于一切报纸都是适用的，值得我们记取。

形象性是语言艺术中的重要因素，缺乏形象性的语言是不可能生动的。毛泽东同志的语言是富于色彩和形象的，这种例子很多，我们只举两个例子看看。

在 1930 年所写的《星星之火，可以燎原》一文中，毛泽东同志用这样富于诗意的笔调描绘快要到来的革命高潮：

>……它是站在海岸遥望海中已经看得见桅杆尖头了的一只航船，它是立于高山之巅远看东方已见光芒四射喷薄欲出的一轮朝日，它是躁动于母腹中的快要成熟了的一个婴儿。

这种散文诗式的句子，表达了作者对革命所怀的无限热爱和信心。这里有三个形象：航船、朝日、婴儿，这三个形象都象征将要到来的美好事物，它们很自然地激起了我们的热烈期待的心情。

让我们再来看一段文字。这段文字是在《论反对日本帝国主义的策略》里的：

　　……长征是历史纪录上的第一次，长征是宣言书，长征是宣传队，长征是播种机。自从盘古开天地、三皇五帝到于今，历史上曾经有过我们这样的长征么？十二个月光阴中间，天上每日几十架飞机侦察轰炸，地下几十万大军围追堵截，路上遇着了说不尽的艰难险阻，我们却开动了每人的两只脚，长驱二万余里，纵横十一个省。请问历史上曾有过我们这样的长征么？没有，从来没有的。长征又是宣言书。它向全世界宣告，红军是英雄好汉，帝国主义和他们的走狗蒋介石等辈则是完全无用的。长征宣告了帝国主义和蒋介石围追堵截的破产。长征又是宣传队。它向十一个省内大约两万万人民宣布，只有红军的道路，才是解放他们的道路。不因此一举，那么广大的民众怎会如此迅速地知道世界上还有红军这样一篇大道理呢？长征又是播种机。它散布了许多种子在十一个省内，发芽、长叶、开花、结果，将来是会有收获的。总而言之，长征是以我们胜利、敌人失败的结果而告结束。

　　这一段文字气魄磅礴，力透纸背，字里行间的那种英雄气概，使我们今天读起来还震动心弦。"自从盘古开天地、三皇五帝到于今，……"这是多么豪迈的语气！而这种语气正代表了肩负改造世界大任的气魄。

　　毛泽东同志对于中国的古典文学有高度的修养，他十分熟悉那些优秀的小说和诗词，在自己的文章中常常引用文学作品、文学成语和故事；例如他用"叶公好龙"的故事来比喻蒋介石之流的"喜欢"革命，用"不入虎穴，焉得虎子"来比喻认识之依赖于实践，等等。

毛泽东同志还用"东风压倒西风"这句话来表示社会主义阵营力量超过帝国主义阵营力量，这句话是形象的，它使大家既感到熟悉又感到新鲜。

当然，文章有各种不同的体裁，一律同样要求具有文学性是不恰当的。不过，即使是学术性的著作，也是可以有形象性的叙述的，这一点，《实践论》和《矛盾论》是很好的例证。

幽默和讽刺

幽默和讽刺的问题是和战斗性、文学性的问题联系着的。在毛泽东同志的文章里，严肃性和幽默和谐地结合在一起。

有人以为一个严肃的马克思主义者不应当幽默，这是错误的。马克思主义者的幽默是战斗的乐观主义的表现。恩格斯曾对幽默做过古典式的评价，他说："幽默是表明工人对自己事业具有信心并且表明自己占着优势。"

讽刺也是一种幽默。它不论在过去或者现在都有它的作用。毛泽东同志说："讽刺是永远需要的。"毛泽东同志自己就擅长使用讽刺这个武器来打击敌人和批评自己队伍中腐朽的反面的东西。

我在这里只举两个例子。

　　……所以我们常劝那些顽固分子，不要进攻八路军，
不要反共反边区。如果他们一定要的话，那他们就应该做好
一个决议案，在这个决议案的第一条上写道："为了决心消
灭我们顽固分子自己和使共产党获得广大发展的机会起见，
我们有反共反边区的任务。"

　　这是 1940 年毛泽东同志在《新民主主义的宪政》中说的
一段话。这是辛辣的讽刺，但是这里并没有夸张。从本质上说，
顽固派所做的正是要达到那个决议案规定的目的。在这一段话
的背后，是对自己胜利的无限信心。从这里可以看到，讽刺这
种武器，是可以大大用来灭敌人志气、长自己威风的。

　　对自己队伍内部的错误，也可以用讽刺的。有名的关于整
顿三风的几篇文章，是对内讽刺的范例。这已经为大家所熟悉，
这里不再引证了。我们另举一例，请看在这一段话里，关门主
义者的想法显得多么可笑：

　　……革命的力量是要纯粹又纯粹，革命的道路是要笔
直又笔直。圣经上载了的才是对的。民族资产阶级是全部永
世反革命了。对于富农，是一步也退让不得。……那有猫儿
不吃油，那有军阀不是反革命？知识分子只有三天的革命
性，招收他们是危险的。因此，结论：关门主义是唯一的法
宝，统一战线是机会主义的策略。（《论反对日本帝国主义
的策略》）

对自己队伍的讽刺也可以很尖锐，但本质上和对敌人的讽刺不同，对敌人，讽刺是战士手中的匕首；对同志，讽刺是医生手中的手术刀。

总括起来，我们可以说毛泽东同志的文风具备如下的特点：科学性、战斗性、大众性、民族性、艺术性。而其中最根本的东西，则是理论和实际的结合。

延安整风运动曾经给党八股一个根本的打击，从那以后，新的文风有大大的发展。现在在我们党的许多文件上，在报纸杂志的一些好的文章上，都体现了马克思列宁主义的文风，值得我们学习。

学习毛泽东同志的文风，就是学习在文章中贯彻"有的放矢"的精神；就是要使我们的思想表达得简洁、准确和严密；就是学习使说话作文大众化，通俗化；就是学习使语言文字新鲜有力，富于文采；就是学习在文章中灌注自己的真实的爱和恨，欢喜和愤怒，学习运用语言的艺术。

一句话，学习毛泽东同志的文风，就是要克服党八股，就是要保护祖国语言的纯洁和健康，就是要克服主观主义，提高我们的思想和工作效能。

（选自《新闻战线》，1957 年第 1 期）

报纸和新的文风

胡乔木

建立新的文风，是整顿三风中的一件大事，同时又是报纸、和报纸有关的一切工作者应当首先来倡导的事情。

我们已经知道报纸不仅是报道消息，而且要作为建设国家、建设党、改造工作、改造生活的锐利武器。要把我们这伟大时代中各方面各角落沸腾的生活反映到报纸上来。好的大家赞美，大家学习。坏的大家批评，大家引以为戒。但这是一个极其复杂的任务。过去一般人们对于报纸的认识并不是这样的。旧的传统是：报纸只谈上层人物的活动，或者登载仅供消遣的社会新闻，至于深入广大群众的生活中去，则是少有的。因此，报纸只是报馆工作人员的工作，读者对它的帮助是很少的。现在已经到了彻底改变这种旧传统旧观念的时候了。要使报纸成为我们改进工作的工具，就要使报纸的工作带着浓厚的群众性；每个机关、每个乡村、每个部队、每个学校、每个工厂，都有报纸的通讯员、撰述员、热心关切报纸的人。报纸上的消息、通讯、论文要靠各方面工作的同志，大家来供给，然后报纸的内容才能充实得起来。

不仅要积极地热心地来写，而且要写得好，写得生动活泼，能够吸引读者。如何从事这样写作，如何来建立新鲜活泼生动有趣的文风，这是报纸的每个工作者、每个通讯员、每个投稿者都要注意研究的问题。

在文字风格方面，报纸今天所碰到的困难是什么呢？

报馆每天收到不少的稿件，但这些稿件中许多是不能用的。就是登出的，也不一定全好。我们有流血的战争，我们有各种富于生命力的建设。大地的面貌在改变着，人的面貌也在改变着。写作的材料是无穷的。但另一方面，好的稿件却是很少。千篇一律刻板生硬的稿子是太多了。写锄草一定是从下雨开始。写三三制一定是党员退出，党外人士补遗。写学习，一定是情绪高涨，但有缺点。写敌后战争，一定是扫荡、反扫荡、经验教训。写什么都有什么一套。有人开玩笑说：如果印好现成文章，寄到各处把人名地名填上去，岂不更省事吗？这虽是挖苦话，但从此也可看见我们的文字，急需改革到什么程度了。

有人要问：那么，究竟什么风格才算好呢？应当学习什么样的文体呢？

新的文风，应当打破一切固定的格式。凡是动笔之先，脑中先有了一个格式，那一定要写成"八股"。生动有趣的材料被格式束缚住了。新鲜活泼的思想，被格式窒息死了。自己在地上画了圈子，让它限制了自己，跳不出它的圈外。所以打破固定的格式，是第一要事。别人的好文章，必须读，必须研究它的结构，但任何好的结构都不能硬拿来自己用。自己的结构，应看每次是说什么话，对谁说话而有所不同。最好的裁缝师，不是用衣的样式硬套在人身上，而是根据人的身材，决定衣的样式。写文章也一样。不公式化，就可少点"八股"气。这是使文章写得新鲜活泼的一个重要条件。

　　无论什么文章最要紧的莫过于内容，而内容要有新的东西。几十字的消息，或几千字的通讯或论文，都是一样。既然提笔写作，那么必然是有什么话非告诉别人不可。如无此种必需，那又何必写作呢？写文应如给朋友写信一样。每次有每次不同的问题，每次有每次不同的意思，不同的语调。给朋友写信，不能按着别人的信照抄，写文章也不能抄袭别人的意思或词句。已经讲过的再来重复，就有类于鹦鹉学话，别人是不高兴听的。好在我们生活中新的事情多得很，只要能钻进生活内部来观察，来寻找，那么，新材料是写不完的。

　　新的材料是重要的，同时又要写得具体细致。我们常喜用抽象的名词来说明事情。但这些笼统的空洞的话常使人摸不着头脑。譬如只说某人在学习中有了进步，就不如说他以前做工作是怎样，现在做工作是怎样，以前看问题是如何，现在看问题是如何。用抽象的话来说，就好像雾中看人，若见若不见。用具体的事情来说，就好像看见人的面貌，听见人的声音，使人觉得真切实在。但要写得具体真切，先要自己懂得具体真切。只有不停留在表面的、轮廓的、漫画般的观察，而对于自己所要写的事情，有仔细的研究，有周密的考察，才能办到。

　　要写得具体深刻，还须要把题目范围定得小些。我们常有一种坏习惯，喜欢定大题目。题目大了，侧面也就多了，内容也就复杂了。假如自己对于问题没有真知灼见，自然就要拿别人的旧话来凑数。这样不就成了万金油、八卦丹之类百病皆医而又一无所医的东西吗？这样又怎能使文字写得不枯燥、不呆板、不奄奄无生气呢？如果把题目范围定得小一些，则自己要说明的问题，既容易使之突出，同时自己的研究，也容易深刻精到。这又是建立新的文风所要注意的。

说话的对象是谁，这也是提笔以前首先要弄清楚的。对一种人，有一种话。上什么山，唱什么歌。我们要知道听话的是什么人，他们的生活如何，需要的是什么，想着什么事情，喜欢什么，讨厌什么，然后我们才能用他们的语言，去打动他的心弦。报纸的读者一般是固定的。但每篇作品，也还应有其比较特殊的对象。写作的时候，应当设想好，像自己是在面对着自己的读者说话，那样，我们的话说出来，就会亲切有味，而不会隔靴搔痒、枯燥无味了。

总结一句：要充实报纸的内容，要把文字写好，就要解决两个问题，一是写什么材料，一是用什么语言来写。我们还不会从丰富的群众生活中去掘发材料。我们还没有认真去接近群众生活。我们还不善于用调查研究的方法，去发现群众生活中的新的事情。我们还不善于搜集片段的谈话、零星的事实，加以组织、酝酿，变成自己写作的题材。因此，写作的材料，是应当而且只有从群众的生活中去求得的。至于语言，当然不是说堆集使人头昏的形容词之类。问题在于我们的语言，常常太单调、太枯涩、难以恰当而有力地表达我们的思想和情感。而语言的技巧，对于宣传是有极重要的作用的。要使言语丰富，必须学习民众语言，必须多读好的文艺作品。这是做文字活动的人必须致力学习、致力锻炼的。

　　建立新的文风，不是一朝一夕所能办到的。这是长期学习和工作的过程。有些人草率从事，写作之前，既无仔细研究，写作之后，又不慎重修改，稿纸写完，万事大吉。这是不对的，另外有些人因为新文风尚未建立，就搁笔不写，这也是不应当的。须知利用报纸，为报纸写稿，是每个党员和党外朋友不可推卸的责任。而废除党八股，建立新文风，只有在不断的刻苦的努力中才能达到。

　　　　　　（选自《胡乔木谈语言文字》，人民出版社 2015 年第 2 版）

关于文风问题

——答《新观察》记者问

郭沫若

一、您认为怎样才能使文章写得准确、鲜明、生动？

答：文章是人写的，因此，首先是人的问题。古语说："文如其人。"这是说什么样的人，就写什么样的文章。文章要写得准确、鲜明、生动，首先要看写文章的人的思想、立场、作风怎样。你的思想正确、态度鲜明、作风正派，那么，你写的文章也就有一定的准确性和鲜明性。这是基本问题。

其次，是文章本身的技巧问题。写文章有一定的技巧。要使文章写得好，恐怕总得懂一点逻辑、文法和修辞。写文章的目的是给人家看的，不是给你自己看的，所以不能只有你自己懂，主要是要使人家懂。要把你的思想表达出来，传达给别人，你自己先要有准确的概念和见解，然后如实地表达出来。你所看到的客观事物，总要使得没有看到的人也浑如在眼前。而要做到这样，当然要懂得一点逻辑和文法，因为不合逻辑就不通，不合文法也就不通。

　　老实一点，是做到准确的好办法。不一定要苦心孤诣地去修饰。逻辑和文法，其实也就是老老实实的方法。我们平常讲话很少讲不通的话。这是因为讲话时老实，有什么就讲什么。可是写起文章来，苦心孤诣地一经营，往往弄巧反拙。如果是老实地用最适当的字眼把你所看到的、想到的写出来，就比较容易准确；加不恰当的修饰，反而不准确了。现在一般的毛病是爱修饰，修饰得恰当当然好，修饰得不好可就糟糕了。

　　要使文章生动，我想，少用形容词是一个秘诀。现在有些文章有个毛病，就是爱堆砌形容词，而且总是爱用最高级的形容词，如形容一个人的美，就说"非常非常的美"或"极端极端的美"。又如"六万万人正以排山倒海、乘风破浪之势……"这样的句子，就有点不恰当。把山移开、海翻过来，那是多么大的形势，同"乘风破浪"不能相比。所以，既然已有"排山倒海"，就不应再用"乘风破浪"了。

　　总之，写文章要老实一点，朴素一点。看到什么，想到什么，就写什么。自己的思想认识明确，然后适当地表达出来，就一定会准确。

　　对于鲜明，在一般情况下，只要是准确的，大概也是鲜明的。另外，文章要具有鲜明性，恐怕在选择词句、字眼上面还得用一点心。不要选用深奥的外国式的词句。句法构成要老实一点，要合乎中国话的一般规律。用字有个秘诀，就是选现成的概念明确的字，不要找太偏僻的字；偏僻的字不明确，人家也不容易懂；含糊的——这样可以解释、那样也可以解释的字最好避而不用。用明确的而不是模棱两可的字来表达，就可以收到鲜明的效果。

句法和章段一定要分清楚。古人的文章不分段，不分节，这不是好办法。欧洲人写文章讲究章法，我们学过来是很好的。章法清楚，就给人以鲜明的印象。

标点一定要恰当。标点好像一个人的五官，不能因为它不是字就看得无足重轻。标点错了，意义也就变了。

文章有各种各样的体裁。根据我自己的经验，大体上句子不宜太长，段节也不宜太长。这样就容易分析清楚，人家看来一目了然，也就自然鲜明了。

生动性也一样。若是句子短些，章节短些，文章就生动活泼。比如新诗是分行写的，不是整整一大篇地排出来，这有它的好处和妙处。绘画要留些适当的空白，我想写文章也同样适用。行与行之间、标点与标点之间有些空白，就给人一个清楚的感觉。

无论准确也好，鲜明、生动也好，就语言方面讲，要求字眼总要用得适如其量。这样，表现的概念才会准确，也才能使人感到鲜明。说得神秘一点，字眼里面还有它的声调和色彩。法国有个作家叫福楼拜，很讲究字眼，他写了文章要用钢琴来检查字眼，听听声音是否和谐。所以，在选择字眼方面恐怕要费点功夫。所谓锤炼，大概就是在这些地方力求准确、鲜明、生动，使人家更容易了解你的内容和概念。

文章写好后，要翻来覆去地推敲一下。"推敲"这两个字的出处大家都知道，原来是"僧推月下门"，后来改成"僧敲月下门"。"敲"和"推"的动作本来不一样。再说寺门掩闭，恐怕敲的可能性多些，"敲"字的声音也更响亮一些。两下一比较，就可以看出"敲"的好处。所以文章写好后多推敲、琢磨是必要的。所谓千锤百炼，不一定要"锤"千次"炼"百次，但像毛主席说的看它个三次，总还是要的吧。我们有时候太着急，写好了连过目都不过，结果就出了差错。

这里说的准确、鲜明、生动，主要是指理论性、叙述体的文章，至于文艺性的文章如诗词之类，有时候要稍微不同一点。我不准备多说。

二、文风问题是不是单纯的语言问题？它同思想和思想方法的关系怎样？

答：文风问题，刚才已经讲到，不是单纯的语言问题，主要还是思想和思想方法的问题。首先要你的思想、概念准确，然后才能写出准确的文章。要是以己之昏昏，也就当然使他人昏昏了。古人说"文以载道"，用现在的话说，写文章就是表达思想。所以思想是"文"的骨干和核心，关系很重大。

文风同思想方法关系也是很密切的。像逻辑、唯物辩证法等都是思想方法，如果思路不通，也断断写不出好文章。不合逻辑就是不通。至于辩证法，那是更高一级的逻辑，即所谓辩证逻辑，它是更全面地从发展上、关系上和本质上来看问题，使思想更有逻辑性。

你总先要有这样的胚子——思想和思想方法，然后才能进入第二步——用适当的形式和语言把它表达出来。就语言讲，它可以为任何阶级服务，但如果你的思想是资产阶级思想，你的语言所表达出来的东西决脱离不了资产阶级思想的范围，反之亦是。这就充分证明，文风问题不单纯是语言问题。

思想和语言有一定的关联，这是内容和形式的关系。内容决定形式。通过无产阶级思想选用的语言，一定是接近于无产阶级的。我们可以从无产阶级的有生命的语言中，找到能够准确地表达我们思想的工具。要做好文章，主要的要努力把内容和形式和谐地统一起来。随着时代的不同，语言在逐渐地改变，文风也在跟着转变。所以文风问题不是单纯的语言问题，它同思想和思想方法有密切的关系。

三、在文风上，您认为应该从毛主席的文章中学习哪些东西？

答：毛主席的文章，正如开头所说的"文如其人"——非常平易近人。主席的文章和他讲话一样，谁都看得懂，而且喜欢看。听了毛主席讲话，好像热天吃了冰激凌，又好像疲倦后喝了一杯热茶。他的文章和讲话就是平易近人。毛主席说的话非常准确，想说什么就明明白白地告诉你。毛主席的文章很生动，很形象化，思想内容很艰深的问题，到了毛主席的笔下和嘴里，就变得非常容易懂。这也就是我们常说的深入浅出。我们学习毛主席的文章就要学习他的平易近人，学习他的深入浅出，学习他准确、鲜明、生动地表达艰深思想的能力。

毛主席的文章写得那么平易近人，也许有人问是不是毫不经意的？那也不见得。毛主席说过，有些同志写文章就存心不要人家懂。而毛主席写文章却是连标点也不放松，存心要人家懂。正因为苦心孤诣为读的人着想，才写得出这样的文章。记得 1949 年第一届全国政协产生的几个宪章和宣言，主席亲自校对，一个标点也不让它出错。这种对文章认真负责的精神，同样值得我们学习。你不肯在字法、句法、章法、标点上下苦功锤炼，要想一步登天，达到主席那样，显然是不切实际的想法。主席的文章是经过千锤百炼的。所谓"百炼钢化为绕指柔"，毛主席的文章可以说就是这样。毛主席在思想上经过艰苦锻炼的阶段，在文字上也一定经过艰苦锻炼的阶段。我喜欢毛主席这种文章的路子。还有另外一种路子，就是故意把文章写得深奥，这是走的邪路。这样的文章我是不大欣赏的。汉朝的扬雄就是以"艰深文浅陋"见称。明明很简单的话，他要用孤僻的字眼写出来。现代中国也有这一派。这一派的文章很不值得欢迎。

学习毛主席的文章，要学习他的平易近人、深入浅出、概念准确、形象鲜明、笔调生动，这些都是必要的。还有一个更重要的，就是学习毛主席的为人。只有在思想和思想方法上经过苦心的锻炼，才能把文章写得好。

四、本刊最近正在提倡多写短小的文章，您觉得怎么样？有人说短小的文章没有分量，您觉得这种看法对吗？

答：文章总是"有话即长，无话则短"。要说的东西多，就长一点；说的东西不多，就短一点。我是喜欢短文章的，但我也并不反对长文章。有内容的长文章是好的，就怕像王大妈的裹脚布——又长又臭，那实在受不了。

文章最好是用最经济的办法，把你想说的东西说出来。所谓"要言不繁"。把可有可无的字去掉。当然，更不用说可有可无的句、章、节了。这样的文章才会受欢迎，才有可能成为好文章。

现在大家都很忙，短文章是最适时的。把要说的事情简单、明了、准确地说出来，让读的人不要花很多时间就有所得，这是最好的。

拖拖拉拉的长篇大论，实在没有那么多的时间来看。至于有内容的大著作，如马克思的《资本论》，就是更长，也是值得读的。

短文章就没有分量？那不见得。文章不在长短，要看内容如何。内容有分量，尽管文章短小，也是有分量的，如果内容没有分量，尽管写得像万里长城那样长，还是没有分量。所以不能用量压人，要讲求质。黄金只有一点点，但还是有它的分量的；牛粪虽然一大堆，分量却不见得多重。我们四川还有人用牛粪作燃料，至于那些又臭又长的文章，恐怕连牛粪也不如。写毫无内容的冗长不堪的文章，在今天来说，是一种犯罪的行为，浪费自己的时间不说，还浪费了纸张，浪费了排字工人的时间，浪费了所有读者的时间，过失实在不小！

说短文章没有分量是不切实际的。中国古代就有许多文章，如《论语》《道德经》等。《论语》中有不少好的东西；就是《道德经》，在那个历史时代也有它突出的地方。拿民间语言来说，很多生动的谚语都是既短小而又有内容。"三个臭皮匠，凑成一个诸葛亮"，这样的话就很好。它几十个字抵得过一大篇文章。类似的例子有的是。简短，又有内容，就可以多、快、好、省。多是懂的人多，不是文字多；快是懂得快；好是内容好；省是大家省时间。

让我再说一遍，我是并不反对长文章的，尤其是要写重大的问题或重大的理论，那是非长不可的。但即使必须写长文章，也要遵守经济的原则，应当长就长，应当短就短。《庄子》上有这样几句话："凫胫虽短，续之则悲；鹤胫虽长，断之则哀。"这同样适用于写文章。可是就今天的文风来说，把水鸭子（凫）的脚加长的文章太多了。《新观察》今天提倡多写短文章，是适时的。

（选自《郭沫若文集》第 17 卷，人民文学出版社 1989 年版）

一点感想

唐　弢

文风包括作者思想情感问题，也包括表现形式问题。改进文风，必须按照具体情况，有的放矢地着手。由于表现形式上的缺陷，不能准确、鲜明、生动地传达作者的思想情感，使文章枯燥无味，这样的情况是存在的。否定这一点，也就否定了语言艺术对思想内容的表达所起的作用，削弱了语言艺术的意义了。但是，思想是最根本的问题。这样说，不仅从内容与形式的相互关系——总的说来，内容总是决定形式的——上着眼，更重要的是，表现形式上的缺陷，除了作者的艺术修养外，也常常是由于思想上的问题。

譬如，从语言的结构来说，适当地运用外国语的格式是可以的，每一时代每一民族的语言总是不断地在孕育、吸收、发展，决没有一成不变的；但在运用外国语的格式上，也的确有人生吞活剥，强凑硬拼，以为不写得像译文——往往是坏的译文——那样，就算不得是理论文字，这就是一个思想问题。又譬如，群众的语言是极丰富的，稍加提炼，就可以准确地运用，从而创造鲜明、生动的文风；但也的确有人舍口头而逐书本——往往又是干枯的书本，认为非此不文，这也不能不是一个思想问题。这样的例子是很多的。总之，要改进文风，我们既反对硬造乱造，也必须破除思想上的迷信：迷洋，迷古，迷各种八股。——自然，对于外来语成分和文言成分并不排斥必要的吸收和运用。

近来改进文风的问题已经引起各方面的注意，并展开了一些争论。我认为：改进文风必须按照具体情况，有分析地进行。舍本逐末是不对的，有本无末，也只能是不开花、不结果的一颗埋藏着的种子。

（选自《语文学习》，1958 年 6 月号）

答北斗杂志社问

——创作要怎样才会好？

鲁　迅

编辑先生：

来信的问题，是要请美国作家和中国上海教授们做的，他们满肚子是"小说法程"和"小说作法"。我虽然做过二十来篇短篇小说，但一向没有"宿见"，正如我虽然会说中国话，却不会写"中国语法入门"一样。不过高情难却，所以只得将自己所经验的琐事写一点在下面——

一，留心各样的事情，多看看，不看到一点就写。

二，写不出的时候不硬写。

三，模特儿不用一个一定的人，看得多了，凑合起来的。

四，写完后至少看两遍，竭力将可有可无的字，句，段删去，毫不可惜。宁可将可作小说的材料缩成 Sketch（速写——编者），决不将 Sketch 材料拉成小说。

五，看外国的短篇小说，几乎全是东欧及北欧作品，也看日本作品。

六，不生造除自己之外，谁也不懂的形容词之类。

七，不相信"小说作法"之类的话。

八，不相信中国的所谓"批评家"之类的话，而看看可靠的外国批评家的评论。

现在所能说的，如此而已。此复，即请

编安！

十二月二十七日。

（选自《鲁迅全集》第 4 卷，人民文学出版社 1957 年版）

从"四有"说到基本规律

黎锦熙

从前我用了两个传统的词作为写文章的标准：一是"有物"，一是"有序"。

"有物"就是说要有意思，有材料，有情景；"有序"就是说要合乎逻辑，合乎语法和修辞。

现在谈改进文风，在"有物"之前应当添个"有理"，就是说要有正确的思想、不错误不粗疏的理解和认识。可以说这就是"有物"的条件；要是不具备这个条件，有了"物"也不必写出什么文章来。

在"有序"之后也应当添个"有力"，就是说要使看的人不仅仅看得懂，还得愿意看。我也曾经提出几个词作为标准，就是：简洁、明了、生动、活泼。这八个字是"有力"的起码条件，这样才有力量引起读者的兴趣和共鸣。（本来这是在修辞范围内的，为着改进文风，强调它，独立起来。）

"有理、有物、有序、有力"，可不可以叫作改进文风的"四有"？

对于这第四个"有"——"有力"，目前还存在着一个内部矛盾问题：

一般学习的理论文件，每天所看的报和所听的广播，只要是说明国家的方针政策的，尤其是国际上的重大事件和翻译的重要报告，这些都是有了群众性的，是不是常常遇着一些不"简"不"洁"的句子和并不"生动"的文章呢？是不是也应当改进、也能够改进呢？

这个问题，关系"译风"和"话风"（"译风"是上期《中国语文》提出的名词；"话风"就是上期《语文学习》提出的名词，说是都该整顿的）。

话虽如此，我在几年前也曾提过一种意见：只要通过了汉语语法的基本规律，正确无误了，看来是有些不"简"不"洁"的句子，但科学性强些，组织严密些，内容倒是更"明了"些；看来是并不"生动"的文章，但表达出来的理论或情景仍是"活泼泼地"。因此，这"有力"范围内的矛盾问题还是可以提到"有序"（语法为主）方面去解决。只要合乎语法的基本规律，就没有"看不懂"的；群众的语言跟着社会主义的新时代正在发展，习惯了，就没有不"愿意看"的。

那时我的结论是：人类社会的思想总是"交流"的，所以没有一种语言的民族形式不受些外来语言的影响的；但语言是必须"全社会"都能懂的，所以没有一种民族语言不要遵守它自己的基本规律的。

现在重提出来作为改进文风中的问题之一，供同志们讨论。

（选自《语文学习》，1958 年 5 月号）

谈谈文风

魏 巍

毛泽东同志发表《反对党八股》的演说，到今天已经整整五十年了。今天重新阅读这篇文章，不免会生出许多感慨来。

关于文风问题，前几年曾闹得很严重。某些报刊上曾发表一种怪文，句子长达百余字，甚至有不加标点者，简直如读天书，不知所云。连国内的大作家、大教授，也摇头叹气地说："看不懂。"既然发展到连大作家、大教授也看不懂的地步，问题可谓严重了。如果这样的文章尚属个别，那么在诗坛上令人看不懂的诗，却并不罕见。我曾问一个诗歌编辑："你们刊物上发表的诗，你都懂得吗？"他坦率地告诉我，他也看不懂。问题就来了：你既看不懂，为什么还要发出这样的诗呢？有时打开一本新来的杂志，随着扑面而来的油墨的香味，不禁兴奋地想读几篇，可是刚一接触，内容且不说，那别别扭扭使人喘不过气来的长句子，那些生僻词语和外来名词一连串的疲劳轰炸，简直使人就像行走在堆满大大小小乱石的山坡上，不得不望而却步。过去提倡写文章要"深入浅出"，就是说深刻的思想内容，通过浅显易懂的语言表达出来。陈毅老总曾说，白居易的诗是"晓畅有深意",可见这二者是可以经过作者的努力,使之完美地结合的。而目前的许多文章和诗篇,却恰恰相反,不是"深入浅出",而是"浅入深出",你费了好大气力,连想带猜,好不容易把一篇东西读完了,那里面包含的思想却甚为可怜。看到这种现象,我就不禁心中暗想:我们的文风,究竟是前进了?还是后退了?

文风问题,是毛泽东同志始终关注的问题。在他看来,这是一个和学风、党风密切联系的问题,因而也是直接影响到一个民族精神面貌的大问题。事实上,在提出《反对党八股》之前的1938年,他就提出这种指导思想了。他在党的六届六中全会上曾说:"洋八股必须废止,空洞抽象的调头必须少唱,教条主义必须休息,而代之以新鲜活泼的、为中国老百姓所喜闻乐见的中国作风和中国气派。"这里指的自然不仅仅是文风问题,而是马克思主义如何进一步与中国实际相结合的问题。但对宣传文化工作者来说,对改进文风来说,也是一个至关重要的指针。

1942年开始的全党整风运动,在党的历史上具有极其伟大的意义。这次整风,彻底摆脱了教条主义的束缚,使马克思主义进一步中国化了。党员、干部,上上下下,不管干什么都要讲调查研究,都要讲从实际出发,都要讲具体情况具体分析。经过整风,全党面貌一新,各条战线生气勃勃,在党的历史上可说是一次巨大的飞跃。现在回顾起来,那次整风实际上孕育了中国革命的胜利和新中国的诞生。在那次整风中,解放区的文艺工作者,进一步解决了与群众相结合的问题。在与工农群众思想感情打成一片的同时，还特别注意到学习群众的语言。因为毛泽东同志多次告诫文艺工作者，"应当认真学习群众的语言"。还说，"语言这东西，不是随便可以学好的，非下苦功不可。"到今天我可以说，解放区的作家们和文艺工作者，没有辜负他老人家的期望。在我熟悉的作家中，我就知道像杨朔、马加等同志，就随身带着一个小本本，听到群众生动的语言就随手记下来。康濯同志是湖南人，在他的小说中你会发现，他对北方农民的语言是多么熟悉。这些都是下了多少苦功啊！五四时期兴起的白话文，是一次具有伟大意义的解放。但因为时不久，一些文章未免还留有小脚放大的"改组派"的味道；另一些文章则有浓厚的欧化气息，读起来简直像读翻译作品。如果你读一读解放区作家的作品，像丁玲、赵树理、孙犁、邵子南、马加、秦兆阳等人的小说和散文（诗歌、戏剧且不说），你就会发现，过分欧化的八股气和改组派的痕迹，已经大大地扫除了。可以说已经树立了一种新的、具有中国作风中国气派的文风。这在文学史上不能不说是一个巨大的进步，其意义是不能低估的。令人遗憾的是，近几年某些人反而把这些看作是落后的、不时髦的东西。在他们的作品里，不是洋八股的气息越来越少，而是洋八股的气息越来越浓，以致弄出一些看不懂的东西。这不能不说是一种文风上的倒退。应当说明，我们决不反对吸收外来的有用的东西，但是应该很好消化，化为自己的血肉，并且服务于创造中国作风、中国气派的文风。

毛泽东同志的文章，可以说是这种崭新文风的典范。不论他的讲话或写作，总是那么新鲜活泼，深入浅出，既有深刻的思想，又有通俗易懂、饶有风趣的表达。可以说毫无八股气，通体都是中国气派。就以《整顿党的作风》《反对党八股》《在延安文艺座谈会上的讲话》这三篇文章来说，是何等的深刻和生动啊！我们拿出来读读，仅从文风上来说不是也很值得我们学习吗？

（选自《高校理论战线》，1992 年第 1 期）

二

文稿篇

观点和材料

邓　拓

　　这是讲在写文章的时候，怎样处理观点和材料的关系。因为有的读者来信提出这个问题，并且反映了不同的意见，所以要谈一谈。

　　观点和材料的关系，也是虚与实的关系。近年来常听到说"要务虚""也要务实""以虚带实""就实论虚"，等等。这里所说的虚，大体是指的理论、原则、思想、观点方面的，而所谓实则大体是指的实际情况、具体材料方面的。

　　据读者的反映，对于虚与实，即观点与材料的关系，在一些人中间曾经有不同的意见。那些意见归纳起来不外两种：一种强调要重视观点，而比较不重视材料；另一种却强调要重视材料，而比较不重视观点。持这两种意见的人，虽然也都承认观点和材料必须统一，但是实际上往往各执一偏，统一不起来。

　　的确，把观点和材料割裂了的现象，在目前并非少见，而是相当普遍的。读者反映："有的文章只讲概念，讲观点，缺乏具体事实，既不能令人信服，也不能启发人的思考。"这是一种情形。另外一种情形是："资料堆砌，缺乏必要的分析，看起来杂乱无章，茫无头绪。"这两种现象反映了两种片面性。把这两面正确地结合起来，才能产生我们所希望看到的好文章。

要结合得好，当然也不容易。有的人思想水平不低，就是没有掌握资料；也有的人搜集一大堆资料，就是缺乏概括的能力，提不出什么观点。要取长补短，也不是一朝一夕就能做到的。因此，在实际工作中，首先应该提倡有观点的提供观点、有材料的提供材料，互相帮助，谁也不要看不起别人，不可沾染"文人相轻"的恶习。

在这一方面，前人已经有了不少的经验教训。如明代的陆楫，在《蒹葭堂杂抄》中说过一个故事："成化、弘治间，刘文靖公健，丘文庄公浚，同朝，雅相敬爱。刘北人，在内阁独秉大纲，不事博洽。丘南人，博极群书，为一时学士所宗。一日，刘对客论丘曰：渠所学如一仓钱币，纵横充满，而不得贯以一绳。丘公闻之，语之曰：我固然矣；刘公则有绳一条，而无钱可贯，独奈何哉？士林传以为雅谑。"

刘健和丘浚这两人友谊并不差，这一段"雅谑"也还不能算作"文人相轻"的典型。然而，特别值得注意的，是他们用了钱和绳的关系来作比喻，这一点对我们颇有启发。我们常常把一篇文章的中心思想，比作一根红线，贯穿全文；他们当时也以一条绳和钱币为比喻，这同我们现在的比喻一样，具有很强的形象性。

这个比喻当然也有缺点。因为我们说观点和材料相结合，虚实结合，是要把观点和材料融会消化而为一，这只有经过创造性的精神劳动才能成功，决不是生拉硬凑、加减乘除就能成功的。在这个意义上说，绳和钱之类的比喻则不够完善。

不过，每一篇文章如果都有一根思想红线，把最重要的材料贯串起来，总是好的。我们起码的要求应该如此。而要做到这一点，必须慢慢锻炼，切勿要求过急，对于有偏缺的人，无论他是偏重于观点而缺少材料，或是偏重于材料而缺少观点，都不应该加以责备；只要他有一点进步就应该给以鼓励。如果有人互相提供观点和材料而合作得很好的，更应该给以鼓励。

古人合作写文章也有许多很成功的例子。千万不要以为只有我们现在合作写文章才是可能的。为什么古人就不可能做到呢？请看《晋书》卷四十三《乐广传》载："（广）累迁侍中、河南尹。广善清言，而不长于笔。将让尹，请潘岳为表。岳曰：'当得君意'。广乃作二百句语，述己之志。岳因取次比，便成名笔。时人咸云：'若广不假岳之笔，岳不取广之旨，无以成斯美也。'"这样的事例，在我们的眼前不是仍然存在吗？不过我们现在合作的范围比古人要大得多，写作的内容更非古人所能比拟的了。

大家知道，我们现在的合作形式，远不止是一个人授意，另一人写作，更有集体研究，一人执笔，或者一人拟稿，集体讨论修改等各种形式。这些合作的形式当然是古人所不能设想的。但是无论任何一种合作的形式，都可以说是观点和材料相结合，即虚实结合的一些形式。通过这形式，逐渐锻炼和提高，一定就会出现新的更好的合作形式，更完善地体现出观点和材料的统一。

当然，虚实结合的最根本要求，是同时掌握观点和材料，既要了解实际情况，又要随时研究理论原则问题，做到两方面如水乳之交融。这才算达到了我们的理想境界。

（选自《邓拓文集》第3卷，北京出版社1986年版）

把稿子念几遍

叶圣陶

写完一篇东西，念几遍，对修改大有好处。

有人说，修改似乎没有止境，改了一遍两遍，还可以改第三遍第四遍，究竟改到怎样才算完事呢？我想，改到自己认为无可再改，那就算尽了责任了。也许水平高的人看了还可以再改，但是我没有他那样的水平，一时要达到他的水平是勉强不来的。

修改稿子不要光是"看"，要"念"。就是把全篇稿子放到口头说说看。也可以不出声念，只在心中默默地说。一路念下去，疏忽的地方自然会发现。下一句跟上一句不接气啊，后一段跟前一段连得不紧密啊，词跟词的配合照应不对头啊，句子的成分多点或者少点啊，诸如此类的毛病都可以发现。同时也很容易发现该怎样说才接气，才紧密，才对头，才不多不少，而这些发现就是修改的办法。

曾经问过好些人，有没有把稿子念几遍的习惯，有没有依据念的结果修改稿子的习惯。有人说有，有人说没有。我就劝没有这种习惯的人不妨试试看。他们试了，其中有些人后来对我说，这个方法很有效，不管出声不出声，念下去觉得不顺当，顿住了，那就是需要修改的地方，再念几遍，修改的办法也就来了。

这是很容易理解的。念下去顺当，就因为语言流畅妥帖，而语言流畅妥帖，也就是意思流畅妥帖。反过去，念下去不顺当，必然是语言有这样那样的疙瘩，而语言的任何疙瘩，也就是意思上的疙瘩。写东西表达意思，本来跟说一番话情形相同，所不同的仅仅在于说话用嘴，写东西用笔。因此，用念的办法——也就是用说话的办法来检验写成的稿子，最为方便而且有效。

古来文学家爱谈文气，有种种说法，似乎很玄妙。依我想，所谓文气的最实际的意义无非念下去顺当，语言流畅妥帖。念不下来的文章必然别扭，就无所谓文气。现在我们不谈文气，但是我们训练学生说话作文，特别注重语言的连贯性，个个词要顺当，句句话要顺当，由此做到通体顺当。这跟古人谈文气其实相仿。语言的连贯性怎样，放到口头去说，最容易辨别出来。修改的时候"念"稿子大有好处，理由就在这里。

（选自《快乐语文》，2023 年第 2 期）

怎么写文章

老　舍

写文章并没有什么特别的方法，仅就我个人的经验作点报告，这不是一定的不变法则，只是提供一些参考而已。

不论是写一百个字，两千个字，或是五十万字的一篇文章，都是一个样子，全想过了再写。在我们小的时候写文章，老师在黑板上出个题目，不管是爱国论也好，是清明时节也好，总先写上"人生于世"四个字，再往下连。这样当然写不好文章。大家都说用白话好写文章，只要将说的话写下来就行了，其实不然，说话到底不是写文章。譬如两个人坐冷酒馆，他们从酒味谈到日常生活，谈到女人，又谈到世界大局，甚至于谈到平价米，买猪肉，爱谈什么就谈什么，是可以随便的。写文章，可就不能这样了，设若将坐冷酒馆的谈话，一字不漏地记载下来，送往报章发表，人家看了，一定会骂你胡说，有神经病。所以，写文章是应该先想过了再写，就不会被骂为神经病，也不会每篇都用"人生于世"了。现下有些青年，只想到了一点，甚至连想都不想，提笔就写，大有所谓才子，不假思索，简直是在糟蹋纸张。

　　当想的时候，我们得想到这篇文章大致要说些什么。第一段说什么，第二段说什么，第三段说什么，第四段说什么，把它截开成段的来想。我们常听说写文章是有灵感作用的，这话确也不错，只是灵感扑涌，文章都来了，完全是胡说。灵感只是很少的一点东西，决不够写一篇文章用。一篇文章的写成，是靠我们的功夫，我们自身的文章修养，而我们得到了灵感，不想全就下笔，结果只能写得很少的一点。即使，至多高高兴兴地写一万字就没有了，你必得先想完全，一段一段地想过了该说些什么，然后下笔，就保了险了。为什么？因为你已经看到了最后一段，不致中途而废的！要不然，永远只是"人生于世"。

　　过去的老八股，都是千篇一律，没有异样，提倡作八股，正是养成那时候的一般人麻木性，奴隶性，好服从皇帝。现在我们写文章，要每篇每篇的不同。假如分好了段，看打哪边写起，是人生于世呢，人生不于世，还是先从狗说起？决定用哪种写法漂亮，哪种写法经济。写法经济是写文章很主要的一点。只有要每篇文章不一样，将来才越写越高兴，花样越多。有些人往往拿起笔就发愁，正因为他根本不去想，若大致想了从哪个角落下笔，再一直写，如此，写文章倒是很快活的事情。

　　写文章必得抓牢每篇的重点，没有重点，就不能成其文章。有些青年，老是啰唆一大堆，结果不知道他写些什么。你问问他自己都不明白重点在哪儿。不论是什么样的文章必定有一个重点，假若本篇，假若本篇以人为中心，则人物的性格、举止、容貌，我们必须描写得灵活生动；假如本篇以事为中心，我们就得老老实实，必须将这件事写得清清楚楚。知道了重点，就懂得用哪一种文字或支配文字。比方写限价一类的文章，你用上些"祖国在呼唤"和"怒吼"的字样，写赈灾，你也用上了些"祖国在呼唤"和"怒吼"的字样，那根本不是文章。文章应是一篇一样，要刺激读者的眼泪，使读者读到必哭。要使读者高兴，使读者读到必乐。决定了内容，如何用什么样的文字，并不是写上祖国在呼唤，写上怒吼就成了文章。假如能这样写，你的笔才会是活的，不是刻板的。所以先得想过。然后决定从什么地方写，怎样写得经济，漂亮，写人还是写事，使人笑，还是要使人哭，总之，你必得用你的思想来支配文字。我们读莎士比亚写的悲剧，是悲剧的情调；喜剧，是喜剧的情调。而如今的青年，只背得"祖国""怒吼"这一类字眼，被这一类字压得不能动，不管什么地方，都填满了这些字眼，可说不是写文章，而是替文字做奴隶。我们是文字的主人，我们要如何写，文字就得写成如何，必得使文字受我的支配，因此每一篇才有每一篇的特色，如果没有特色，无论如何写不成文章的。

（选自《高中生之友》，2022 年 12 月下半月刊）

谈校对工作

孙　犁

　　我国的文化，优良的传统之一，就是重视书籍、报刊的校对工作。凡是认真读书的人，有事业心的出版家，有责任心的编辑人员，都重视校对工作。因为，有好文章，固然是第一义，但如果没有认真地校对，好文章也会变为不好的文章，使人读起来别扭，甚至难以卒读。至于写文章的人，当然就更注意校对了，因为这一工作的负责与否，直接关系到他的文章的社会效果。

　　在我国，历代的读书人，都重视书籍的版本，校对成了一种专门的学问。

　　在古代，校书的人都是很有学识的人，一般说，校书的人，比起写书的人，知道的还要多些。有些青年作者，要出版著作，都是请先辈校正，并列衔于书前。鲁迅先生曾为不少青年作家校正文稿和出版物，他用的名称叫"校字"。

　　古代的书，抄写或是刻版，都是很困难的。书的印数和印出的时间，都受到限制，流传不广。越是如此，出版者的校对工作越是认真。有很多古书，抄写或刻印，都是作者或编辑者亲自校对，一字不苟，一笔一画都有讲究。有很多好的版本流传下来，使我们祖国的文化，得以发扬光大。

宋代和清代刻书，都很重视校对。明朝印书虽多，但很随便，所以有人说："明人刻书而书亡。"特别是清朝，有很多校对的名家，他们有的是收藏家，有的是考据家。经过他们校对的书，名望很高，大家都乐于得到，奉为典型。

近代印刷术进步，书报发行量大多了，流传更广了，校对工作，就更繁重。因此，大的出版业，都特设了专门校对的机构，校对工作才从编辑工作中分工出来，并形成一种社会习惯，好像校对人员比起编辑人员要低一等，其实不然。有些老的校对，正像老的排字工人一样，是很有学问很有经验的，常常为一般编辑所不及。过去商务印书馆出版的书，在版权页印上校对者的名字，以明职责，这个办法很好。

近几年来，我们国家的文艺刊物增加了，内容质量非本文所及，姑且不论，只就校对工作而言，有不少是不能令人满意的。

按照通常道理，校对工作的质量，直接影响刊物的质量，也能影响刊物的信誉和发行数量，本应得到重视。但是在目前，好像有的刊物并不注意发行多少，对于信誉，也不大在乎。原因是它并没有成本核算，发行多少，赔钱多少，并不与编辑人员的事业前途、经济利益有关。这样，刊物编辑部就容易沾染官场习气。稍有文字工作履历的人，都提拔到了领导岗位。一个刊物有多层领导，名字虽不见于版权页，确实都有官称。当然，问题并不在于官称，而在于这些领导的责任感，他们并不重视刊物的校对。一般文艺刊物，并没有校对科，校对工作由编辑来做。他们让一些青年同志去做，这些青年在知识文化水平方面，因为前些年的教育问题，一般都很低。

按说，一个刊物的主编或副主编，除去要看全部稿件外，还要看每期的排样。编辑部主任、组长，就更不必说了，对印出的每一句、每一个字，都要负责任。最近，我看到《长春》文艺月刊，每一篇文章之后，都注明责任编辑，错字确实很少。最近一期，登了我的一篇短文，因为字句的问题，他们就曾再次寄信和作者商榷，非常认真。

一篇同类性质的文章，我寄给了《长城》文学丛刊。他们把原稿誊抄一次。发排后把清样寄给我，其中错误很多。我马上把校样寄回，附信请他们照改。结果刊物一到，令人非常不快，并且非常纳闷。

那是短短一篇文言文，两千来字。其中一句是："余于所为小说，向不甚重视珍惜。""所为"误为"所谓"。好像我不是对自己所作小说，而是对一切小说，都不重视珍惜了。为什么这样改，我还想得通，可能是编者只知"所谓"一词，不知"所为"一词所致。

令人费解的是，文中的文言的"亦"字，全部改为白话的"也"字，共有六处。这显然不是排错，也不是抄错，而是改错的。这岂不是胡闹？

我也曾自我检讨：现在，你弄什么有"复古"倾向的文言文？这很可能是对你的一种惩罚！

我的校样寄去之后，也一直收不到编辑部的回信；没有任何解释。我估计，凡是"负责同志"，都没有注意到这些错误，也不重视这种现象。我在这里特意提一下，算是为自己的文章，做个更正。

不认真读书的人，或者说，错个把字算得什么，何必斤斤于此呢？真正读书的人，最怕有错字，一遇错字就像遇到拦路虎，兴趣索然。

我读过一部印刷粗劣的小木板的《笑林广记》，错字之多，以及错字的千奇百怪，使人实在读不成句。我左猜右猜，并寻找它出错的规律，勉强读下去，就像读一部"天书"。

后来，我问到一位内行人。他说，你看的这种小书，本来是和"天地灶马"一同印刷出版的，在那个地方，刻书的都是妇女，并不认识字。她们把样本贴在木板上，就用刀子去刻，东一刀，西一刀，多一刀，少一刀，她们都不在乎，有时是随心所欲地来上几刀。因此就出现了那么奇怪的错字。她们刻书是家庭副业，快快刻完印出来，是为了拿到庙会集市上去卖钱，她们完全不是为了做学问。

啊，这，我就明白了。

在旧社会，出一本刊物，是多么困难，买一本书，又是如何困难。读书买书，都要经过多次考虑，掂斤簸两。虽不希望字字珠玑，也希望读起来怡心悦目。如果读起来错字连篇，像走坑坑洼洼的道路，何必又花钱买书呢？现在国家重视文化，出这样多的财力、人力、物力，办刊物出书，如果连校对工作都不认真去做，岂不是南辕而北辙吗？

1979 年 11 月 14 日

（选自《孙犁文集》第 5 卷，百花文艺出版社 1992 年版）

构思与起草

孙乃沅

写作过程，就是文章这种精神产品的生产过程。一篇文章的写作，大体都要经过构思、起草、修改、书写这几个阶段。这里主要讲构思和起草两个阶段。

一、怎样构思

构思是在写作目的确定之后，正式动笔之前，对通篇文章的安排设计，也就是下笔前想好写什么和怎样写。一篇文章写得主题明显、结构严谨、顺畅自然，似乎是信手拈来，其实是写之前艰苦构思的结果。构思就是考虑怎样用语言组成篇章形式，来表达作者认识的客观事物，也就是落笔之前把道理想通把思绪理好，其要害就在于能否通过主观思维活动，使文章正确顺畅地反映事理，亦即事物的某些本质和规律。构思进行于落笔之前，却决定了写成之后的成败优劣。

（一）确立主题安排整体结构。要先把通篇意思考虑好，总体结构安排好。一方面明确主题，文章要写什么，也就是把内容——思想感情酝酿好。如果是命题作文，包括审题，题目本身已经揭示了主题的，要"找到自己"，即自己有些什么要说；题目是限定范围的，要根据自己的认识、掌握的材料来限定主题。

　　如果不是命题作文，则要在材料的基础上确立主题，可以用简练的话概括成主题句写下来。另一方面，是按照主题的要求考虑全文结构，分几部分，怎样安放、接转等，把整个框架搭好。这一个阶段的两个方面，是构思的最重要的一步。如果通篇的主题和间架没想好就动笔写作，写一句想一句，那是不容易写好的。

　　（二）配合观点取舍安放材料。第一步搭好架子后，第二步就是考虑把材料安放在哪里。也就是说，按照文章思想发展的逻辑，把材料条理化，确定其"位置"。首先是把材料再掂量掂量，哪些有用，哪些舍弃；接着是按表现主题的需要将材料归类，考虑用在哪里。分观点要为总观点服务，材料为主题服务。总之，是要让主题把作为材料的事实和论点统率好，让材料把主题很好地表现出来。

　　（三）简括地列出提纲、要点。长一点的文章，或驾驭文字的能力尚不十分熟练时，必须列提纲，甚至写详细提纲，反复考虑、修改提纲。短文，或是时间紧迫时，列个要点，简括列几条也可以，至少要打打"腹稿"。列宁认为："列提纲确实是重要"，应该"思考得周密，写得详细些。"（《给印涅萨·阿尔曼德》）克鲁普斯卡娅回忆列宁时说："他在写文章之前，常是先写好提纲。从这个提纲可以追溯伊里奇的整个思想过程。有许多文章，伊里奇把提纲改了两遍、三遍。"（《列宁是怎样学习写作的》）写提纲是将构思成果用文字固定下来，帮助作者检查并做到思想周严和条理清晰。提纲可以按文章的结构顺序分条开列，开头也可写上主题句，可以是边构思边写提纲，也可以构思好了再把结果写下来。它是整篇文章内容思路的蓝图，要反复琢磨，使之合情理、合逻辑，能够帮助最有效地表达主题。

（四）构思过程所应注意的问题。一要通观全局。构思时每时每刻不要忘记文章的总目的和整体，就是毛泽东同志所说："要注意整篇文章、整篇说话的结构。"正如画家画竹，不可离开竹的整体只在枝节上下功夫。写文章的构思也要有"成竹"在胸，而不能"一枝一节"地堆累起来。"堆累枝叶"，是写不好文章的。

二要多方设想。抓住总目标、围绕主题考虑文章整体，但却又并非不敢越雷池半步。要开阔思路，多方设想，然后才能有新意，开拓出新的境界。要充分发挥联想、幻想等各种思维形式的作用，不可囿于成见。构思过程中如果思绪不来，就应该放宽思路，再翻翻材料，看看书，交谈交谈，从各方面再考虑考虑。到了一定程度，思绪、灵感就会产生，新的境界、思想出现了再作文，万不可没想好就写。

三要裁冗割爱。构思中在考虑写什么的同时，要把不必要的意思删掉。裁截掉不必要的，才能使必要的突出、丰满。俄国大作家契诃夫说，要雕刻出脸来，必须砍削去不是脸的地方。所以，每一层意思、每一个分论点、每一点材料都要从整体的角度看一看，是否与主题紧密相关，否则必须割爱。正像契诃夫说戏：如果第一幕墙上挂着一柄枪，闭幕前就必须开枪，否则不要挂在那里。

二、怎样起草

虽然构思好了之后，起草过程中改变的情况也有，但却决不可没想好就写。起草，即草拟初稿，就是把构思好的内容按构思的思路用文字写出篇章形式的初稿。如果起草不成功，表达不出来，不充分，文章便要减色，甚至写不好写不成，前功尽弃；如果起草得法、临场发挥得好，前面虽然有考虑不周不深的地方，也能得到弥补、深化。

（一）奋笔疾书，不要"十步九回头"。起草要在想好或列出提纲、要点之后，抓住时机疾书快写。这个时机就是"灵感来了"的时候。"灵感"并不神秘，一切脑力劳动都会产生，连自然科学也离不开它。阿基米德发现浮力定律，不就是澡盆里的水溢出时触发了他的灵感吗？在唯物主义者看来，"灵感"是在一定主客观条件下形成的，是写作中构思的结果。它的到来表现为一种兴奋状态，即特殊的写作热情和能力。这个机会若不抓住快写，当时涌上心头的观点、材料、妙语、警句，就会忘却，一些思想的火花稍纵即逝，虽回头急起直追也不再灵活自然了。所以，起草最忌时时回头检点、修改字句或时时打断；而一气呵成，或分阶段集中快写，不仅能充分发挥知识才能、写作水平，而且能增加文章的整体感和顺畅性。

（二）按照提纲写，大改小不改。奋笔疾书不是信笔所至，而是按照立定的格局——提纲、要点或腹稿快写，不能随便岔开。提纲、要点是构思的成果，用作起草的基础，比心血来潮信笔写来有把握。不管构思时想得多细密，要把一切细微之处都想得十分妥帖、都是最佳方案，那是不可能的。要容许起草过程改动那些不合理、不周全的地方。起草又是个创造性高级脑力劳动过程，提纲不能束缚它，而可以把构思成果进一步检验、修订，升华到一个新高度。可是不断改下去不就起草不成了吗？这里有个原则，即大改小不改。第一，整体有问题必须改。起草时发现主题思想、总的观点或整个结构有问题，要立即打住，重起炉灶，不能将错就错，也不能小修小补。第二，枝节问题不一定改。起草时发现语言表达、条理顺序、数据材料之类有不妥之处，如不间断写作，可顺手改了；如拿不准的先写下来做上记号以备修改时查对订正，不可时时停下查找、思索。第三，游移反复最有害。由于构思可以自由想象，写成文字往往难以达到那样程度，于是就不满意起来，一会儿觉得这样写好，一会儿又觉得那样写好，这是起草之大忌，必须极力避免。

（三）积句成篇，注意顺畅和贯通。构思是从整体考虑到层、段，起草却是沿着相反的方向，由字句而段落、层次到全篇，因而要下功夫才能保证原思路的顺畅和脉络贯通。第一，在词句上要注意自然通顺。要顾及整体的语言环境而省略、照应。第二，在层次段落上要注意内部协调和外部的联系。要发挥每一层、段在全文中的作用；要把每一层、段的思想、材料安放一下，层、段中也是有条理有次序地展开；要以较好的符合逻辑的方式解决好各层、各段间的衔接。第三，要注意全篇脉络的贯通。这就要求整个起草过程，眼光不离主题，绝不节外生枝。要把主题作为中心，所有的层段、语句，都向心地联在一起，像脊骨作为全身骨骼中心那样，把全篇文章组成一个气韵贯通的整体。

（四）思路卡住写不出来怎么办。一是缺乏写作训练的，要硬写下再改。有的同志起草时提笔发忄术，这多是缺乏写作训练或实践所致，那就要硬写下去。要克服一种心理障碍，就是要求过高，下笔就要精美，或者是读文多写作少，又有相当的理论水平和实际经验，眼高手低，老不满意，因而写不下去。要实事求是，尽己所能写下来，然后慢慢修改提高；或请老师、领导、笔杆子指点启发一下再写。只要经常动笔，不但能写出，还能写好。二是构思功夫不够，要重新构思提纲。由于构思不够，提纲太粗，起草时步步障碍写不下去，这就要检查、修改提纲或重新构思，看主题是否明确，精神吃透了没有，材料是否充分，结构是否合理。把问题想透，找到合理的较满意的解决方案和表达方案，把提纲写细，就能顺利地写下去了。三是形诸笔墨时思路堵塞，要另找出路。有时构思了很好的提纲，形诸笔墨时遇到意想不到的问题被卡住了，这在大手笔也难免。如果时间从容可稍放一放，翻翻材料，思考一番再写；时间紧时可以看看有关文件、文章，变换一下角度再写。切忌钻牛角尖。要在外界启迪、触发下，找出新路或打破障碍，文思就又会奔涌向前。

（选自《刊授党校》，1995 年第 11 期）

谈写文章

吴　晗

从前有人说过：文章本天成，妙手偶得之。

我说，不对。应该是：文章非天成，努力才写好。天成的文章是不存在的。即使是妙手，也无从偶得。

妙手当然有，但也决不是天生的，而是经过长期的努力学习、锻炼，在实践中逐步提高。"妙"是努力的结果。妙手写了好文章，也还是要经过努力，而决不是偶然得来。假如说"偶"是灵感，看见了什么，接触了什么，有所感，有所会通，因而写出一点什么好东西来，那也还是要有先决条件，那便是具有一定的文化水平。要不，没有这个水平，即使"偶"，也还是不能"得"的。

要写好文章，必须经过长期的努力学习和实践。

首先是多读书，今人的书要读，古人的书也要读一些。中国的书要读，外国的书也最好能读一些。

生活在现代，写文章当然要用现代的语言，以此，多读一些近现代好文章的道理是无需解释的。为什么要读一点古书呢？这是因为古代曾经有许多妙手，写了很多好文章，多读一些，吸取、学习他们的写作方法，结构布局，遣词造句，对写好文章会有很大帮助。读一点外国的文学名著，道理也是如此。

对初学写作的人来说，我想，选择《古文观止》中三五十篇好文章，读了又读，直到烂熟到能背诵为止，这样便可以初步掌握古文的规律，虚字的用法，各类文章的体裁了。进一步便有条件阅读其他古代文献，有了领会、欣赏的能力了。当然，选读的文章要以散文为主，楚辞、汉赋之类，可以不读。此外，选读几十首唐诗，懂得一点旧诗的组织韵律，也是有好处的。

其次是多写作。在读了大量的近现代文章和一些古文之后，懂得了前人掌握运用文字的方法，但并不等于自己会写文章。要学会写文章，还得通过长期的实践，自己动手写，还要多写。学习两字是联用的，读书是学，写作便是习。不但要多写，还要学习写各种体裁不同的文章，例如写散文、写书信、写日记、写发言提纲、写工作报告之类。

写作要有题目，就是要有中心思想，要有内容。目的性要明确，例如这篇文章是记载一件事情，或提出一个问题，解决一个问题，或发表自己的主张、见解等，总之，是要有所为而作。无所"为"的文章，尽管文理通顺，语气连贯，但是内容空洞，也只能归入废话一栏，以不写为好。

第三是多修改。一篇文章写成之后，要读一遍改一遍，多读几遍多改几遍。要挑剔自己文章的毛病，发现了就改，决不可存爱惜之心。用字不当的要改，含义不明的要改，词句不连贯的要改，道理说不透彻的要改。左改右改，一直改到找不出毛病为止。必须记住一条原则，写了文章是给别人看的，目的是要使别人都能看懂，以此，只要设身处地，站在别人的地位来看这篇文章，有一点含糊的地方、晦涩的地方就改，尽最大的努力使别人容易懂，这是一个基本的也是最起码的要求，必须做到。

有了这三多：多读书，多写作，多修改，文章是可以写好的。只要坚持不懈，任何人都可以成为妙手。

（选自《人民日报》，1962 年 5 月 15 日）

谈修改文章

何其芳

　　修改是写作的一个重要部分。古今中外，凡是文章写得好的人，大概都在修改上用过功夫。马克思写《资本论》，从计划到草稿都经过了多年的和多次的修改。《资本论》第一卷写完后，他还要做一次文体上的修饰，他给恩格斯写信说："工作进行得极其快意，因为在经过许多产痛之后，恬静地舐着婴儿，自然感到乐趣。"德文本出第二版，马克思又改了一遍。对于法文译本，马克思为了使法国的读者容易了解，又做了许多修改。在文学家方面，托尔斯泰写《战争与和平》，据说改过七遍。他们写那样大的作品还改了又改，我们平常写短文章就更应当多加修改了。

　　普通所说的修改，是在文章写成以后；其实在文章未写以前，对于立意布局的反复推敲，对于写作提纲的再三斟酌，都带有修改的性质。这种下笔以前的修改是最要紧不过了，正如盖房子首先要打好图样，作战首先要订好计划一样。要是这第一步功夫没有用够，写起来就常常会写不下去，或者勉强写下去了结果还是要不得。这种事先的构思或写提纲，一般人都是做的，但功夫不一定都用得够。

中国过去有文不加点的说法，就是说有的人写文章不用涂改一个字。又还有这样一个故事，说有一位文学家在写文章之前，总是把墨磨得很充足，然后钻到被子里去睡。睡了起来就挥笔写成，是一字不改。这些说法如果是真的，我想一定是他们先就在脑子里修改好了的缘故。

我们现在写文章，倒也用不着一字一句都完全想好才下笔。现在的事物和我们对于事物的看法都比古代复杂，下笔以前多思索，多酝酿，也往往只能完成一个图样，一个计划，还是需要下笔以后边写边改来充实，来修正，还是需要写完以后根据自己的审查和别人的意见来再三修改，来最后写定。这种写作过程中和全篇写好后的修改，一般人也都是做的，但功夫也不一定都用得够。

怎样才算修改的功夫用够了呢？改的遍数多还并不就等于改得够。衡量够不够的标准我想主要有两个：一个是内容正确，一个是读者容易接受。毛主席在《反对党八股》中讲："文章是客观事物的反映，而事物是曲折复杂的，必须反复研究，才能反映恰当；在这里粗心大意，就是不懂得做文章的起码知识。"这是从根本上说明了文章要多改的理由，同时也就指出了修改的目标。客观事物不是一下子就能够认识得清楚完全的，多一次修改就是多一次认识。表达我们的认识的文字也不是一下子就能够选择得适当，多一次修改就是多一次选择。能否做到内容完全正确，自然要看我们的思想水平怎样；但如果我们采取谨慎态度去修改，自己多用脑筋，加上向别人请教，对每一个论点每一个看法都不随便放过，也就可以去掉或减少许多内容上的错误。内容正确，就具备了说服读者的基本条件。不过要读者容易接受，也还依靠好的表现形式。还得在布局上、逻辑上、修辞上再花些功夫，才能够使文章的每一句、每一段，一直到全篇，一下子打进读者的脑筋。能否做到表现形式很完美，自然要看我们的写作水平怎样；但如果我们采取替读者着想的态度去修改，总是想着我们所写的一般读者能不能完全了解，会不会相信赞成，是不是感到枯燥沉闷，也就可以去掉或减少许多表现形式上的缺点。

一般文章的毛病，根本成问题的大概不外乎观点错误，不合事实，教条主义，空洞无物等项。并不是整篇要不得，而是局部内容或表现形式有缺点、必须加以修改的却相当多。就我所能想到的缺点列举出来，就有这些：

一、抽象笼统，叙事不具体，说理不分析。

二、根据不足，就下断语，我要怎样说就怎样说，信不信由你。

三、强调一点，不加限制，反驳别人，易走极端，没有分寸，不够周密。

四、大家都知道的事情说得很多，以为只有自己知道别人不知道。

五、别人不知道的事情说得很少，以为自己知道别人也知道。

六、许多事情或问题，随便放在一起，没有中心，没有层次，逐段读时也还可以，读完以后一片模糊。

七、写到下句不管上句，写到后面不管前面。

八、信手写来，离题万里，偏又爱惜，舍不得割弃。

九、抄书太多，使人昏昏欲睡。

十、生造词头，乱用术语，疙里疙瘩，词不达意。

十一、没有吸取说话里面的单纯易懂、生动亲切等好处，只剩下说话里面的啰唆重复、马虎破碎等缺点。

十二、没有学到外国语法的精密，却模仿翻译文字造长句子，想把天下的事情一口气说完，一直是逗点到底。

这是我们常见的叙事说理文章中的一些毛病。文艺作品还有别的特殊问题，这里不去说它。我们犯这些毛病，也并不完全由于我们的思想水平写作水平真正就那样低，而常常由于我们花心思用功夫不够，尊重读者体贴读者不够。

内容要正确，表现形式要恰当，都是为了读者。好文章不仅要读者容易懂得、相信，并且要能够吸引读者，使读者能够得到提高，得到愉快。这个境界不易达到，但我们总应该努力把文章写得讲究一点。文章也是一种重要的革命工具，发表出来是要对群众负责的。因此，从写作以前到写完以后，从内容到形式，凡属可能做到的反复研究，充分修改，都大有必要。我讲这些，并不是说我已经做到了这些，刚刚相反，正因为我也是粗心大意，不懂得做文章的起码知识，现在有些觉悟，愿从此努力而已。

一九四九年一月五日

（选自《何其芳文集》第 4 卷，人民文学出版社 1983 年版）

文章作法讲授（研究）提纲

何家槐

一、概　说

（一）讲授"文章作法"，是为了帮助习作者掌握较有系统的写作方法，能够用文字简明有力地、有条理地表达思想感情。

（二）写文章是有一些方法的，怎样确定主题，怎样选择材料，怎样布局，怎样运用文字，都有原则可循。懂得写作的基本方法，对于学习写作有帮助。当然，我们不可拘泥于方法，不可把这些方法变成教条和公式，变成烦琐死板的东西。在写作时发挥创造性是很必要的，我们懂得了写作的原则，要能灵活运用，善于变化。

（三）我们反对把写作方法看成教条和公式。写文章不单单要从文章的形式方面着眼，而且特别要从内容方面着眼。如果拘泥于写作方法，把形式僵化，那么我们的文章一定不能表达丰富的思想内容，不能反映新鲜活泼的客观事物，不能表现生气蓬勃的革命精神，不能很好地宣传马克思列宁主义，而会变成毛泽东同志所反对的"洋八股"和"党八股"。我们现在有些文章千篇一律，像用一个模型铸出来的，因而看起来非常枯燥乏味，看了以后，更不会留下什么印象。这些文章显然有"八股"的气味。这种毛病是应该去掉的。

（四）构成文章的基本单位是句子，为了把文章写好，必须讲究遣词造句，因此要重视语法，也要重视修辞。阅读和写作的关系也是十分密切的，不但要多读，而且要精读，并且和写作密切地结合起来。

（五）勤于写作，对于写文章有决定性的意义。决不能希望依靠"文章作法"写好文章，而要勤写多改，反复练习，在长期的、艰苦的写作实践中不断提高写作能力。"拳不离手，曲不离口"。这句话是值得我们注意的。

二、主 题

（一）主题是作者通过文章说明某一问题或反映某一生活现象时所表示的基本意见或主要思想，说得明白通俗一点，也可以说是文章的题旨。它是文章的灵魂，是全篇的论述的中心。

（二）作者不论是说明什么问题或反映什么生活现象，都是站在一定的立场上，用一定的观点和方法来观察、分析、判断。作家对于同样的一个问题或同样的一件事实，由于站在不同的立场上，从不同的角度，用不同的思想方法来观察，会得出完全不同的结论。

（三）高尔基说：主题是经验在作家心里所唤起的一种思想；它是生活向他提示出来的。可见，主题的来源是生活，是生活经验，最重要的是直接的生活经验。生活经验不丰富的作家很难找到生动活泼的、内容深刻的主题。只有真正深入实际生活的人才不会感到主题枯竭的苦恼，因为生活本身就会不断地提供新鲜的重要的主题。毛泽东同志指出人类的社会生活是文学艺术的唯一源泉，是取之不尽，用之不竭的。这对其他一切写作来说，也都是适用的。

（四）生活是极其丰富的，存在于生活中的问题也是极其复杂的，因而反映生活或说明问题的文章的主题无疑也是各式各样的。我们必须选择那些重要的、有切实意义的、涉及最迫切的问题的主题。在写作前，必须反复考虑应该选择什么样的主题，要把选定的主题酝酿成熟，周密地加以研究。最好能和人家先交换一下意见，因为个人考虑问题往往是不容易周到的。

（五）论述主题也有重要的意义。主题选择得好，如果不知道怎样正确地、充分地论述主题，那也是徒然的。为了正确地论述主题，必须反对主观片面地观察事物，避免随意夸大或缩小。其次，在写作前也要考虑把什么问题提到首位，特别强调哪些地方，怎样发挥正文，怎样开头和结尾，等等。特别要注意避免公式化、概念化，要尽量把主题论述得具体而生动。论述主题和取材及组织结构都有关系。列宁写文章，通常总是先写好文章的概要，使自己的全部思维过程明确化；有时他要把概要修正两三次，一再改变论述主题的方法。可见，他对论述主题的准备工作是怎样的重视。

（六）在不同的时期中和不同的条件下，可以论述同样的一个主题，但必须从不同的方面论述，赋予新的意义和内容。

（七）有的人虽则选择了有实际意义的、有重大价值的、正确的、积极的主题，但由于没有适当地论述，就损害了、模糊了，或歪曲了主题。这不是由于选择的主题超过了作者的力量、论述不得法，就是由于作者处理主题缺乏严肃认真的态度。所以，选择主题要实事求是，选取自己能够胜任的主题；论述主题应该认真严肃，不可东拉西扯，草率从事。

（八）一篇文章不能无所不包，要想一下子解决很多问题是不可能的，因而必须严格规定自己写作的任务，围绕主题做精密的论述。

（九）标题和主题并不是一个东西。有的标题能够概括全文的意义，揭示主题思想，但有的标题只能揭示主题中的部分性质。不管怎样，标题经常总是与主题密切联系的，因而必须十分重视标题的选择。

三、题　材

（一）主题必须通过适当的材料表现出来。因此，取材在写作上是一个重要的工作。

（二）在写作前必须积蓄丰富的材料，以便在写作时随心所欲地选用，不可以只占有很少的一点点材料就用来敷衍成文章，硬生生地把它拉长。鲁迅说："留心各种各样的事情，多看看，不看到一点就写。"又说："宁可将可作小说的材料缩成速写，决不将速写拉成小说。"主要的就是指这种情形。

（三）材料是用来表现主题、发挥主题的。因此，必须采用那些和主题有关的材料，不可把所有的材料都用上去，也不可随便拉些材料来凑数，而必须严格选择。取舍材料的过程也就是研究材料的过程。

（四）选择的材料不但必须是正确的，有意义的，而且必须是有代表性，能说明问题的。有些材料与主题有直接或间接的关系，但如缺乏代表性，那也只有放弃。有的人把所有的材料都看成宝贝，忘了材料应该为主题服务这一原则，因而有时竟吝啬得像个古董商人，不肯割爱，即使主题为材料所淹没亦在所不惜。这是要不得的。

（五）选择材料必须注意它的真实性，不可随便应用间接的、没有十分把握的材料。选择的材料，应该反复地研究和对证。马克思从来不引用得不到证实的事实或数字，从来不以间接材料为满足，总要寻根究底，找寻证据。我们引用材料，也要尽可能地参看原作；引用翻译的书，要根据比较好的译本，如果自己懂原文，或者能请到懂原文的人核对一下，那当然更好了。引用领袖的话，引用党和政府的文件，更要谨慎：第一，必须根据正式文件或出版的著作；第二，不可看错原意，任意曲解，或断章取义；第三，不可抄错或抄漏字句，致失原意，因为这种引证关系重大，哪怕只是一个字，都是疏忽不得的。

（六）选择了材料，还必须加以科学的分析，找出它们相互间的内在联系，再加以归纳和综合，使它们有机地结合起来，这样才能够系统地、明确地、深刻地论述主题，反映客观事物的本质，阐明问题的实质。我们要反对采用"甲乙丙丁，开中药铺"的形式主义分类方法，因为用这种按照事物外部标识来分类的机械的办法，最多只能平铺直叙地写成一篇流水账，不但不能使主题明确突出，而且会模糊主题，当然也不能解决什么问题。

（七）引用历史事实来比较今天的事物，也要特别注意。如果随便地或勉强地援引史实，不加分析，而乱套硬套，做形式上的类比，那是很危险的。

（八）选取题材和确定主题一样，要从生活出发，从实际出发。如果从书本出发，就很容易犯教条主义和八股的毛病。可是另一方面，如果举一些亲身经历过的，却不带普遍性与代表性的事例来说明问题，也很容易犯以部分代替全体、以树木代替森林的毛病。

（九）因而我们在写作时，一方面固然必须重视直接经验，因为直接从实践中得来的知识总是特别宝贵的；可是另一方面，我们又不可把直接经验的范围弄得过于狭隘，也不可忽视那些可靠的经过科学抽象的知识。写自己最熟悉的东西，并不是单单写自己直接经验过的生活或亲自接触过的事物，而是要包括一切经过透彻研究的知识在内。不过对初学者说来，宜于从直接写自己的生活经验入手。

四、组织结构

（一）组织结构主要是思想方法的问题。一篇文章的结构，实际上就是思想发展的过程，就是提出问题、分析问题、解决问题的过程，也就是阐述主题的过程。文章的组织问题就是怎样组织材料来论述主题的问题，结构就是组织的结果。

（二）文章的结构并没有一定的现成公式。公式化的文章是犯了八股的毛病。我们要尽力使我们的写作形式多样化，做到新鲜活泼。

（三）可是，这并不等于说文章的组织结构没有规律。规律是有的，不过不可以使规律僵化罢了。下面把几条比较基本的规律写出来，以供参考：

①要抓紧中心——一篇文章是一个完整的有机体，它的组织必须严密。我们要精心规划，不让它松弛混乱，不成格局，而要做到这一点，首先必须注意的就是：从开头到结尾，处处要照顾到主题，紧紧围绕着主题来分析，逐步地展开主题，决不可节外生枝，离题万里。一篇文章可能同时讨论几个问题，但必须分清主次，不可等量齐观，更不可轻重倒置，喧宾夺主。习作时往往容易犯离开中心或随便转移中心的毛病，因而必须注意。

②要层次清楚，条理分明——组织材料有一定的顺序，要把庞杂的材料加以科学的分类和适当的安排。哪些先说，哪些后说，哪里应该详尽，哪里可以简略，怎样开头，怎样结尾，怎样对照，怎样呼应，都要有周密的计划，要不就难免结构紊乱，眉目不清，不可能有条理地、由浅入深地发掘问题，说明问题。古人所说的"抽丝剥茧"的方法，也就是写文章层层深入、有条不紊的方法。列宁所以要在写作前做概要，目的也就在此。有的作者虽然没写概要，但在事前打好了腹稿，也就是预先把所有问题和表达的方法都想通了，拿起笔来就可以一直写下去。不过，更可靠的办法还是先做概要。

③要全篇连贯，分析透彻——文章要前后连贯，不可自相矛盾。阐述主题，应该从各个不同的方面，从各个不同的角度

来分析、论断，必要时须举例证明。所谓发挥不够的文章，大都由于分析得不透彻。如果和人家辩论，也是要依靠细致的分析和有力的证明，要以理服人而不可装腔作势，不可乱扣帽子，借以吓人，因为这只能引起读者反感，失去读者同情，对方更不会服你。

④要避免重复——写文章要干净利落。不可把差不多的意思说了又说，使文章显得冗杂累赘。

（四）所谓层次，就是思维发展的顺序。它必须符合思维的规律。安排层次（即布局）的方法，有顺叙、倒叙、插叙。一般的是用顺叙，但倒叙和插叙在层次较多的文章里便于说明问题，可以看情形妥善地使用。

（五）句逗和段落要明白，才能使文章眉目清楚，意思明确。所以，分段和标点都是必要的。

（六）分段的标准主要是层次，因为层次体现思维发展的顺序。一段文章有的就是一层意思，有的包括好几层意思，也有一层意思要分成好几段说，这需要根据具体情形决定，不能机械地规定一个公式，以免违背事实的逻辑。

（七）文章的开头要注意。开头不好，会影响到主题的阐述和文章的效果。比较好的开头方法之一是及早接触主题。不要拉得太远，使人摸不到头脑。即使要说明一下必要的情况和写文章的目的，或解释一下题目，也不可太长，以免分散读者的注意力。开头还要新鲜活泼，不可一味套用老调子，也不可追求新奇，故弄玄虚。

（八）结尾的重要作用之一是归纳全文大意，做出结论，鼓动读者起来行动或接受正确的主张。结尾是分析问题的必然结果，并不是凑上去的尾巴。有时作者在文章结束处并不明确做出结论，也没有公开鼓动，而是用含蓄的话发人深省，暗示读者自己更进一步地去认识问题，追求真理。这种结束方法一般是用在文艺作品，但别的文章也可以用，因为这种暗示的方法有时更能收到启发人的效果。

（九）为了使文章脉络分明，结构紧凑，或者为了使某种思想感情更突出、更明确、更有感染力和说服力，什么道理都要交代清楚，还要随时照应。照应并不是一般的重复，而是有意识的、有计划的，也是有某种程度变化的强调和反复。它是一种与前面文章有机地联系着的发展，也可以说是一种表现思想感情层层深入的方法。所以，在句与句之间，段与段之间，开头与结尾之间，或正文与开头结尾之间，必要时都应该用交代和照应的方法。

（十）文章的详略主要是决定于文章的性质。哪些是重点，应该说得详尽，哪些不是重点，可以说得简略，应该慎重考虑。要尽力使意思表达得明确。话要说得充分，但不可重复啰唆。至于整篇文章的长短，主要的也是由文章内容决定，不可一概而论，但是精练的原则是无论什么文章都适用的。

五、语言、风格、形式与内容

（一）思想是用语言表现的，所以语言技巧不容忽视。如果语言不生动活泼，甚至不通顺，那当然不能很好地叙述一件事情或说明一个思想，不能正确地表达主题。如果语言枯燥乏味，人家也不愿意看。我们必须注意语言的锻炼，必须学习语法和修辞，要向人民群众、古代作家和外国作家们——特别要向人民群众学习语言，逐渐消灭不简洁、不完全、不顺畅、欠准确的毛病，努力使自己的语言生动活泼，富有表现力。

（二）在语言的使用上要注意以下几点：

①要使用恰当的词语，要用得得体。

②不要生造除自己之外谁也不懂的词语。

③不要乱用方言、土语、行话以及一切足以减弱文字的影响的生僻的习惯语。

④不要硬搬和滥用外国语言，冒充时髦。

⑤不可原封不动地搬用社会生活中那些不健康的语言，不可滥用趣味庸俗的"歇后语"一类游戏笔墨。

⑥慎用省略语和同义语，以免意义模糊。

⑦要避免陈词滥调，不可乱用已经死去的典故和旧语汇。不要滥用名词术语或滥抄书本。

⑧不要一味雕琢，故意堆砌。我们固然要推敲词句，精练文字，但应该力求朴实。

⑨要尽量删去可有可无的字句段，毫不可惜。

⑩善于使文字形象化，适当地运用文学手法。

（三）为了丰富自己的语汇，要时刻留心储蓄新的词语。可适当地利用字典辞书。列宁很重视对于各种字典的利用。世界上所有的伟大作家都有极丰富的语汇，像鲁迅、高尔基，是我们大家都知道的。

（四）马克思说："风格就是人。"我们常说"文如其人"，也就是这个意思。风格是作者的个性在作品中的反映，也是作者精神状态在作品中的表现。但风格并不是一成不变的东西，而是在不断发展的过程中创造出来的。一种特殊风格的形成不是一朝一夕的事情，而是长期努力的结果。

（五）每个作家由于生活经历和所受教养不同，都有自己独特的个性，他们都有自己特有的审美观念和使用语言的特殊习惯，有自己表达思想感情的不同方式和色彩，这是不能强同的。

（六）可是，个性是具体的，抽象的个性是没有的。我们必须在学习马克思主义的基础上，继承并发扬我们民族的传统风格，锻炼文字，提高技巧，创造我们自己的风格。如果我们能够充分地利用有生命的古人语言，学习古代优秀作家的表现方法，那不但可以丰富我们的语汇，而且可以使我们的文章富于中国作风，对于我们文章风格的形成能起积极的作用。

（七）因此，我们必须学习用自己的语言（其实所谓风格，主要也就是由语言运用的特点上显示出来）、自己的笔调来写文章，不可依样葫芦，抄袭模仿；我们要在不断的学习过程中，在孜孜不倦地摸索表现方式的过程中，逐渐形成写作的独特的风格。我们要反对那些不痛不痒、毫无特点，对读者不能起什么作用的文章。

（八）内容与形式是一致的，但内容是决定的因素。不过，形式虽为内容所规定，却也反过来影响内容。没有形式的内容是不存在的，因而我们在写作时如果忽视形式的优美完整，当然不对。马克思经常注意文章的纯粹，不断修改自己的文稿。卷帙浩繁的《资本论》，他在临死前还要一再修改，这正是要使这部伟大著作尽善尽美，毫无瑕疵。有的人修改文章，认为只要审查内容是否充实，思想和观点是否正确，或最多注意一下条理是否清楚，而不管文体与文章的性质是否调和，表现形式与思想内容是否一致，不管文字的粗糙笨拙，这实在是片面的看法。不过，我们不可片面地强调形式，以免陷入形式主义的泥坑。

（九）由于内容和性质的不同，文章有各种体裁，有各种表现的形式。我们要按照文章的性质来采用适当的文体，按照各种文体的不同的要求来选用表达的形式。如果忽视各种文体的特点和它们的多样性，那是会写出不伦不类或千篇一律的文章来的。

（十）写作是艰苦紧张的劳动过程，是不断与困难搏斗而克服困难的过程。毛泽东同志在《反对党八股》里出："文章是客观事物的反映，而事物是曲折复杂的，必须反复研究，才能反映恰当；在这里粗心大意，就是不懂得做文章的起码知识。"我们要多劳动，多绞脑汁，下苦功夫，严肃认真地对待写作，把写作当作艺术的创造，当作一种细致的精神劳动。

（选自《作文讲话略稿》，中共中央高级党校语文教研室1956 年 11 月编）

斟酌字句的必要

张毕来

话得从语言的准确性说起。什么叫准确？同思想一致，增一分则太大，减一分则太小，就叫准确。遣词造句做到准确，真不容易。但是，这是端正文风的起码条件，非首先做到不可。要做到准确，斟酌字句是十分必要的。

常听人说，"心里想的其实又明确又完整，只是找不到恰当的字句来表达。"这种说法也就是从前所说的"可以意会，不可以言传"，其实是不对的。"可以意会，不可以言传"，本是拿来应付人的话。例如讲诗，"'锦瑟无端五十弦，一弦一柱思华年，……'好诗，好诗！"人家问他究竟怎样好法，回答就是上面这一句。《锦瑟》这样的诗，没把思想感情表达明白，这是作者的文风晦涩，而读者不能解释却自以为已经领会，其实是自欺欺人。不能明白地说出来，正是没有理解得透彻的表现。想的清清楚楚，写出来就明明白白；写出来的含糊其词，就足见没想清楚。写文章和构思的关系，基本上就是这样。

但是，说到这里，写文章和构思之间的关系还只说了一半。心里想的明确而完整，写下来就是明确而完整的文章，这样的事，一般来说是没有的。只有所想的非常简单，这才可能。复杂些的就困难了。写大块文章就绝对不成。所以我们常说"做文章"，这里面有一个"做"的过程，要下些"做"的功夫。这种功夫之中，有一项就是斟酌字句。有些人说，文章不是"做"出来的，只是把心里想好了的移到纸上来罢了，文章是"写"下来的，这是不对的。"胸有成竹"，也只是说心目中有竹子的基本轮廓罢了，整幅画还是一边画一边斟酌，一枝一叶地完成的。下笔千言，文不加点的才子是从来没有的。作文的过程实在是明确而完整的思想的形成过程。对于思想，做文章起成形和发展的作用，做好了的文章起传达和保存的作用。

语言构成思想，思想是在语言实践中形成的，准确的语言表达准确的思想。从这几句话可以领会做文章和构思之间的正确关系。根据这一点，把斟酌字句看成一种独立的大学问，孤立地钻研，不把它同思想联系起来，是不对的。但是，把斟酌字句看成"吹毛求疵"，以为只要把所想的写下来就成了，不必花时间精力改来改去，也是不对的。斟酌字句的目的在于使语言准确，而使语言准确，也就是使思想周密。想到一点就说一点，如果把所说的全部记下来一看，语言不准确的地方一定是很多的，同时也就看出思想很不周密。这就是没有经历过推敲的缘故。这种情形，固然可以说是没有写好，但也正是没有想好。不管怎样的语言大师，拿出他没有仔细推敲过的文字来推敲一下，就会发现毛病。做文章可以反复推敲，正是做文章比说话优越的地方，应该充分利用这个条件。

（选自《语文学习》，1958 年 4 月号）

谈文章的美质

陈望道

我们以为，文章在传达意思的"职务"上能够"尽职"就是"美"，能够"尽职"的属性，就是美质。这个美质，单就显现在文章上的来说，就是"文章的美质"。

这个意义的美质，我们可以将其大别为三：第一要别人看了就明白，第二要别人看了会感动，第三要别人看了有兴趣。这就分别关系到明晰、遒劲、流畅。

一、明　晰

明晰就是能够使人看了就明白，就是能够把意思清清楚楚地传达给别人。这须具备两个条件：一是周到，二是显豁。

（一）周到。周到，就是文章上显出的意思和作者心里的意思没有大小、轻重的差别。譬如说，"俄国冬天很冷"，这话固然可以懂得，但"俄国究竟冷到怎样"这一个疑问，也未尝不可以发生。这原因就在只说"很"，不曾说"很"至怎样的一个境地。假使说得周到，譬如说，"俄国冬天很冷，流了泪成为冰条，喷了气成为浓雾"，这就不会再有疑问了。所以要文章周到，必须注意下列三个方面：

1. 酌量附加限制或解释的字眼。如上文"俄国冬天很冷"的一句话，如若自始附加了"流了泪成为冰条，喷了气成为浓雾"，将"冷"字限定，疑问必将无从发生。又如，只说"父亲有病，请你回来"，我们对于话中所谓"有病"，所谓"回来"，有时也要发生疑问；倘若对这两点，预先附加了限制解释的字眼，疑问也无从发生。

2. 酌量用类似语来对照。如说"古文难能而不可贵"，又如说"他敬伊，却不爱伊"，就很周到。因为说到"难能"，很容易想到"可贵"；只说"敬伊"，很容易疑为"爱伊"。这样用类似语对照说明出来，界限已清，便不致晦昧不明了。

3. 酌量少用宽泛语。譬如说"我想编出一本文法书"，这"想"字就太宽泛。因为"想"字可以解为决定，也可以解为打算筹备。如果是决定的，我们便说"我决定编出一本文法书"，那就周到，也就没有肤泛的毛病了。

（二）显豁。显豁就是平易，毫不费解。要文章平易，约须注意下列三项：

1. 一样的事物用一样的名词。譬如说提到"章太炎"，就全体用"章太炎"，不再说什么"章余杭"（章太炎是浙江余杭人）等。

2. 避去前名不明的代词。譬如说"他从北京到南京去，在那里买了许多土产"，"那里"两字的前名，究竟是"北京"呢，还是"南京"，就指代不明，不如设法避去。

3. 意义接近的词语放在接近的地位上。譬如说"某人十年前在美国某学校毕业，回国后就在某学校教书，学生都很敬仰他，但他自己还以为经验不够，要到各地视察教育情形，今天来到上海住在振华旅馆"，这样主词"某人"同词语"来到上海住在振华旅馆"就隔离太远了。我们不如说"某人今天来到上海住在振华旅馆……"

二、遒　劲

文章要人不能不看，不能不注意地看；看了又不能不信任，不能不感动。这样，才算是有力。这个有力的美质，我们就称其为遒劲。要文章遒劲，须从以下两方面用力：一是思想方面，二是词句方面。

（一）思想方面。思想方面是使文章有生气、有生命、能够感动人的根本，这方面如若失败，词句也必无效，我们最该留神。对于这方面，我们应该重视深刻与新颖两件事：深刻就是作者确有所见、确有所感，而且所见所感也极深邃，并不是什么表面涂饰；新颖就是自己说自己的话，并不抄袭前人。

（二）词句方面。词句方面要人得到深刻的印象，其中，约须注意下列三项：

1. 须用简明语。切勿调弄滥调，铺陈僻典，涣散了读者的注意力。

2. 务用专用语。这就是所谓"具体的写法"。如——人，男人，男青年，这三个词中间，"男青年"和"男人"比较，"男青年"是专用语，"男人"是泛用语；"男人"和"人"比较，"男人"又是专用语，"人"是泛用语。倘要文章遒劲，务宜在可能的范围内，采用专用语；切勿滥用泛用语，模糊了读者的印象。

3. 酌用切当的譬喻。如鲁迅先生《故乡》中"圆规"的譬喻，就像画出了一个杨二嫂，用这样的譬喻实使人物浮现在读者眼前，在读者心板上铭刻了一个极深的印象。

三、流　畅

文章要使人不厌百回读，还须注意最末的一件事，就是流畅。

（一）自然的语气。所谓自然的语气，就是语句像水流就低一样，毫无艰涩的一种模样。初学的要做到这一步，最简便的方法，就是将意义相近的词安排在第一句末尾和第二句起首，就是将相近的意义安排在相近的地方。譬如说"昨天早晨我接到一册《小说月报》第三号，那时我才从床上起来，一手就翻到《猎人日记》"，其中"接到"同"翻到"是自然相联的事情，我们最好将它们接联起来。这种接联安排的方法，很能够帮助我们的文章流畅，也是名文自然会有的手段。

（二）谐和的声调。所谓谐和的声调，就是文章读起来很顺口，轻重缓急又与意义很相调和。这不是简单所能说明，如要修养这一层，只有将名文时时朗读，参究其音节，然后才能懂得、做到。

（选自《民国名家谈作文之道》，华东师范大学出版社2015年版，有删改。标题为编者所加，原标题为《文章底美质》）

怎样使文章具有"美感"和"力量"

茅　盾

所谓"写作"，凡是叙事、抒情、议论，乃至日常应用文件，都是可以包括进去的。那么我们应该怎样练习写作呢?

第一，不要"学舌"。在"学舌"的时候，思想不会焕发，情绪也不会热烈，甚至字句也不用自造;换言之，从头到底，只是默写，不是练习写作。所以，练习写作的首要的原则是，不要"学舌"，要说自己的话;要从生活经验中拣取对自己印象最深、激励感情最热烈而真挚的事物，用自己认为最合适的字句表达出来。

第二，"美"的几个条件。凡是文章总有内容和形式这两方面，属于思想情绪者，谓之内容;属于字句篇章的构造安排者，谓之形式。内容和形式都好才是好文章，才可以算是美的东西。

美既不能单从形式上求索，但有几个条件是必要的，具备了这几个条件，文章就美了。这几个条件是怎样的呢?

其一，明白通畅。把你的意思表达得清清楚楚、不折不扣，不会引起人的误解，这就是"明白"。把你的意思用浅显而平易的方式表达出来，特别是用大众所爱好、所习惯的方式表达出来，不故意卖弄才情，不弄玄虚，不搔首弄姿，这就是"通畅"。

其二，感情要真挚热烈。怎样才算得是真挚热烈呢？成语有所谓"骨鲠在喉，不吐不快"，就是这句话的注脚。千万不要作干呕，干呕就等于"无病呻吟"，要不得。

其三，心地要坦白，思想要纯洁。

其四，不为写作而写作。为什么要写？因为有所思，有所感，有所见，因为我这所思、所感、所见，不仅是我个人的东西，而是和我以外的大多数人有关联的。

以上四个条件都具备了，你的文章就能激动了读者的情绪，我们通常称之为"有力"，"力"之所从生的东西，即是"美"。"美"的感召力和激动力，是伟大到不可思议的，"美"应当这样去解释，文章之美不美，也应当这样去衡量。

（选自《初中生学习指导》，2022 年第 1 期）

关于演讲稿

林语堂

你把演说中所搜集的材料，随时把它写在纸片上，你不妨把它当作玩纸牌似的时时翻阅，把它们分别列组，依次排列，存其精华，去其糟粕，然后再加以整理，加以修饰，这是预备演说的一种方法。你一直要到你的演说发表以后，这预备的工夫才是结束。你这样的预备，自然有着你的演说稿的。

有的人他们要把说的话写成了一篇文章，于是从头到尾，一个字一个字很仔细地记着，待到登台演说了，便像背书似的一字不遗地向听众的耳朵中送进去，这实在是一种最不好的方法。因为，你做成了一篇文章，细细诵读而实行背稿，你真能一字不遗地背诵吗？你背到中途，忽然因为遗忘而背不下去，那时你势必满头大汗，窘到不知所云。再有，你在没有背出之前，你又搜集到了好材料，要插进去，则势必文章重做过，前功完全付之东流了。况且待做起来，你能不能有把它再行熟读的时机？假如没有，你只好不重做，你这一次的演说，使人仿佛在听你的背书，枯燥无味，那是一定的。所以我们写演说稿，应该拟一个大纲，我们说话的时候，按照所写的大纲，再行说述，那么，既无背书之弊，又有伸缩自如之好处，这是我们必须要注意的。

一个好的演说家，在他的演说讲完之后，他会感觉到他的演说有着四份的，一份是他原来预备的；一份是他实际讲出的；一份是在报纸上刊登的；还有一份，就是他在回家的途中想到当时应该怎样讲法的。

演说有公开演说和即席演说的分别。即席演说，就是临时发挥你的意见的。要是我们把演说稿写好了，再即席演说则更是危险；因为即席演说的人不止一个，说不定在我前面演说的人，他所说的正是我预备的内容，那轮到我的时候，我一字一字地背诵，不啻叫人家把前面的人已经说了的再来听一遍，这是何等乏味的事啊！所以，有许多演说家，他们的即席演说，便是不再预备讲稿；但是，为了要使你讲的时候安心些，你仍不能不把大纲预备起来的。林肯是一位很善于即席发挥的演说家，在他进入白宫当了总统之后，不论是公开演讲或是和阁僚作普通的谈话，他总是在事先预备了稿子的。他那就职总统的演说，自然更是费了不少的预备工夫了，因为这是有着历史关系的重要的言论，当然不能临时发挥的。可是，他在伊利诺伊州的那篇伟大的化仇为友的演说，他却不曾用了草稿。他说："在演说的时候，演说者看着草稿，那是会使听众们感觉到倦烦的。"

确实的，一个演说者手里拿着演说稿而演说，这像是教员在教室中讲书而不是演说了，再加上他时时地翻阅，讲的时候就不免要中途停顿。这怎么不会使听众感到烦闷，甚至和睡神去握手呢！因为，演说者时时翻阅演说稿，这便是演说者缺乏应该具有的坚信和充足的力量的表现。

我们在预备的时候，必须要作演说稿——精细而又丰富的纲要。你在自己练习的时候，可以随时地参看，待你走上了讲台，面对着听众，你就不应该再去翻阅演说稿了。这等于演员在预备演说的时候，不妨每人的手中拿着一个剧本，到台词忘掉的时候可以参阅；可是你在登台演说的时候，你手里也拿了一个讲本上台，那不是成了大笑话，不是要使观众哄然大笑的吗？

我们预备着演说稿，在讲台演说的时候是不应该拿出来翻阅的，可是，你不妨把它藏在怀中，这多少可以使你感觉到安心些。这并不是让你藏在怀中预备拿出来翻阅，正像火车轮船上装置有消防器，防备着紧急事件发生的时候，偶然拿来使用一下，非到紧要关头，无论如何是不用的。

如果你必须要翻阅你的演说稿的话，你能够把纲要写得愈简单愈好，用了较大的字，写在较小的纸片上面，到了你所讲的地方，你就把这纸片藏在桌上有遮蔽的地方，到了必须要看的时候，可以偷偷地望一眼。但是，你必须努力遮盖住你这一个弱点，不要使听众看见。

初次演说，异常心慌，常常登台之后，或是讲到中途，把苦心预备着的材料完全忘掉，弄得不知从什么地方说起才好，窘得满头流汗，那是何等难堪的事啊！像这样的人，身上带有

一份演说大纲，这不啻如大热天出门旅行而身上带有清凉饮料
一样。不过，学步小孩，须得扶着桌椅，会走之后，便用不着
有所依赖了。

（选自《领导艺术》，2008 年 7 月上半月刊）

怎样把文章写生动

胡乔木

一、要有波澜

首先，凡是文章都有结构，结构又不要平淡。农业喜欢平原，文章最好不要平原。画画也是这样。最近有些画画的人，喜欢画平原，结果上面是天，下面是地平线，即使在地面上摆上一些人，一些马，画不出多少变化来。文章的结构如果像平原一样，要写好也就困难了。但是现在大多数的文章就是平原——平铺直叙，很少变化，多是第一、第二、第三、第四……这个一二三四还不是一级比一级高的四层楼梯，而往往只是在地平线上任意加的几条线。这样的文章就很难让人看得下去。

人是喜欢生动的。为什么这样呢？这牵涉到一个哲学问题，要由研究哲学的人来解释。我想人终归是动物，是喜欢生动的、喜欢变化的。文章怎样才能有变化？在于有正面的东西，又有反面的东西，有陈述的语气，又有疑问的语气。如果一篇文章从头到尾都是句号，恐怕就不是好文章。好比说书的人，他说书总要有悬念，有"欲知后事如何，且听下回分解"，才能吸引人。文章没有悬念，就平。海浪远看是平的，近看就不平。浪给了诗人很大的灵感。为什么呢？因为海浪汹涌澎湃，给予人一种生命激动的感觉。浪有高有低，当浪头从高处跌下的时候，就使人感到一种惊恐；接着又要看它继续发生的变化。不会写文章的人，就应当到有悬崖的海边去看看，看看自己的文章里有没有这种波浪、悬崖，有没有这种奔腾澎湃、冲激和激怒。

如果文章的每一句话，都是一样的腔调，那就可以起安眠药的作用了。这并不是说笑话。要安眠可以吃安眠药，也可以动用条件反射的作用。医院里已经在使用这种办法，他们用单调的潇潇的雨声，或者用单调的"的的的的……"的声音，好使病人能够安眠。有的文章就是起了这种安眠药的作用。这样的文章从头到尾都是陈述句，都是这样、那样的，老是"的的的的"的，像用来起条件反射的作用一样。

当然文章要写得好，不在于用句号多不多，也不在于用"的"不用"的"，而在于能不能提出问题，在于有没有感情。这和作者的为人很有关系。如果作者已经形同槁木，心如死灰，对事情无动于衷，那他就不会感到有提出问题的迫切性，就不能在文章里表现他的感情和激动。当然，这样的文章也就成了槁木，成了死灰。

这还不只是个写法和感情的问题，而且是个逻辑问题。写文章无非是要表明支持一些什么，反对一些什么，把矛盾展开在文章里，用正面的意见去批驳反面的意见。只有提出疑问，才能批驳。一篇文章，就是辩论，就应当设想是在同人辩论。这种辩论应当在逻辑上表现出来。文章平淡，就是没有反映出事物的全面——没有把事物的矛盾反映出来，这只能说明作者不准备去揭露矛盾，解决矛盾，因为作者只是反映了事物的一个片面，同事物的实际状态不一样。

总起来说，就是文章要有变化，有波澜，有辩论，有疑问，有批驳，有激动。没有这些，文章是不会好的。

二、要有具体的形象的东西

文章不生动的另一个原因，是没有把抽象的东西同具体的东西适当地结合起来。这也说明作者没有反映出客观世界的丰富性。

任何事物都有本质和现象。本质是带规律性的，是抽象的；现象是具体的，形象的。任何东西都是这样。比如商品，就有这种二重性。《资本论》就是从分析商品的二重性开始的。只有全面反映出这种事物的两重性——反映本质，又反映现象，才是生动的，全面的。不能完整地反映事物的本质和现象，就是片面的。

好的文章应当是夹叙夹议的。不止是写评论，写通讯也应当这样。任何文章，如果没有具体的叙述，就不会是好文章。《资本论》就是这样的典范，它是彻底夹叙夹议。其中有事实，有形象，有分析，有议论，有讽刺，有攻击……马克思列宁主义的其他经典著作，也都是这样的。

思想是抽象的过程。任何的议论，都是从具体的事物抽象出来的。作者要说服读者，就要提出它的结论的相当的根据（我说的是相当的根据，当然不可能是全部的根据），让读者享受这个抽象的过程。

　　人需要抽象的东西，也喜欢具体的东西。有的小学生要逃学，就是因为老师讲的是抽象的东西，觉得不生动，不是在演戏。戏是形象的，所以人们喜欢看戏。老师讲得再生动，也还不是演戏。当然光靠演戏不行，还必须把本质的东西告诉给读者。本质的东西是人们所必需的，所以小学生不上学不行。不过这也说明人们是喜欢具体的形象的东西。而现在的评论，常常是武断，只说必须这样，应当那样，但并没有把必须这样、那样的相当事实根据告诉给读者。这里说的事实根据，包括统计数字，但不止是统计数字，还要有具体的事实。当然事实也可以概括地抽象地叙述，但只是抽象的叙述往往是不够的。没有具体事实的评论，就是枯燥无味的。

　　当然不是说只要有了具体的东西，就可以写好了，要写好，终归还要加些艺术。

　　人的思维活动如果从根本上来分类，就有形象的思维和逻辑的思维。形象的思维是回忆、想象，逻辑的思维是判断、推理。艺术家靠形象的思维，科学家靠逻辑的思维。我们报纸工作人员不是艺术家，也不是科学家，不是写小说，也不是写科学论文，而是面对着广大的群众说话，写的是有关当前问题的评论，所以就要两样都有点——既要有形象的思维，又要有逻辑的思维；既要有抽象的说理，又要有具体的形象。

三、要有个性

　　文章要生动，还要有特殊的味道，要有个性。味道是指能够引起读者兴趣的味道。怎样才能有味道？首先要把一句一句的话说得好，说得生动。前面讲的文章要有抽象的道理，又要有具体的事实等等，都要通过说话才能表现出来。

要引起读者的兴趣，当然首先要看所论述的问题本身怎么样，要使所论述的问题本身能引起读者的兴趣。但是假使问题能引起兴趣，这还不等于读者对你说的话有兴趣。要使人把你的文章一直读下去，就要把话说得有兴趣。话要说得有兴趣，无非要靠说得不平常，说得好。其中还要有些笑话，有些能引起读者特殊兴趣的话。作报告、讲演也是一样，一个人作报告如果不说些笑话，又一讲就是几个钟头，那就会显得很沉闷，就难免使听讲的人精神不集中。一个人的文章要使人看下去，就要准备多说些有兴趣的话。电影、戏剧所以能引起观众的兴趣，就是因为话说得生动，有滑稽、讽刺，有意想不到的效果。看戏如果看头就知尾，效果不是使人想不到的，那就没有味道。

中国有句老话，叫作"议论风生"。这句话就说得生动。这个"风"，当然不是大风，不是冬天的寒风，也不是夏天的热风，而像是夏天里用小电扇扇的风。这种风会把人吹得清醒起来，会使人感到舒服。我们写的文章里，也应当有这种小电扇，把人的瞌睡都扇走。

总之，文章要写得有兴味，不要老板起面孔说一些枯燥的话。要做到这样，是要下一番苦功夫的。要下这番苦功夫，要学会这种技巧！

好像有这样一种人，他们专爱说枯燥的话；话本不枯燥的，叫他一说就枯燥了。这种技巧要扔掉！

我们的评论，好的，都有一定的幽默。一年四季发表文章，没有一点幽默，是不好的。《人民日报》的评论就是这样。评论里真正的幽默是表现一个人有很高的逻辑的能力，能够把矛盾摆到一个很尖锐的位置上，使评论本身具有很强的说服力。文章有了幽默，有了讽刺，就能加强辩论的力量。幽默就是一种讽刺，当然幽默并不都是讽刺。

有人说，说话写文章有没有幽默，关乎一个人的脾气、个性，有一种人，就很严肃，不善于说笑话。这说法不对。列宁、毛主席应当是最严肃的了，但是他们还要尽量说得幽默。可见这不关乎什么脾气、个性，而在乎他是不是认识了幽默的意义和力量。如果认识到了，努力地去学习，就可以学得幽默。机智是培养出来的；把话说得幽默的能力也是可以培养出来的。

要把文章写得好，写得生动，就要下苦功夫，这是没有便宜可沾的。

不但文章要生动，题目也要生动；题目要生动，就要具体，有感情，甚至也可以有幽默，马克思著的《哲学的贫困》（批判蒲鲁东著的《贫困的哲学》）、列宁的《进一步，退两步》，这些题目，便都是很幽默的。鲁迅写的许多书的题目，像《三闲集》（影射有人说的"有闲"、有闲，第三个还是有闲）、《花边文学》等等，也都是很幽默的。当然不是什么题目都要幽默，这要看菜吃饭，量体裁衣。

（选自《语文建设》，2000 年第 1 期）

义理、考据和辞章

施东向

从前有人说，做学问，写文章要从三个方面下功夫，那就是义理、考据和辞章。我们现在可以借用这种说法来谈谈写文章的问题。

义理和考据，是属于文章内容方面的问题。在我们说来，讲究义理就是要求观点正确，论据充分；讲究考据就是要求材料准确。辞章是属于文章形式方面的问题。讲究辞章，在我们说来，就是要求适合于内容的完美的形式。

义理、考据和辞章虽然是在三个不同方面的要求，但是这三个方面是密切地相互关联着的。

观点和材料的统一

在义理、考据和辞章这三者中，义理应当是灵魂、是统帅。因为形式是为内容服务的，而材料是要由观点来统率的。

如果一篇文章，有的只是华丽的辞藻，有的只是庞杂的材料，却并不打算说明什么问题，解决什么问题，人们读过以后，根本不知道作者是在赞成什么，反对什么；那样的文章，人们通常就称之为"没有观点"的文章，也就是没有灵魂的文章。

真正的好文章，一定要鲜明而有力地拥护那应当拥护的东西，同时也一定要鲜明而有力地反对那应当反对的东西。这才会是生气勃勃的好文章。

正确的观点是从哪里来的呢？是从客观实际中来的。我们在研究任何一个问题的时候，都要从客观存在着的事物出发，详细地占有材料，在马克思主义的基本原理的指导下，给以科学的分析，然后才能在这问题上形成正确的观点。因此，我们要把正确的观点传达出来的时候，也是离不开材料的。

在这点上，我们讲究义理，显然是和前人的说法在原则上不同的。从前写文章的人说到义理时，往往只是指"古圣先贤"已经说过的道理。在我们看来，马克思主义的普遍真理虽然是人类的实践经验的科学的总结，是我们研究一切问题的指南针，然而也不能把它当成教条。正确的观点，不是简单的教条，不是空洞的观点，而是和具体材料结合着的正确的结论。

教条主义者以为他们既已从书本上接受了放之四海而皆准的普遍真理，他们就可以用简单的推理来获得关于任何问题的正确观点。教条主义的文章表面上看起来也是在拥护什么，反对什么，但是因为它缺乏对具体材料的具体分析，往往只好装腔作势，大声喊叫，以此代替科学的论证；其实，越是这样，越是反映出这种文章的思想贫弱。

也有这样的文章，一方面提出了若干观点，一方面也举出了若干材料，然而并不能通过这些材料使人信服地承认这些观点。原来这样的观点并不是从这些材料的科学研究中必然达到的结论，这些材料不过是为适应这些观点而任意拼凑起来的装饰品。结果当然会弄成材料是材料、观点是观点，正如水是水、油是油一样，不能合成一家。

马克思主义思想的鲜明和有力量，就在于它是从实际出发，按照客观事物的逻辑，使人看到，什么是我们必须拥护，也不能不拥护的；什么是我们必须反对，也不能不反对的。所以，观点和材料的统一是马克思主义对写文章的一个根本要求。我们所要求的义理，不是搬弄一些空洞的观念，而是观点和材料的统一。

材料的准确性

在研究问题时，需要掌握大量的材料，但是在写成文章时，当然不可能，也不需要把所接触到的材料全部搬到文章中去。如何选择最恰当的、完全可靠的材料，对于一篇文章的成败，常常有很重要的关系。

对文章中使用的材料有什么要求呢？

第一，要求所使用的材料对于所说明的论点是足够的和必要的，并且是做了具体分析的。堆积一大堆不能说明问题的材料，是没有意义的。

第二，要求所使用的材料是完全准确可靠的。不论是引用事实的材料或者文献的材料，或者是在批驳错误观点的时候引用错误论点的材料，准确可靠都应当是一个起码的要求。

对于材料的准确性进行必要的审核，这可以算是考据工作。前人讲考据，多是指对古文献的字句文义的考订。我们所说的考据，范围要广得多。当然，我们并不赞成无目的地在文献的考证中转圈子，但是我们必须在使用必要的材料来论证自己的论点的时候，要求材料的完全准确，一直到材料中的每一个细节。

有人也许认为，只要不妨害所要表达的义理，材料的细节有点出入是无所谓的。这种想法是不对的。即使细节的出入对于全部论证不发生直接影响，也会使人对于材料的全部可靠性发生怀疑，以致伤害了论证的说服力量。有时看来是无关大体的细节上的马虎，却会造成关键问题上的错误，那当然更是要警惕的。把细节弄清楚或者做适当的交代，是可能的。对于可以做到的事不做，这是一种懒散的作风，和马克思主义所要求的严肃认真的作风是不相容的。

不久前，《光明日报》的"文学遗产"副刊的编者为了提醒撰稿人注意引文的确实，特别写了一篇文章说，最近在该刊发表的一些文章中，引文完全确实的难得有一篇、两篇；有一篇题目叫《柳宗元的诗》的文章，全文才两千字上下，引文不确实却有十一处之多。（见《光明日报》1959 年 6 月 7 日第 6 版）引文要核实无误，这当然不是什么难以做到的事情，但是有写作经验的人都知道，如果不在文章写成之后仔细核对，这类错误是很容易发生的。

对于在全部论证中带有关键性的材料，当然更是应当花气力去考究一番。一个认真的作者总是要反复地考虑：他所引用的事实材料是否确实可靠？他所引用的文献材料是不是恰如原意？不论是正面的还是反面的材料，只要是他引用的，他就对它的确实性负责。为此他就要尽量搜集和引用第一手材料，决不贪图方便，随便录用第二手、第三手材料。一个材料，经过几个转手以后，可能与本来面目大相径庭。对于比较复杂的事实材料，他总要花一番气力加以审查，或者把这一材料和另一些材料相核对，或者亲自做调查，解剖一个麻雀，来验证一般材料的可靠程度。

在这方面，马克思、恩格斯、列宁的作风是我们的模范。在拉法格的回忆录中写道："马克思引证的任何一件事实或任何一个数字，都是得到最有威信的权威人士的实证的。他从不满足于间接得来的材料，总要找原著寻根究底，不管这样做有多麻烦。即令是为了证实一个不重要的事实，他也要特意到大英博物馆去一趟。"（《回忆马克思恩格斯》，人民出版社1957年版，第77页）恩格斯为了写作《英国工人阶级状况》一书，不只阅读了大量文献，而且亲自访问了很多工人。恩格斯在他的书的标题下，还特地加了一句话："根据亲身观察和可靠材料。"

列宁的作风也是如此。克鲁普斯卡娅曾指出："列宁并不靠自己的记忆，虽然他的记忆是很好的。他从不凭记忆，'大致不差地'来叙述事实，他叙述事实是极确切的。""他对地方自治局统计材料的研究及整理做过很多的工作。在他笔记簿里仔细地写了很多的统计表。当涉及有巨大意义和巨大比重的数字时，他连已公布的数字表的总计也要加以检查。仔细地检查每一事实、每一数字，是他始终用的方法。他的结论都是根据事实来做的。"（《向列宁学习工作方法》，第2—3页）

要有好的形式

如果一篇文章所讲的道理错误，引用的材料虚假，即使在形式（辞章）上如何漂亮，也决不会被我们认为是好文章。

但是，好的内容要求有好的形式，拙劣的辞章必然使内容受到损害。以为形式不需要讲究，形式好不好无关重要，是不对的。

我们所说的辞章涉及语言、章法和风格等方面。一个作者力求掌握丰富的词汇和多样的句法和章法，目的是为了运用自如，能够把内容传达得准确而生动。把内容准确地表达出来，这是对文章形式的基本的要求。用词不妥帖，造句不合文法，行文缺乏条理、拖沓冗长，就会把意思弄得含混晦涩，令人费解甚至误解。在准确之外，还要求文章写得生动。在辞章拙劣的文章中间，人们所读到的永远只是干瘪的词汇，刻板的句法、章法，即使这种文章把意思大体表达出来了，也会因为它语言无味，面目可憎，而拒人于千里之外，使人不愿意亲近。所以古人说："言之无文，行而不远。"

真正严肃地对待文章的内容的人，一定也在文章的形式方面提出严格的要求。李卜克内西回忆说："马克思在语言和风格问题上十分考究，有时到了咬文嚼字的程度。""他对于语言的简洁和正确是一丝不苟的。""马克思是个严格的修辞家；他常常花很多时间力求找到需要的字句。"（《回忆马克思恩格斯》第104、108 页）

也许有人要担心，用心追求文章形式的完美，会不会犯形式主义的错误。这种担心是不必要的。形式主义是用形式方面的追求来掩盖内容的空虚和谬误。形式主义者并不是为了准确地、生动地表达所要表达的内容而讲究形式的人。

我们提倡写文章注意修辞，当然是从切合内容的需要出发。如果作者本没有什么新颖独创之见，却勉强去堆砌一些警句、格言之类来等着读者喝彩，那就是舍本逐末的做法，同形式服从内容的要求相违背，是我们所不取的。

事实上，辞章问题虽然是个形式问题，却不只是单纯的技巧，而是同作者的思想作风有密切关系的。语言的丰富多彩，往往就是思想的丰富多彩的反映。一个思想僵化、粗枝大叶的人，很难写得出生动活泼、严密周到的文章来。因此，不从训练自己的思想着手来加强辞章修养，将很难有大的效果。反过来说，如果我们在写文章的时候总是严格地要求自己，尽最大的努力使文章形式做到准确而优美，那也会有助于我们的头脑日趋精密和活泼。

有人认为，文章以朴素为贵，只要能把一个意思讲得清楚明白就行了，不必费气力去打扮。对这种意见要分析一下。如果是说文章的修辞应当先求准确，应当恰如其分，不要矫揉造作，以辞害意，这当然是对的。但是如果以为随随便便写下去就叫作朴素，实际上使朴素变成了简陋和寒碜，那是我们所反对的。真正的朴素的风格并不是不费气力就能达到的。

当一个人长期运用文字工具到十分纯熟的程度之后，他在用词造句布局等方面就有自己一套特殊的习惯，这种表现方式上的独特性，是形成文章风格的一个重要方面。有的好文章朴素，有的好文章色彩绚烂；有的文章以含蓄取胜，有的文章淋漓尽致。同是向反动派做斗争的文章，鲁迅的风格和闻一多的风格就很不一样。在我们的文坛上，应当使不同的风格百花齐放。

要把文字工具掌握得熟练，是很不容易的。这需要经过长期的艰苦的学习。毛泽东同志说过，要用很大的气力去学语言，要下苦功学，要学人民的语言，学外国的语言，学古人的语言，从这些语言中吸取一切好的有用的东西。为了能把文章写好，就应当这样地努力。

（选自《胡绳全书》第 2 卷，人民出版社 1998 年版）

谈做文章

夏　衍

在我们进步的文艺工作者或者文艺爱好者之间，新旧八股的毒还是相当的深，而写文章的时候，似乎也还不能经常坚持对读者负责的忠诚而老实的态度。当然，这种毛病决不限于初从事文艺工作的青年朋友，就是在所谓"既成作家"之间，也还没有完全治好。

我常常将写文章比喻作打工，譬如一个木匠受人的委托做一张椅子，这张椅子的样子好看不好看，坐上去是不是比别的椅子舒服，这些都还是其次的问题，最重要要对订货人负责做到的：第一应该不将椅子做成了床，违反了原来的目的；第二应该做到这张椅子可以让人坐——一坐就垮固然不行，四只脚高低不平也就不妥。这之外，圆的使之圆，方的使之方，木板一定要刨平刨光，不使之钩破坐者的衣服，也都是必要的条件。人家请你造一张椅子而你只胡乱地将一块木板和四只脚钉起来就算完事，这样的木工算不得好木工，这样潦草不负责任的木匠产品，也一定不会受人欢迎。鲁迅先生教我们"写完后至少看两遍，竭力将可有可无的字，句，段删去"，这就是将椅子刨光刨平的基本负责态度。

其次是文风的问题。我觉得鲁迅先生在《作文秘诀》中所讲的十二字诀——"有真意，去粉饰，少做作，勿卖弄"，依旧是今天我们进步文艺工作者必须遵循的方针。"有真意"，就是文章或作品中一定要有点意思，有点真的意思，也就是"言之有物"，不讲空话。人们常常将文艺作品叫作精神食粮，那么就用食粮来作比喻吧，对人们供给食粮，消极地说要保证别人吃了不中毒，不妨害健康，积极地说就不管是滋养也好、振奋也好、滋润也好，总要使接受这食粮者"能有所得"。假如写一篇文章用"除自己之外谁也看不懂的形容词"描写得花花绿绿，而除掉这些空洞的东西之外，内容连一杯白开水都不如，那么写文章不是对国家民族浪费物力、对印刷工人增加负担、对读者徒然消耗时间和精力了么？

"去粉饰"，就是有什么要讲的意思老老实实讲出来，不加形容词和堆积辞藻。对于这，鲁迅先生也有一个很好的比喻，他说："人类学家解释衣服的起源有三说：一说是因为男女知道了性的羞耻心，用这来遮羞；一说却以为倒是用这来刺激；还有一种是说因为老弱男女，身体衰瘦，露着不好看，盖上一些东西，借此掩掩丑的。从修辞学的立场看起来，我赞成后一说。现在还常有骈四俪六，典丽堂皇的祭文、挽联、宣言、通电，我们倘去查字典，翻类书，剥去它外面的装饰，翻成白话文，试看那剩下的是怎样的东西？！"这段话讲得再深刻也没有了，俗语说"丑人多作怪"，写文章也只有没有内容，或者内容

"衰瘦"到"露着不好看"的时候，才会用尽手段去找美丽的外衣和脂粉之类来掩饰。毛泽东的文体是今天每一个文艺文化工作者都应该悉心学习的文体，他的文章因为有内容，像壮健男女的身体一样，有使人艳羡的体格和肌肉，所以他就毫不需要用外加的辞藻来粉饰了。

"少做作"，就是用最简洁、明白、恰当、平常人看得懂、听得懂的字句来表达要讲的意思，不要扭捏作态，不要自作多情。白话文以前的文人做八股做策论，一定要设法将平明易懂的文章做成古雅晦僻，有意使人看不懂，如鲁迅先生说过的有人一定要将"秦始皇乃始焚书"这样一句容易懂的句子改成"政俶燔典"这样难懂的"古文"才觉得满意一样。但其实，写白话文的新文学作家又何尝没有这种相似的毛病，随手从一本小书里可以举出一些很做作的句法，例如"神圣的工作召唤我背离了故园"，这已经很别扭了，但还算可以看得懂，但假如说"工作使我离开了家"或者"我为工作离开了家"，不就明白易懂得多么？

"勿卖弄"，这警告对于学院派作家和才子派作家特别重要，搞文艺文化工作的人当然要尽可能地多读一些古今中外的书，但是不择对象地"掉书袋子"反而会显出作者的浅薄。前面引一句庄子，后面又是高尔基如何如何说，有些人甚至为了吓唬读者，表示自己看过的书多，特别找出一些僻典，搬出一些一般人连名字也没有听见过的作家的文章，生吞活剥，不管有没有必要地硬塞在文章里面，借以表示自己的渊博。这儿所说的卖弄实际上就是玄学。而炫耀自己的学问，其居心不外是表示自己的地位和普通人不同，要想搭起架子，爬在人民之上。当然，写这种卖弄性文章的结果，必然地只会使群众和自己分开，而把自己孤立在人民之外而已。

我说这些话的意思，只表示像我们这样的知识分子的一种自我反省。若干年来我们严重地犯过这种毛病，而现在决心要改正了，但一时也还不能一下子除根。大凡一种毛病带在身上愈久，要医好和除根也就愈加困难。在现在才开始学习写作的朋友，能够先读到毛泽东的《反对党八股》和《在延安文艺座谈会上的讲话》，而预先知所警惕，最少在我觉得实在是幸福的。开头的时候就背上一个包袱，久而久之让这包袱变成了和自己肉身分不开的东西，那时候要丢掉它，就不仅很费力，而且会觉得很苦痛了。

一九四八年

（选自《夏衍论创作》，上海文艺出版社 1982 年版）

写文章的关

谢觉哉

人与人之间，用语言打交道，用文字打交道。

国家工作人员，工作的牵涉面广，主要是用文字打交道；文字写得好或不好，交代情况、政策与办法清楚不清楚，常常关系到某项工作的成败。

"不用一番苦功要做到文章清通、书写自由，是不可能的。"不用一番苦功要做到起草文件扼要、正确、明了、解决问题，同样也是不可能的。

了解情况，掌握政策，是写文件的先决条件，没有它就不能写，写了也没有用。这个我不准备在这里谈。我只谈情况已了解了，政策已掌握了，如何经过文字来表达，并表达得恰当。这里有个"拦路虎"（写不好），不少同志被"虎"怔住了，冲不过去，即是说文章没写好，不能把所了解的情况，经过文字而更加明了；不能把掌握的政策，经过文字而为更多的人所掌握。

如何才能写好？我以为要通过下列的"关"：

读的关。任何工作都有"先进经验"，写文章也是一样。党和政府有很多写得很好的指示、决议、命令、论文，特别是毛主席的文章，深刻、浅显、扼要，任何方面都说到了，都用得着。经过若干时间翻出来读，仍是活生生的。这些文章，我们都读过，但不一定读进去了。你试选择几篇，花点时间来读，先把意义弄通，然后再看他为什么要用这样段落和字句来写？把它删去几句或增加几句或改几句，甚至增、删、改一二个字，看是否好一些或坏一些？大概一定是坏一些吧，这就会发现我自己程度尚差一级以至若干级。发现了，就是进步。算进了关。说中央的文件学不到，那是不打算"抢关"，只在若干里路外望望；把中央文件读了若干遍，却未深入钻研，那是站在关头看风景，终于不能闯进关去。

写的关。讲起来明明白白，做起来糊里糊涂，做一次又做一次，也许就不那样糊涂了。写文章也是一样。只讲不写，将终于不会写，而我们的工作又需要写。那么，写吧！初写，一定写不好，不要怕丢丑，再来吧！功夫总是一步步进的，不可能一下跑得很远。做负责工作的同志，怕写不好，部下笑他，因而就不写。这是自弃，是偷懒，必然要贻误他的工作。要知道正因为负责，更须学会写。写的时候，除内容需要参考的东西外，读过的好的文件须丢开，只想你要写的事件如何写得深入、恰当、动人，由自己来创造字句，不要去模仿。因为要写的对象各有其特殊的内容，各有其时间空间条件的限制，它是不听我所模仿的意旨的。模仿得不好，常成为"四不像"。

写的关，很长，比关云长过的五关还多，但必须过，过一关有一关的好处，即是说写得一次比一次好，以前吃过力的，以后就不那样吃力了。

改的关。写文章的人喜欢人家说好，不喜欢人家说坏，人家也就逢迎着说好。其实，说好，对写的人无帮助；说坏——指出哪点不够，哪点错了，对写的人有帮助，他可依照人家所提的意见，考虑修改。文章需要改，重要的文章要多次改，改一次要好一次。改的动机：有由于写的人写后再看再想，发现不完满或错误时就改；有由于人家提意见或开会讨论，你一句，我一句，指出文章的瑕疵，启发写的人的思想而加以改的。

改，比写还要费时间、费力。但费的时与力是值得的，不经过这，写的能力不会提高。从前所谓"一挥而就，文不加点"，那是帮闲文人的事，而不是指我们今天的对人民负责对工作负责的文章。

看的关。这里是指这类事或这件事，已办过或发过这件，收到了成绩或发生了缺点与偏差，以后办这类事或这件事时，应和以前的文件联系着，不要常是"重新做起"。那就需要经常看看。凡写得好或较好的文件总是反映了成功的经验和指出了以后的方针。以后则是证明当时指示的正确和有哪些不足。这就叫积累经验，叫不割断历史，叫一步步地前进。如果写过了，向档案室一塞，案头不留底，心里不记数，要使写的能力不断提高，是难以想象的。

（选自《不惑集》，作家出版社1962年版）

怎样写好新闻

穆 青

要写一篇好新闻，除了题材选得好，采访深入外，写作方面，是成败的最后关键。

写作方面最主要的任务，是要把新闻的内容、意义充分显示出来，尽可能地让更多的人容易看懂，发生兴趣，有所收获。要做到这一点，我们觉得必须突破新闻写作和新闻语言上的各种清规戒律和公报化的倾向。

在实际工作中，我们感到可以从以下几方面来突破这种束缚，写好新闻。

（一）新闻的开头是十分重要的，但目前各种清规戒律很多，记者一想到导语，就要考虑各种说法，以致无法落笔。现在看来，这些说法大都有片面性，不能机械的应用。例如有人说要把最新发生的事作为导语，最好是用今天开头。当然，新闻应该是新鲜的事，但并不是所有的新闻用今天开头都一定好。例如"上海郊区通火车"一稿，原来作者是用"今天上海风和日暖，许多职工和他们的家属乘火车去郊游"来开头的，结果把这条新闻的主题冲淡了。最后还是用"上海郊区的工厂、学校和公园，已由铁路连接起来”开头。

也有一种说法，新闻应该开门见山，把具体的事实作为导语。这对我们过去时常用一个概念作导语的写法是一个进步。但有时也不能机械应用。例如"国棉一厂帮助落后工人"这条新闻的开头是提出一个问题，不是具体事实，但却是一个最恰当的开头。

也有一种说法，导语应该是代表主题思想的最主要的事实，以下的叙述，不过是补充、阐明这些事实而已，因此导语应是金字塔的顶端，即使报纸编辑删节得只剩下导语，新闻的主要内容还是存在的。这样的看法也值得考虑，导语应该是新闻的不可分割的一部分，例如"打捞江亚轮"这条新闻是用"8 年前在吴淞口外发生了一件沉船惨案"这样句子开头的。这是一个非常新颖而又能吸引读者的开头，但它并不是主要事实。如果编辑删节得只剩下导语，新闻就全部不存在了。

我们还发现，新闻也可以没有导语，反而感到新鲜，例如"五百多斤大肥猪进了冻肉加工厂"，就没有什么导语，而是直接把事实交代下去的。

从以上情况看来，所谓导语就是如何开头的问题，并没有什么一定格式的导语。而开头开得好坏，在于是否能够抓住读者，吸引读者去阅读新闻，接受它的主题思想。因而开头应该是自由的，应该有多种多样新的创造，但它仍然由内容所决定的，不应该脱离主题思想去形式地追求新奇的开头。

开头的形式应该不同，但只要能够吸引读者而不脱离主题，也可以相同。单单从开头的格式是否相同去评判是否老一套，也是一种形式主义的看法。

（二）有人说，新闻中不应有细节的描写，我们认为这种说法是不对的。应该把新闻中最有意义的事实突出来做详细的具体描述，而其他次要的内容一笔带过。这种写法可以帮助我们突破平铺直叙、面面俱到、空空洞洞的公报格式，使新闻写得生动具体、主题突出、目的鲜明。当然，并不是所有的新闻都要有细节，也不是所有的细节都要写进去，但凡是读者最需要知道的，最新鲜有趣而最有意义的事物，就应该做细节的描写，不论这些细节是一句话、一个动作、一个表情，真正的新闻味，往往是从这些细节描写中产生的。

（三）润色和朴素。在强调用事实说话的情况下，我们曾一度有纯客观的写法，不敢把记者的体会和理解，写到新闻中去，因此把新闻写得意义不明确，问题不尖锐，现在我们发现这种做法是不对的，对有些新闻，必须善于画龙点睛，跳出事务性的圈子来。例如"打捞沉船的新手"，原来的开头是"十六名青年潜水员组成的一支新的打捞工程队，9日从上海去吴淞口外打捞一艘九千吨的江亚轮"。这显然是非常拘泥于事实的事务性的写法。后来经研究，写成"……去吴淞口外初显身手"。仅仅加"初显身手"四个字，就显得意义突出，活泼得多了。再如"技术人员为多拉快跑的机车扫除障碍"。这条新闻，原来是很技术性的，最后经研究，在稿末一句中加上"……工程技术人员现在正在研究……继续为多拉快跑的机车扫除障碍"。也仅仅用了"扫除障碍"几个字，就把这一技术性的工作，很通俗地点出来了。后来这句话就写成标题，报纸也照样作为标题。

但某一些新闻，意义十分显著，非常能吸引读者，而事实本身又是极平凡的，就不应该给它增添任何色彩，应该写得十分朴素，甚至愈是实事求是，愈是朴素无华，给人的印象和感受愈加强烈。"纺织厂的孕妇食堂"就是如此。最初有三个人一起研究，想要写出一个惊人的开头，结果各种尝试都失败了，最后我们发现这种做法完全是"画蛇添足"，反而会降低这条新闻的价值，因此决定采用平淡无奇的写法，结果反而写得较为成功。

（四）陪衬和烘托。有的新闻写得好，是由于应用陪衬和烘托。例如"宋庆龄招待外国妇女代表"原是一条平常的外事新闻。这些新闻向来是写不生动的，但作者注意了招待会的环境——宋庆龄的私人花园，加上"百花齐放，绿草如茵""天空中传来鸽子的铃声"这两句话，做这个招待会的陪衬，就非常强烈地显示出和平友好的气氛。

（五）善于应用巧妙的表现方法。新闻是一种叙事文，我们过去认为不可能有什么表现技巧的，但从有些记者写的新闻中，我们发现表现方法并不是完全无能为力的。例如在"利用旧钢筋能节省电焊条"这篇新闻中，记者介绍试验的情形是很有技巧的。记者说，"当拉力加大到一万三千六百五十公斤时，钢条被拉断了"。这时读者显然会感到失望，但作者继续写道："断口不是在焊接处，而是在另一个没有经过焊接的地方"。这段文字，显然比"经过一万三千六百五十公斤的拉力试验，焊接处没有损坏"这样的一般化交代来，给读者的印象要强烈得多。

（六）背景的应用。过去有一个时期，我们总是应用很长的背景材料，现在看来，这种长篇的背景材料，是记者的主观要求，并不是读者的要求，如果真正按照读者的要求，找到读者最需要的材料，背景应用得非常简洁是完全可能的。例如"最后两辆人力车送进博物馆"，只用了人力车是那一年从日本输入的，上海解放时尚有多少辆人力车。仅两句话就把背景交代完了。而这个背景又是非常有用的。它不仅告诉读者人力车在上海出现到消灭的整个过程，而且还暗示出这种落后的、不人道的交通工具，是随着帝国主义的侵略而来的。

在背景的应用上，曾经有一时期，常常是千篇一律地出现在"导语"的后面。为了使新闻写得更新鲜，曾有人提出，背景应该放在新闻的最后。我们认为这种说法是机械的。背景材料应该穿插在新闻中，应该在读者最需要的地方出现。因此，有的背景可以放在最后，有的要放在新闻的中间，有的甚至可以放在开头。

例如"我国收音机出口"这条新闻，作者原来一开头就写道："自1922年以来，我国一直向国外进口的收音机，今年已开始出口了，"我们觉得这个背景放在开头很好。可惜总社编辑仍然根据"背景要放在最后"的僵硬原则给改了。编者把这个开头放在新闻的最后，而用"中国制造的五灯收音机，两个多月来，已经从上海运出四百多架，供应叙利亚、黎巴嫩……"作开头。这个开头当然是最新发生的事实，但由于没有背景的陪衬，看不出有多大的新闻价值。

（七）引话要慎重。由于强调用事实说话，现在许多新闻中都用"某某人说""据某某人说"，甚至很不具体地用"某某负责人说""工作人员说"这样的句子。这些引话，许多是不必要的，甚至是有点做作的。有时引话还很不恰当。例如在"玉米胚芽榨油"这条新闻中，关于玉米胚芽中含油率百分之多少这段是记者自己说的，但关于玉米胚芽油将供应肥皂厂这段倒是"技术人员说"的。事实上在这样的新闻中，不必引用什么人的谈话，读者自然知道记者是采访来的，不会怀疑这是记者的意见。我们认为只有在比较重大的事件和比较复杂的事件，才需要引用权威人士和专家们的意见。

（八）同样地，由于企图用事实说话，现在的新闻中常常强调"记者访问了""记者看到了""向新华社记者介绍了"等。事实上，记者不应该在任何场合下都出现。现在这种表现法用得太滥，没有技巧，因此反而影响了新闻的客观性。新闻的特点，就是让读者不知不觉地接受事实。如果"记者访问了""记者看到了"这些话用得不恰当，读者就会发现有一个人在这中间硬要指点给他看、讲给他听而感到讨厌。

（九）要善于按照事实本身的逻辑来安排段落结构，避免不必要的连接词和承上启下的语句，这样才是事实说话的新闻结构。在这方面现在大多数记者可以做到，那些"由于""因而""在这种条件下"等的词句已基本上消灭了。可是在旧的承上启下的词句取消后，又出现了新的承上启下的词句。例如讲到一种新的产品或工作法时，总是说"这是某某厂出产的""这是某某人创造的"，等等。现在看来，这种上下文结构方式也不好，也应该避免。"航行在长江上的第一队一列式顶推的船队"就是避免了这种结构法，使新闻写得更加自然。这条新闻的第二段开头没有说"这一船队是某某人编成的"，而是写成"来自伏尔加河的苏联船长……编成了……我国第一队用拖轮一列式顶推驳船的船队"。

（十）新闻中要尽量避免出现同样的句法和词汇，避免冗长的头衔。这方面我们还是做得不够，但凡是能够避免的，读起来就比较顺口而有音节，否则就很不自然。

（十一）标题问题。记者自己拟新闻标题，目前大多数人还不习惯。但从有些记者的经验来看，拟标题对写好一条新闻大有帮助。标题可以帮助记者更加突出主题，可以使新闻避免很多的说明，使新闻写得更加简洁、生动。像"打捞沉船的新手"这个标题拟得非常恰当，点出了新闻的主题，因此写作时记者就更加着重去写这些新手的成长过程和意义。如上面所说的，在开头中避免了事务性的写法，画龙点睛地应用了"到吴淞口外去初显身手"这一句，也是从标题中得到的启发。

（十二）新闻的体裁。最近几年来，由于强调短消息，记者对于新闻的其他形式已经荒疏了。通讯、述评、批评、特写、速写等形式，已经很少人写，有的记者想写，也感到有困难了。我们觉得对新闻形式的这种狭隘的看法是不对的，而实际上，许多报纸和读者，都希望看到多种多样的新闻。我们感到，在写作中，应该根据内容来决定形式，不要受形式的束缚。除了现有的形式外，还应该创造更多的新的形式。因为生活是各种各样的，读者的口味也是各种各样的，在不违反新闻原则的前提下，应该通过各种各样的形式来表现它们。

（选自《新闻工作散论》，新华出版社 1983 年版）

三

公
文
篇

嚼嚼"咬文嚼字"四字

于光远

有所感，动了写这篇文章的念头。

对"咬文嚼字"似乎是贬多于褒。但是，在现实生活中又离不开"咬文嚼字"。

写文章总要咬文嚼字才能把文章写好；科学家总要咬文嚼字使自己的科学思想表达得清楚明白；法学家总要咬文嚼字使得制定出来的法律不发生歧义；律师们、法官们也总要咬文嚼字，使得法律得到正确的贯彻；起草文件的秀才们总要咬文嚼字才能写出使人比较满意的文稿，而决策者包括参加即将通过这文件的代表们也总要咬文嚼字一番；不妨再说一下字典词典的编者、词条释文的作者，尤其是语言学家，可以说他们的专业就是咬文嚼字；咬文嚼字不仅表现在写作中，政治家、外交家讲话时总要咬文嚼字，为的是把自己的立场观点表明得准确；现在我们在商业行为中会常常使用协议合同等，这也不能不咬文嚼字，马虎了就很容易造成纠纷或者是白纸黑字哑巴吃黄连，亏了还不在理……

看来"咬文嚼字"之道不能废，而且自从有了文字以来，咬文嚼字越来越发展。在近代社会中在经济、政治、文化及其他社会生活中都有咬文嚼字的需要。咬文嚼字对人类社会进步也起了某种作用。

当然，咬文嚼字有时也会使人厌烦，用北京话说也使人感到太"较真"（北京话读作"较真儿"）。没有价值的咬文嚼字是一种浪费。

怎么说才好呢，对咬文嚼字该贬褒各半还是褒多于贬？

我认为应该把这四个字基本上看作应该重视而且需要做好的事情。

在这里，我想对"咬文嚼字"这四个字也嚼一下。

我手边有一本《新华字典》，查出在以"口"为部首的三百五十个左右的字当中，同我现在想说的事有关的有"咬"（"上牙和下牙对住压碎或者夹住"）；"啃"（"把东西一层一层地咬下来"）；"含"（"嘴里放着东西，不吐出来也不吞下去"）；"嚼"（"用牙齿磨碎食物"）；"咀"（"含在嘴里细细玩味"）；"咽"（"吞食"）；"吞"（"不经过咀嚼咽到肚子里去"）；"吐"（"使东西从嘴里出来"）八个，难为字典作者对一个人吃的时候嘴的这些动作做了这样的区分，使我明白"咬文嚼字"就是把某些文章"咬"住，把其中的某些字"啃"下来，先"含"在嘴里（即使这个时间也许很短），然后细细"嚼"了起来，慢慢地去"咀"，对它进行一番玩味，最后决定把它"咽"下肚子消化，还是把它"吐"出来，但决不囫囵地"吞"下去。不过，即使是吃食物，也不常常经过上述全过程，对待文字当然不能篇篇咬、字字嚼。如果那样，人生一世就读不了几篇文章，而且说起话来太吃力了。

　　应该看到咬与不咬、嚼与不嚼不一样，不对某些文章咬一咬，就会把好文章忽略过去，或者只能浮光掠影地对它有些印象，不能深刻领会它。如果不对某些关键性的字嚼一番，就不能准确深刻地掌握使用这个字眼的人的本意或微言大义。如果你发现哪篇文章是自己所不能同意而且想发表自己的见解，尤其要对这篇文章做一番咬文嚼字的功夫，把人家的意思弄得清清楚楚，而不是根本没有把别人的文章咬住，也没有去嚼嚼人家用的字眼，而把自己的用意强加给别人头上。这样的事人们见得太多了。有一些人做这样的事已经成了习惯。断章取义，同我们应该肯定的咬文嚼字完全是两回事。

　　本人是社会科学工作者，也经常写点文章，在实践中深感一个社会科学工作者为了尽他的职责，首先当然要深入实际，了解社会生活，同时一定要善于吸取前人的研究成果，同时要有科学分析的能力。普列汉诺夫说学者的武器是旁征博引，说的是吸收前人成果这一条，而谈到科学分析，其中有一点就是要使用经过自己批判过的语言和概念。分析是同笼统相对立的，因此就不能囫囵地把许多概念、观点等吞下去，因此咬文嚼字应该说也是学者的一种基本功。

（选自《共鸣》，1994 年 12 月）

公文写得含糊草率的现象应当改变

叶圣陶

今天我发言只说一个意思，希望机关团体注意所发的各类公文。公文不一定要好文章，可是必须写得一清二楚，十分明确，句稳词妥，文体通顺，让人家不折不扣地了解你说的是什么。

我常觉得有不少的公文不能做到这一点。插一句，我说的是不少的公文，不是所有的公文。那些公文写得含糊草率，人家能大致了解它说的是什么，可是不能不折不扣地了解，还得自己去揣摩。

不妨想一想所以要发公文的用意。发一件指示，说的如果是方针政策，那就是要看指示的人了解这个方针政策。发一份通知，说的如果是具体办法，那就是要看通知的人了解这些具体办法。此外如写请示报告、工作总结之类，无非要叙明主要的情况，从中归纳出一些经验教训，商量或确定以后工作的途径和方法。这些公文能含糊草率吗？一含糊，一草率，人家就可能这样了解，也可能那样了解。换句话说，一含糊，一草率，就伏下了错误了解的根。可是方针政策绝对不能让人家错误了解，具体办法也不能让人家错误了解，错误了解的后果总是实际工作上的损失，而且决非小损失，因此，明确通顺是极端必要的。

要做到明确通顺，必须把意思想清楚。没想清楚，即使是文章大家也做不到明确通顺。想清楚了，公文的组织结构自然就是意思本身的组织结构，这才能做到有条有理。想清楚了，哪一段哪一句该怎么样说，该用怎么样的语气和词儿说，自然都有数了，这才能做到造句遣词各得其当。组织结构有条有理，造句遣词各得其当，这样明确通顺的公文，才能让人家不折不扣地了解。

我说有不少的公文不能做到明确通顺，很抱歉，我没法在这儿举实例，多举太麻烦，举少了又挂一漏万。我只能说一说那些公文的一般情形。那些公文大都条理很乱，思路分歧，前后不连贯。换句话说，那些公文的逻辑性很差，不像算式那样，一步顶一步推演下去，毫不含糊。应该在头里说的，放在中段去说了。前边说过了的，后边又说了，而且说法跟前边有些出入了。完全不需要说的，也无根无据地说进去了。前边明明交代，分三项来说，说到后边，却只剩两项了，而且两项的次序颠倒了。诸如此类的情形都是条理方面的缺点。其次，那些公文大都把意思随便纳入已成熟套的语句形式，不肯努力找出表达这个那个意思最恰当的语句形式。这样办，省事固然省事，却损害了意思，形成公式化。造句遣词是极度的自由，想到什么就写什么，不考虑适当不适当，用得上用不上。指的是同一对象，在一件公文里竟用上好几个不同的名称。虚词，条件语，形容词语，用得非常慷慨，以多为胜。有时候却又非常吝啬，一个非用不可的"的"字或"了"字也舍不得用。诸如此类的情形使公文的语句违背了语法修辞逻辑的规律。

这样的公文算不得好文章是当然的。算不得好文章，没有什么关系。可是，想到方针政策的贯彻，具体办法的实施……关系就大了。人家看了这样的公文，要是了解得不透彻，甚或得到错误的了解，那是多么严重的事啊！

就表面看，公文不能做到明确通顺，似乎只是能力问题，笔下不济事，自然写不好。其实这里头还伏着个认识问题，就是说，对于公文的作用和要求，看法不怎么妥当。那种看法认为只要头脑里想得差不多就成，至于怎么样表达出来，把它固定在公文上，不妨随便。不知道无论你头脑里想得怎么样，在没有说出来或写下来的时候，人家绝对没办法了解。人家除了当面听你口说而外，只有凭借你写在公文上的书面语言，才能了解你头脑里想的是什么。写在公文上的书面语言好比一道桥梁，而且是唯一的桥梁。公文的作用既然如此，对于公文的要求就不能不严格，必须确切地表达出头脑里所想的，不折不扣，恰如其分。那种看法刚刚相反，不看重公文的桥梁作用，对于表达不做严格的要求，以为不妨随便，我说它不怎么妥当，缘由就在此。听说有少数几位同志说过大意如下的话："怎么写都成，没关系，下边总能够体会咱们的意思。"这就是那种看法的实例。

由于看法不怎么妥当，从起稿到定稿就有如下的情况。按理说，一件公文，应该在考虑到成熟的时候起稿，应该由了解得最透彻、想得最清楚的人执笔。在那样的时候、由那样的人执笔，形式跟内容大致能够相符，再加上些斟酌损益的功夫，很容易达到相当完善的地步。可是有不少的公文，还没到那样的时候就起稿，执笔的并不是那样的人。他们了解不够，想不清楚，只因任务交了下来，不能不硬着头皮执笔。稿子起好之后，当然要经过好几回讨论和修改。可是初稿已经把格局规定了，如果格局不怎么像样，尽你加工也很难使它完善，还不如另起炉灶。另起炉灶不免麻烦，为了省事，还是在初稿的基础上加点儿工，将就过去。这是一种情形。还有，公文稿在传阅研究的时候，有的人在上边签点儿意见，有的人就动手修改，加上几句，删掉几句，改动几个字，或者把原文勾来勾去。要是个个人都有全面观点，在一处地方提意见或在一处地方改动，都能照顾到全篇，照顾到别人的意见或改动，那当然没问题。可是能够这样做的人并不多，多数是只顾局部，忽略全篇，只顾自己，不管别人。最后整理的人可苦了，他要把这个人、那个人的意见或改动都容纳进去，至少要尽量照顾到，真比缝一件百衲衣还难。这又是一种情形。还有一种情形，公文稿经过好些人提意见或改动之后，不再仔细整理，只把可以采纳的意见吸收了进去，就此缮印发出。在以上三种情形之下定稿的公文，质量不会怎么高是注定的。

要提高公文的质量，首先，要解决发公文的人的认识问题。解决认识问题也不难，只要记住一句话：人家了解你的方针政策具体办法之类，全凭写在公文上的书面语言，所以书面语言马虎不得。其次，公文从起稿到定稿的过程应该注意，要在考虑到成熟的时候由最适当的人执笔，好些人参加斟酌损益，人人都要就全篇着想。又其次，凡是触及公文稿的人要在语法、修辞、逻辑各方面用点儿功，不光是看些书本，尤其要注重实践。这也是写好公文的必要条件。

公文在实际工作中既然是非要不可的东西，就得把它写好。要求把公文写好决非文牍主义，随随便便写公文、发公文才是文牍主义。说到发公文，我以为应该按照通常应用的"可×可不×，不×"的公式办事，可不发的就不发。如果可不发的也发，非但徒乱人意，而且妨碍实际工作。文牍主义被认为不好的主义，这是原因之一。

随时随地为别人着想，是新社会的一个道德条目。要求把公文写好，是为工作着想，也是为看公文的人着想。这本来是分不开的，必须让看公文的人了解得清楚透彻，工作上才会有好处。说到为看公文的人着想，还有些小节目可以说的。譬如，为了节省看公文的人的精力和时间，公文就该尽可能写得简而得要。一层意思可以用两种说法表达，一种明快，一种晦涩，就该采用明快的一种。考虑到繁复的句子形式可能引起人家的麻烦，就该把它化开，化成并不损害原意的几句。考虑到哲学书籍上的那些词语，仅仅流行在小范围内的那些"行话"，人家不太熟悉吧，人家可能发生误解吧，就该尽量少用，到非用不可的时候才用。诸如此类的做法，对于看公文的人有好处，对于工作当然也有好处。

（摘自《中华人民共和国第一届全国人民代表大会第四次会议汇刊》，人民出版社 1957 年版）

应用文及其做法

刘半农

应用文与诗歌，小说，戏曲等纯文学相对待，是适应实用的文章，短篇的如日记，信札，游记，长篇的如整部的史书和地方志，都可以说是应用文。

有许多人把公文程式当作应用文，这是错了。因为公文程式只是些死套子，无文章之可言，必须是公文的内容才能称为应用文。又有许多人把寿序、祝词、挽联等应酬文学当作应用文，这也不大对。因为这些文学，大都是彼此互抄，千篇一律，内容是堆砌的、夸诞的、虚伪的，不能算真正的文章，至多也只能作为应用文中的一个旁支。

作应用文最好记牢"情信，词巧"四个字。

情信，就是话要老老实实地说：记载事实要力求真确，不可文胜于质；表示意见要合乎人情世事，不可随便乱说，不可强词夺理；发抒情感要适合于本身之所宜，不可矫揉造作，不可无病而呻。

词巧的巧，并不是通常所说的"小巧""尖巧"，是说"有技能""能于做得好"。（巧：《说文》，"技也"；《广韵》，"能也，善也"）要做到这一步，必须注意"明，达，切，当"四件事。

明，是说条理要明白，不明白就彼此纠缠了；是说层次要明白，不明白就前后上下混乱了；是说话句要明白，不明白就没有人能懂，人家要斥为"不知所云""莫名其妙"了。

达，就是传达，是要把自己所要说的话，无论如何曲折隐微，都能一丝不苟地传达出来；要不然，有如口吃的人，"期期艾艾"，说了半天，人家还不知道你说些什么，只看了你格格不吐的态度，代为难过。

切，就是切合，就是所说的话，处处要紧切着所要说的东西，不要离开了它放野箭。譬如你要说你园庭中的一朵月季花，而以"人之生也"或"天下者，天下人之天下也"开场，固然是"离题万里"；即使从日光可用三棱镜分为七色说起，再说到月季花的颜色上来，虽然近了些，仍不免失之于宽泛而不紧切。

当，就是应当：应当说的话要尽量地说，不应当说的话要尽量地删。应当说的地方，虽千言犹恨其少；不应当说的地方，虽一字犹嫌其多。应当说而不说，是为内容不充实，是贪懒，是疏忽；不应当说而说，是为拖泥带水，失于剪裁。

明白了以上诸点，做应用文就不至于有大错了。

二十二年三月二十二日北平

（选自《刘半农文选》，人民文学出版社 1986 年版）

如何起草公文

江　陵

公文是中央国家机关用来指导和推动各项工作的一种必不可少的重要手段，一件公文如果写得清楚明确、生动活泼，便于人们阅读和理解，就能够很好地贯彻党和国家的政策法令，有力地推动各项工作，促进社会主义建设事业的发展。反之，如果写得冗长杂乱、含混不清、错漏百出，使人不愿读，或者使人费解或误解，就不利于工作的开展，甚至会造成工作上的损失。我们既要反对那种脱离实际、为办公文而办公文的文牍主义作风，也要反对那种轻视公文、马虎潦草、不顾公文质量的老爷式态度。

起草公文，即通常所谓"拟稿"，是一件严肃的政治工作，又是和各项专门业务密切相结合的工作。起草人，一般来说，应该依照"谁主管的事，谁拟稿"的原则确定。但不要把起草文件的工作，不分轻重，都推给一般干部去做。重要的文件，领导同志应该亲自动手起草，或者亲自动笔认真修改，对于比较复杂和重大的问题，最好采取"集体研究、个人执笔"的方法进行起草工作，即首先组织有关人员集体讨论，经过认真研究，拟出详细提纲或要点，再指定专人起草，这样就可能写得好，写得快。这种走群众路线的起草文件的方法，值得提倡。下面谈谈具体动手写公文时应该注意的一些问题。

首先，要着重考虑内容。是否符合实际，是否符合党和国家的政策法令，是否正确、周密、妥当地解决了问题，是否同有关方面商量好了，等等。为此，在动手起草之前，必须充分占有材料，查找有关的政策法令，弄清事情的前因后果和来龙去脉，查对情况和数字，对实际工作中的困难和问题进行周密的研究，经过深思熟虑，然后下笔。关于公文的内容问题，这里不多谈。总之，我们必须懂得：公文是一种工具，发公文是为了解决问题，推动工作。为了对党、国家和人民负责，我们不仅要反对那种照抄照转、说空话，不解决问题的文牍主义作风，还要反对那种不切实际、违反政策法令、考虑不周、数字不准确、同有关方面不协调等粗枝大叶、不负责任的不良作风。

其次，要注意辞章。这里所谓辞章，包括结构、逻辑、文法、修辞等。一件写得好的公文，不仅要有正确的内容，还要写得清楚明确、生动活泼，也就是达到毛主席提出的"准确性、鲜明性、生动性"的要求。讲究辞章，这是一个大问题，需要做专门的研究。这里只结合目前公文中常见的一些毛病，提出以下几点，供参考：

（1）条理要清楚。要明确主次，先写什么，后写什么，有纲有目，层次分明，中心突出，使阅者一目了然，对于较长的公文，可以采取新闻学上称为"导语"的办法，即首先用极简要的文句说明全文的目的或结论，唤起阅者注意，使阅者先有一个总概念；然后，再一段一段做详细说明。长文分为几段时，每一段也可以采取这个办法。这样就眉目清醒，便于阅读。

（2）文字要简明扼要。公文的初稿，一般容易流于冗长，关键在于修改时要大力删改，去掉空话和不必要的形容词，再三再四地压缩文字。特别是向上级机关报告请示时，宣传性的说明和一般性的议论都可以删去，以节省领导同志的时间和精力。

（3）要合乎逻辑，概念要明确和准确，推理要合乎逻辑。要讲辩证法，也要讲形式逻辑。不要含糊其词，不要说模棱两可的话，以免引起人们的误解。

（4）造句要合乎文法，要通俗、简练，并注意修辞，力求生动。有些公文采用一种半文半白的语汇，使人看了头痛，还有少数公文甚至残存着旧式公文的陈腔滥调，都应该坚决改掉。

（5）不要滥用省略和生造简字。有些公文滥用省略、自造简字，使阅者很费猜思，甚至莫名究竟，必须坚决纠正。

最后，还要注意准确地确定公文的体式，如行文名义、公文标题，主送和抄送机关、平密、缓急等。

总之，起草公文，要有高度的政治责任心，要养成认真细致、一丝不苟的工作作风，要有不怕成十次地修改和重新起草的精神，力求提高质量，力求把文件搞成熟。

（选自《档案工作》，1960 年第 3 期）

反对繁文

吴　晗

通过文字来表达意见、提出建议、决定措施、拟出方案、讲清道理、批评表扬等，本来是件好事。因为第一可以比较有条理，经过思考，写在纸上，比口头说会更清楚些、扼要些；第二可以节省时间，书面的东西看起来要比听的省事些、省时些；第三口头讲有空间的限制，只能面对面讲，书面的不受距离的限制；第四对某些工作忙的人来说，书面的东西要比口头讲话更易于安排时间，及时解决问题；第五对某些重要问题，书面的东西要比谈话好，因为可以保存起来，作为档案材料，以后便于查对、参考。总之，好处甚多，不一而足。

但是，事物总是有两面性的，恰恰因为好处多，毛病也出来了。因为方便，拿笔一写便是，比之约会面谈，必须对方有工夫才行，这样，文字便满天飞了，连可以面谈解决的也用文字代替了，其病在多。因为文章由自己写，不受时间限制，便不大考虑对方的精力，越写越多，再加上一套例行公事套语，起承转合，其病在长。也正因为是在写文章，有的人不免要卖弄才华，多方引譬，或者引经据典，借此说彼，开头要讲些客气话，冠冕一番，绕了圈子，一圈再一圈，甚至再来几圈，才入正题，说出本意，最后归结，还得照样绕圈子，其病在空。多、长、空这三条合起来就是文牍主义的罪状。

文牍总是要的，不管是什么社会，什么时代，总得有文牍。但是，一成为主义就坏事了，非反对不可。

历史上有许多著名的文牍主义者，据说秦始皇看公文，"衡石量书"，文书多到论石称，一天要看多少斤文件。隋文帝看公文，连吃饭的时间也在看，"卫士传餐而食"，看来很可笑。仔细一想，倒不怎么可笑了。原来秦始皇的时候纸还没有发明，他看的公文只能是竹子或者木头的简牍，一片写不了多少字，那么一天看个几十百把斤，并不算多。隋文帝时已经有纸了，不必论斤，他有时候忙一些，吃饭时带着办点事，也是理所当然的，总不会顿顿如此，要不然非闹胃病不可，但史书上并无这项记载。看来这两人都不能算是闹文牍主义。

真正的文牍主义者是明太祖，这是有史料可查的。据《明太祖实录》的记载，以洪武十七年（公元一三八四）九月间的收文为例，从这月十四日到二十一日，八天内，内外诸司奏札凡一千六百六十件，计三千三百九十一件事情。他平均每天要看或者听两百多件报告，要处理四百多件事情。他陷在文牍的汪洋大海中，四望无边，而且无穷无尽，实在苦恼得很。

吃了苦头，就要反对，就要斗争。明太祖吃了文牍主义的苦，成为文牍主义的坚决反对者了，他把犯有空而长罪状的文件叫作繁文，有一次大大发作了一顿，打了人，整顿了一下。故事是这样的：历史上有些文人好上万言书，有一个叫茹太素的刑部主事，举人出身，好弄文墨，写了一万七千字陈说时务的意见，明太祖叫人读给他听，读了六千三百七十字，还没有说出具体事实，只是空洞地说朝廷用的人都是迂儒俗吏。明太祖大怒，把他叫来，问你在刑部，刑部有两百多人，谁是迂儒？谁是俗吏？指的是谁？再三盘问，回答不出。越发生气，把他打了一顿。第二天晚上，又叫人再读，一直听到一万六千五百字以后，才讲到本题，建议的五件事情，其中有四件是可行的。这五件事情一共才五百多字。他一早起来，就叫人把可行的四件事情办了。还表扬茹太素是忠臣。说："今朕厌听繁文而驳问忠臣，是朕之过。"承认了打人的过失。也指出茹太素把五百多字可以讲清楚的事情，却写了一万七千字，这是繁文之过。为了改正这种毛病，他规定了建言格式，公布全国，自己把这事情的经过写成序文，印在前面。这是洪武九年（公元一三七六）的事情。但是，过了八年，到了一三八四年，他每天还得看两百多件文件，看来，空而长的毛病也许好一些了，多却没有改。

反对繁文的另一著名人物是海瑞。海瑞也是举人出身，却和茹太素相反，主张简省文移。有人可能这样想，茹太素是写给人看的，就写得多，海瑞是看人家的文字的，就主张少写了。不过，我倒用心研究过他的文集，他的文章、信札、奏疏、条约的确不长，也不空洞。他在万历三年（公元一五七五）以右副都御史巡抚应天十府，一上任就发出条约（布告），其中一项就是改革文移，条约说：

今日诸弊，不能尽革，大概在文移过繁。本院一时不能尽言，各官自行酌量，一以简省为主。凡事不必抄写前案许多，紧急者略节用之。府县所自议，说话一句而尽者止用一句，二三句而尽者用二三句，当用片纸者用片纸，当用长纸者用长纸，止使事情不遗便是。要官自作稿付吏誊，不可尽付吏书，以致繁琐。其有供招，一如刑部例，简切数语，起草付吏誊案。若识机括，事本不劳，不必用吏书行移，用许多说话也。省之，省之！事由于官，不由吏书，风清弊绝有日矣。

总括起来，也不过几句话，第一要简单扼要，引用前案只拣重要的节录。第二不要说空话，说一句可以明白的就说一句，片纸可写的就写片纸，只要讲清楚不遗漏就行。第三要亲自动手，要官自作稿，不可假手吏书，吏书只能帮着抄写。这几条很明确，很具体，不但适合当时情况，在今天来说，也还是有点参考意义的。

（选自《春天集》，原载《人民日报》1959 年 6 月 15 日）

材料和观点必须统一

邹适今

做调查工作，研究问题，写调查报告有一个基本的原则必须遵循，即材料和观点的统一。也就是说，应该既有材料，又有观点，并且材料说明观点，观点统率材料。例如讨论问题，要说明情况和提出主张，主张根据情况，情况证实主张，要摆事实，讲道理，在摆事实的基础上讲道理，为了讲道理而摆事实。情况和主张、事实和道理的一致，也就是材料和观点的统一。

人们通常把具有说服力的调查结果称为根据确凿和理由充足，而这样的调查，必然是材料和观点统一的。有观点统率的材料，材料并不一定要很多。十几件人所共知的事实，说可以证实东风压倒西风；三户贫农的典型，就可以指出五亿农民的方向。有材料做根据的观点，并不需要很多的解释说明，材料本身自会说话，"事实胜于雄辩"。

反之，材料和观点分离，就要出现这样一些不良现象：第一，只有材料，没有观点。这就要"甲乙丙丁，开中药铺"，现象罗列，枯燥无味，就像一本狗肉账。既不能说明应该反对什么，又不能表示应该赞成什么。人们要耐心地听下去已经很不容易，更不要说理解和信服了。第二，只有观点，没有材料。这就要"空话连篇，言之无物"，一大堆原则定义，一连串术语名词，人们只能被引导到空洞概念的海洋里，不着边际，也无法从中得到什么东西。显然，这样的表达，既不是充实有理，又不是明白易懂，读这样的调查报告同样是一场灾难。

材料和观点分离还有第三种现象，就是材料和观点都有，但是互不联系，没有统率关系，或者没有密切的联系和直接的统率关系，是生拼硬凑拢来的，似是而非的。这种现象又往往具体表现为这样两种形式：一种是大观点套小材料，把个别事例不适当地做原则的概括，也就是通常所说的"扣大帽子"。这样的表达，当方向对头的时候，也要算是根据不足，言过其实；要是方向也不对头的话，那就要造成极大的错误。大家知道，分析问题时"攻其一点，不及其余"，是极端有害的。而大观点套小材料，正是常常被这种有害的分析方法利用为表达形式。另一种是让材料和观点各自孤立，互相平列，结果观点失去了根据，材料失去了意义，一个统一的整体被表现为许多割裂的局部。像画一幅人像一样，一处描一个全身轮廓，一处画一个头，又一处点一只眼睛，完整的人像就变成一个残缺不全的东西。

材料和观点统一就能够充实有理和明白易懂，材料和观点分离则相反。这不是偶然的，而是必然的；这是客观规律决定的。材料和观点的统一，正是如实地和全面地表现客观事物的本来面目所必需的因素。材料和观点并不是别的，前者就是客观事物的个别性（特性），后者则是这些个别性的联系或客观事物的一般性（共性）在人的头脑里的反映。事物的个别性和一般性本是同时存在并互相依存的——一般性存在于许多个别性之中，个别性大体上包括在一般性的范围之内。因此，反映到调查结果和调查报告中，也一般地应该同时有材料和观点，并且要在材料的基础上来抽取观点，在观点的概括下来组织材料。如果为材料而材料，就观点论观点，在材料基础之外硬去凭空拾取一个观点，在观点范围之外随便拉扯一些材料，材料和观点就分离了，就不能是对于客观事物的本来面目的如实和全面的表现了，也就不能是充实有理的了。前述的第一和第二两种现象，正是这样地产生并得到这样的结果的。

事物的个别性和一般性又是相对的。"由于事物范围的极其广大，发展的无限性，所以，在一定场合为普遍性的东西，而在另一一定场合则变为特殊性。反之，在一定场合为特殊性的东西，而在另一一定场合则变为普遍性。"这种相对关系构成一个"门、纲、目、属"的无限系列，向上延伸进到整体的无限性，向下延伸进到部分的无限性。无限系列中的各项，有一定的统率关系和衔接次序，门类繁多而并不杂乱，互相牵连而具有条理。因此，在调查工作中要说明一个复杂问题，要精确表达一个问题，通常总不只是用一个材料去说明一个观点，也不只是用一个观点去统率一个材料，而是要用许许多多的大小材料和大小观点，最后去说明某个总的观点。正确安排了这些大小材料和大小观点的统率关系与衔接次序，使它们符合于客观事物本身的联系和发展的关系，说是"条分缕析""纲举目张"

了。反之，割裂了它们的统率关系，打乱了它们的衔接次序，目上非纲，纲下非目，纲目平列，条理混乱，材料和观点又分离了，又不能是对于客观实际的如实和全面的表现了，也就不能是充实有理的了。前述的第三种观象，正是这样地产生并得到这样的结果的。

材料是事实，是客观存在着的东西，观点是客观的反映，是属于主观的东西。一定的材料，都会说明一定的观点，正确的观点，必然是客观实际的正确反映。适当的材料和正确的观点的统一，就是主观和客观的一致。材料和观点的分离，或者错误地捏合在一起，必然走上脱离实际，走上主观主义的道路。不是有这样的情况吗？有的人主观上带着"框子"去做调查，专门去找那些符合自己意见的材料，对那些言之有物的不同意见，根本听不进耳朵里去；或者看到一点，说用个别的事实，武断地推出一个普遍的结论；或者一头钻到材料堆里，忘记了用正确的观点来整理、取舍、分析这些材料，调查报告写得又臭又长，却说明不了任何问题，如此等等。所有这些情况，都不能达到调查研究是为了解决问题的目的。材料和观点的分离完全是与此背道而驰的。我们唯物主义者必须坚决摒弃这种错误的思想和做法、坚持主观与客观的一致，坚持材料和观点的统一。

做调查是为了解决问题，写调查报告是要给人看的，是为了别人的理解而发的，是把自己的知识变为别人的知识，是把直接的经验变为间接的经验。自己的直接经验的总体，是感性认识和理性认识的统一，把它变为别人的间接经验的时候，也只有尽可能表现这种统一，才是比较完善的，才能唤起别人思想的共鸣，才能令人感到有根据而又有理由，才能令人知其然而又知其所以然。材料丰富，观点明确，二者统一，就能比较完善地表现自己的认识成果，也就自然会使人感到比较明白易懂了。

（选自《前线》，1961 年第 10 期）

公文用词的基本原则

闵庚尧

词语的锤炼与运用，句式的确立与选择，是公文修辞的一个重要组成部分。

锤炼词语，古人叫作"炼字"，它超越了一般词语的选用，经过反复推敲而达到了词语高度准确化的境界。古人所谓"百炼为字，千炼成句"，就是这个意思。

词语的功能和组织规律，是属于语法的范围，而如何用词，如何达到更好的社会效果，则属于修辞的范围。文学的修辞往往突破语法的一般规律，达到"不通"之"通"的境界；而公文修辞一般不允许突破语法规律，它只能在遵循一般语法规律的前提下，做到好中选优，高度准确。公文的词语修辞的原则是准确、简练、得体。

一、准　确

准确就是明晰、确切。从内涵上讲，准确自身属于逻辑问题。而如何选词、用词，则属于修辞问题。公文选词的准确，就是要真实反映客观情况，做到以下几点：

（一）要充分把握词义的内涵。先看一篇病文：

××部关于颁发试行××条例的通知

各省、市、自治区××厅（局）：

　　由××科学院、××市××厂代为起草的××条例，已于19××年×月×日讨论通过，并经我部审查批准。现随文颁发，从19××年×月×日起执行。各单位要做好准备工作，于文即之日起，对所发条例，再进行一次研究、讨论，并于×月份以前提出意见报部。

19××年×月×日

　　这篇通知，前面提到要"执行"，后面又提出要"研究、讨论"。这前后词义是矛盾的，要"执行"，就不能"研究、讨论"，要"研究、讨论"，就谈不上"执行"。实际上未能明白"执行"词义的内涵，因此未能反映出文件所要表达的真实情况。原来作者的意思是，一方面让下级实践，另一方面也希望下级提意见。后来的定稿准确地表达出了这一意向，即把"执行"改成了"试行"。执行和试行是近义词。近义词，既有相同的一面，又有相异的一面。必须精确把握其相异的内涵，才能准确地加以选择和使用。

　　（二）要慎重地用多义词。多义词除基本义之外，还有引申义和比喻义。如"老"，基本义是年纪大，如"人老"。引申义有陈旧的意思，如"老房子"；不嫩的意思，如"老笋"；还有长久的意思，如"老没见面"。又如"铁"，基本义是钢铁。比喻义有坚硬之义，如"铁蚕豆"；有坚定不移之义，如"铁的纪律"。正由于多义词有两个以上的意思，故在使用时应特别注意。

在公文用语中，有"指示"一词，作为文种，有指令的意思；在一般引叙用语中，如根据某某上级的指示精神，也仍然有指令的意思。但在上行文报告的结尾用语中，如，"以上报告，妥否，请指示。"则只有敬语的意义，不含实质性指令意图。如果我们给上级写完报告，真的等着上级"指示"，那只会落空。

（三）要注意词义外延的概括性。公文用词的一个特点，就是它的概括性。概括性就是抽象性。有时越抽象就越能真实地反映现实。

春秋时期，郑国一些人采取用书面文字提意见的方式和执政者作对。当时，有名逻辑学家邓析也参与了这一活动。这些和执政者作对的人把写好的竹简挂起来，向执政者提意见。郑国的执政者子产便下令禁止挂竹简。于是邓析便叫人把竹简送给官府。子产又下令禁止送竹简。邓析又叫人把竹简靠在墙上让大家看。这就是所谓"县（悬）书""致书""倚书"。不管子产怎么下令，邓析总是变换方式来达到他的目的。为什么子产禁而不止呢？这是因为子产的语言缺乏概括性，因而不能反映子产禁令的客观真实意图。如果子产的禁令采用概括的词语加以表述，如"禁止任何人以任何方式提意见"之类，那么，邓析大约也就无计可施了。

二、简 练

简练，就是简要、精练。话虽然少，但所阐述的内容却很周全，含义却很丰富。宋代曾巩在其《南齐书目录序》中说："号令之所布，法度之所设，其言至约，其体至备。""至约"就是非常简约的意思。清代刘大櫆在其《论文偶记》中说："文贵简。凡文笔老则简，意真则简，辞切则简，理当则简，味淡则简，气蕴则简，品贵则简，神远而含藏不尽则简，故简为文章尽境。"

中国古代公文写作一向有尚简的传统。如《尚书》中的文告，秦汉时期的制、诏、表、奏，三国时期的曹操以及唐宋以后的不少名篇。像《谏逐客书》705字，《出师表》629字，《陈情表》475字，《入关告谕》96字，《武帝求茂才异等诏》68字，《诏答丞相亮》17字，《敕后主诏》10个字，而曹操写的不少文告常在十几字至几十字之间，有的甚至仅有两个字。

简练必须达旨。"春秋一字以褒贬"。如《郑伯克段于鄢》用一个"克"字，说明郑伯把弟弟当成敌人。过去少妇夫亡后要改嫁，请人写了一篇状子，曰"夫亡妻少，翁壮叔大，难避是非，该不该嫁"，县令查实后，写了一个字：嫁。宋代王安石的《答司马谏议书》，是回答司马光写的《与王介甫书》的复信。信中对所谓"侵官、生事、征利、拒谏"的回答，非常简练，原文是："某则以谓受命于人主，议法度而修之于朝廷，以授之于有司，不为侵官；举先王之政，以兴利除弊，不为生事；为天下理财，不为征利；辟邪说，难任人，不为拒谏；至于怨诽之多，则固前知其如此也。"这些都是以简达旨的范例。

达旨，就是要表达出事理内容，也就是公文的主旨。不该说的说了，是为冗繁；该说的没说，是谓苟简。宋代陈骙在《文则》中说："文简而理周，斯得其简也。读之疑有缺焉，非简也，疏也。"这个论断颇为精要。如《史记》李广射虎一段：

> 广出猎见草中石，以为虎而射之，中石没镞，视之，石也。因更复射，终不能复入石矣。

这本是一段好文字，但金代王若虚在《史记辨惑》里说它"凡多三石字"，当改为：

> 以为虎而射之，没镞，既知其为石，因更复射，终不能入。

或改为：

> 尝见草中有虎，射之，没镞。视之，石也。

这样一改，在表面似乎更简练些，但实在是远不如原文。"见草中石，以为虎"并非"见草中有虎"；"视之，石也"，有发现错误而惊讶之意味，改为"既知以为石"，便失去了这种意味。原文"终不能复入石矣"有失望而放弃的意味，改为"终不能入"便索然无味。看来，苟简的毛病就是"缺"，缺少了应有意旨，这就不可取了。

三、得 体

得体，就是符合某一种语体的语言特点。语体是一种语言在使用过程中与一定交际特点相适应而形成的语言特点的综合。公文用词要得体，就必须与一定的文种特性相适应，必须和行文关系相适应，必须和一定的语境相适应。

（一）必须和一定的文种特性相适应。公文的文种特性语体分为两大类，一是指令周知性、法规性的事理说明性语体，二是汇报总结性的论证性语体。前者是观念形态的语体，后者是观念加物象形态的语体。公文用词必须遵循这一特点。否则，就会导致不得体。

（二）必须和行文关系相适应。公文的行文关系至为重要。公文用语必须适应行文关系。如下行文的指令性公文，可以用命令语气，而上行文的报告请示就不可用，如此等等。

（三）必须和一定的语境相适应。公文的语境，是公文用语的环境、场合以及上下左右、方方面面的多种关系的综合。和语境相适应，其根本点就是为了实用，为了获得更好的社会效果。传说清乾隆年间，军机大臣和珅奉命巡视江苏，到了扬州，恰遇祭孔，和珅主祭。扬州各县知县都来参加，除东台县知县王至成外，各县知县均送给和珅一份厚礼。和珅奏王至成一本，说王在祭孔时左顾右盼，亵渎圣人；乾隆大怒，命扬州知府查明回奏。扬州知府接到圣旨，忙召集幕僚商议，研究如何写好奏章，既不得罪和珅，又不冤枉王至成，自己也能摆脱干系。

一幕僚提出关键性的九个字："臣位列前茅，不遑后顾。"知府听了，非常满意。乾隆看了奏章，知道是和珅耍的手段，又查无实据，也就不再追究。显然，这关键性的九个字，就非常得体。

（选自《办公室业务》，2009 年第 1 期）

关于写调查报告

张志公

调查报告，不是单纯写的问题，调查研究工作没有做好，用什么样的办法也写不出好的调查报告。

一、写调查报告的基本要求

（一）调查报告要如实反映情况。无论做一件什么调查工作，写一个什么调查报告，目的总是要认识客观。做调查的根本目的，就在于认识客观世界，在这个基础上，才可能进而改造客观世界。所以，调查报告就要达到这个根本目的，就要如实反映情况。如实反映情况，是写调查报告的第一个基本要求。要做到如实反映情况，就必须客观、详细、严密。客观不等于客观主义，必须有正确、鲜明的立场、观点。在这个前提之下，就要客观地去听、去做、去看问题，客观地报告调查之所得，不能夹杂着主观成见去调查、写报告。要把正确的、必要的分析和主观成见区别开。看到一些情况，要分析，看看哪些是重要的，哪些是枝节的，哪些是主流，哪些是支流；听到一些意见，要分析，看看哪些是多数人的，哪些是少数人的，各种不同的意见分别是在什么情况下、在什么思想基础上提出来的；等等。把经过分析的情况和意见写进报告里去，才能真正如实反映情况。写调查报告要详细，尽管看到的、听到的不能都写到报告里去，但是反映的情况，得出的看法，必须是从详细的大量的经过分析的实际材料之中得出来的。写调查报告还要做到严密，材料是可靠的，合乎逻辑的。

（二）要符合调查研究的目的要求。写出来的调查报告要符合调查研究的目的要求，也就是说要能够解决所要解决的问题。调查不是为调查而调查，是要解决问题。调查报告就要达到这个目的，能够解决所要解决的问题。进行一次调查研究，有具体的目的要求。或者是了解情况、研究问题，或者是经过了解情况、研究问题而制定出办法、政策，或者是总结经验，或者是总结了经验以后进行宣传推广，等等，调查报告就要符合这些具体的目的要求。

二、调查报告的写法

调查报告有种种，因为写报告各有具体的目的要求和内容，范围也有所不同。而种种的调查报告既有所不同，又有相互的关系，很难截然分开。因此，首先只能考虑调查报告的基本要求，再根据具体的目的要求考虑报告的写法。调查报告是各式各样，没有一定的格式，大体上可从以下几个方面来考虑：

（一）关于调查的简要说明

说明可以很简，简到一两句话，也可以说得比较详细一些。总的来说，总是简要的。说明什么呢，首先说明调查的目的。调查什么，要解决什么问题；其次说明调查的对象；再其次，有的调查报告还要说明一下调查的经过。特别是对重要事件进行调查的时候，需要说一说调查了多长时间，范围有多大，采取了哪些方式，这样可以让读的人知道这个调查是怎么做的，对调查的结果是否满足需要，可以估计一下。一般地说，调查报告往往需要有这么个说明。但这不是调查报告的主体，因此必须很简要。

（二）调查报告的主文

主文是报告的主要部分，有多种多样的安排的方式，要根据调查的目的、内容、范围的大小、事情的繁简来决定。不过，在多种多样的安排方式之中，也可以提出几点来着重考虑。

其所以有多种多样的安排办法，是由于调查的目的、范围等的不同。报告的写法就要根据这些实际情况，使这个报告能说明问题，眉目清楚。大体说来，调查有几种情况，有的是逐点逐点地调查。有的是在一个地方对一件事情调查它的发展演变的情况。有的是就一件事情提出一些问题，一个一个问题来调查，调查的目的就是解决这些问题。根据调查的情况，调查报告也就有各种安排的办法。有的是逐点报告。调查了三个点，报告就分成三个部分来报告，一部分说一点。前后做一些必要的概括。有的是按着时间的阶段，按着发展演变的阶段，一个阶段一个阶段地来报告。前后有所概括，有所归纳。或者是一个问题一个问题来报告。

以上所说，是主文的结构安排方面的问题。在报告的主文里，一般地说，总有肯定的方面和存在问题的方面。因为一项工作总是有成绩，有经验，也往往存在某些问题。要全面地如实地反映情况，就会有肯定的方面和存在问题的方面，报告的安排和写法也就有种种的不同。我们是去了解情况，研究问题，提出改进的办法，那么，在报告里，就会更多地来报告它的有问题的方面。肯定的方面和有问题的方面如何安排，决定于调查的目的和实际情况，不是决定于我们的设想。因此，写在报告里就会有种种情况，有的以这个为主，有的以那个为主，有详略的不同，安排的不同。如果是逐点报告，那就可以逐点地都既讲肯定的方面，也讲存在问题的方面。如果是按发展阶段来报告，那就可以在每个阶段都讲肯定的方面和存在问题的方面。如果是按问题来报告，那就可以每个问题都讲肯定的方面和有问题的方面。也可以是逐点地、逐个阶段地、逐个问题地都先从肯定方面讲，然后总的来讲有问题的方面。

　　调查报告的主文，一般说来，需要有概括、总结的内容，不能只有现象、事实和材料而没有概括、总结。没有概括、总结，就不能很好地如实反映情况，或者说没有抓住要点、反映出本质。

　　概括和总结，也是要根据调查的目的和具体情况同整个报告的繁简详略，考虑种种不同的办法。

　　首先从概括的内容来说，概括什么？或者是概括情况。摆了一些情况，这些情况概括起来是个什么，反映了什么，说明了什么，需要概括起来，说明它的实质。

　　总结、概括的安排，也同谈肯定的方面和存在问题的方面一样，可以是先有所概括，然后再来具体地提出情况、事实和材料；也可以是先谈情况、举事实、举材料，然后来概括。也可以既在前面概括，又在后面概括，都得根据报告本身的需要来安排。也可以逐点逐点地概括，一个阶段一个阶段地概括，一个问题一个问题地概括。也可以是逐点地报告，最后总的来概括。也可以既有逐点的概括，又有总的概括。

（三）结束调查报告的简要说明

调查报告，一般说来，往往需要做一个结束的简要说明。说明一些什么呢？比如主文里没有谈到而应该附带说一说的问题，就要在结束报告时说明一下。报告里没有提到存在的问题，应该提一提，因不可能什么问题都没有。但是这个报告的目的主要不在于谈这一方面，所以在结束的时候，简要地说一说。或者有一些重要的情况，在主文里没有讲到，因为就报告的主要目的、内容来说，它还不是必要的。但是这个情况的本身值得重视，也可能在结束报告的时候说明一下。

总之，在主文里没有说到而应该附带说一说的情况、问题，可以在结束报告时简要地说明一下。另外，这个报告要结束了，在这个报告之外，还有一些材料，或者是专题报告，或者是典型事例的材料，或者是一些统计之类的附件，有的时候，也需要在结束报告的时候说一说。

（四）几个值得注意的问题

一要具体，不要空洞。调查报告要如实反映情况。如果空洞而不具体，就无从了解实际的情况，也就失去了调查报告的意义和作用，所以要具体。怎样才能够具体呢？那就要有实际的材料。在报告里，往往还需要运用事例和数据，这是一个很重要的方面。事例、数据用得很多不行，没有也不行，要用最能说明问题的事例和数据。要具体，不要空洞的一个重要问题是要善于运用事例和数据。

二要简明，不要烦琐。调查报告最容易烦琐。因为我们都注意到要如实反映情况，总觉得举一两个事例怕不足以如实反映情况，所以尽量举例，左一个统计表，右一个统计表，那就烦琐了。怎么能够做到简明而不烦琐呢？当然有文字技巧问题，文字运用得好，可以用较少的文字来说明问题；但是根本问题不在于文字，而在于抓住要点，抓住关键。抓住要点，抓住关键，抓住典型的事例，抓住典型的数据，这是做到简明而不烦琐的根本。这就是"去粗取精"的功夫。要做到简明而不烦琐，还要反复地不厌其烦地修改。前些时我们做了一次调查，深深有这个体会。反复修改的过程，是认识提高、观点明确的过程，不只是一个改文章的过程。

我写了一个报告，有12000多字。领导上说太多，回来就改文章，把一些不必要的词句删一删，删成9000多字。送上去，还不行。再删，还是用改文章的办法改，改成7000字，还不行。拿回来实在没有办法了，再删掉一个字，比让我写100个字还难得多。实际上已经不是一个改文章的问题了。所要考虑的是，报告里所谈的每个问题，到底最关键的是什么，最重要的是什么，所举的事例和数据最不可少最能说明问题的是什么，等等。这实际上是提高认识、明确观点的问题。原来为什么说的话多，举的事例、数据多呢？正是因为自己的观点不够明确，认识得不准。这样，改起来就不是一个字一个句子的问题，而是一去就去一块的问题了。后来终于改成为 3500 字，再念一念，3500 字并不比 12000 字少说明问题，相反，重点反倒比较突出，读过以后所得的印象反而比较鲜明。要做到简明而不烦琐，关键在这里。反复修改，要从不断提高认识，明确观点入手，不断去粗取精，去伪存真，只有这样，报告才能做到简明而不烦琐，质量才能提高。

三要有点有面，不要笼统浮泛，不要以偏概全。调查报告里要说明情况、问题、成绩，无论说明哪一方面，都要既有点，又有面，要有一般的情况，又要有典型的事例。如果只有面而没有点，就容易笼统，容易浮泛；反之，如果只有点而没有面，就会发生是否以偏概全的疑问：这是不是个别的现象呢？这个情况普遍的程度怎么样呢？所以报告里边一般地说，既要有点，又要有面。

四要有叙有议，不要罗列现象，不要空发议论。调查报告，叙是主要的，如实反映情况，情况怎么样，要记叙。但是不能就是摆情况。要有议，就是要有观点。这个观点，可以详说，也可以略说，甚至于可以包含在里边而没有说出来，但是一定要有观点。尽管没有直接地说，但是从情况和材料的摆法可以看得出观点。叙是铺叙情况、事实，议是表明观点，并不是大发议论。在调查报告里，是不宜于大发议论的。观点不明，就会是罗列现象，材料摆了很多，也还是不能说明问题。叙不够而议很多，就会是空发议论。这也不仅仅是个写的问题，也还是做的问题。我们在调查工作中真正详细地占有材料，那就不会空发议论；我们真正对占有的材料进行了分析，那就自然会有明确的观点。不过在写的时候也有这种情况，做是这样做的，但是写成报告的时候，走了样。

三、关于整理材料

整理材料的一个关键问题，是在进行调查工作的过程中建立一些科学的资料制度。如果调查的时候资料一大堆，来一个，存一个，到了临写报告的时候来整理材料，这可很不容易。如果是调查的范围广一些，内容多一些，那就要掉在材料里出不来了。与其首先考虑写报告时如何整理材料，不如首先考虑在做调查工作的过程中有一些比较科学的资料制度。在调查工作中得到一些原始的材料，包括有关方面提供的，有关的人写的材料，或者是开会的记录，参观访问的记录等，最好是一份原始材料有一个表格，表格上有提要。将来整理的时候，一看表格就知道这份材料的主要内容是什么。表格上也可记上突出的事例或问题，也可记上对这份材料的评价。例如开了一次座谈会，我们回来研究这次会开得怎么样，可以在表格上记上对它的评价。有了这些，以后整理的时候就方便多了。便于写报告时的整理、取舍和运用。

在调查中使用资料卡片也是个办法。一张卡片只记一件事情、一个事例、一个问题。为什么这样呢？我们开一次调查会，往往涉及的问题不只一个方面，这份材料将来运用起来就很麻烦了。如果在开了调查会之后，随即就把它做成卡片，一个问题一张。这样既便于分类，又可以避免遗漏了重要的东西，在分工研究问题时，一份材料也不至于大家你抢我夺，也便于随时随地积累资料。卡片要编号，从哪份原始材料上摘下来的要记上，需要的时候，可以查原始材料。

如果资料很多，在进行工作过程中随时就需要做资料索引。这样最便于整理材料，防止遗漏。资料索引，按调查的项目来归类，把随时得到的材料随时写进去。

在整理材料过程中最重要的是选择材料，要哪些，不要哪些。这个工作需要不止一次地做。很可能开始时觉得这个材料重要，继续做下去慢慢发现这个材料不重要了。所以，需要不断地做，不能积到临写报告时集中来做。要在调查工作过程中不断地研究问题，经过一次研究，就对材料进行了一次取舍，在写报告的时候，不断地反复地去粗取精，去伪存真。

在整理材料中更重要的是进行分析。就是根据调查的目的、实际的情况，来整理、归纳。经过分析，就会感到哪些材料是足够的，哪些材料是不够的。写报告时，材料够的就根据材料来说，材料不够的，或者不写这一部分，或者补充材料。

经过不断地选择、取舍、分析，最后抽出了写报告所要用的材料，做最后一次的核对。往往有这样的情况，就是认为很可靠的材料，最后核对时发现有问题，或者是有缺漏，或者是不完全准确，所以要进行最后一次核对。

（选自《语文学习讲座丛书（四）应用文写作》，商务印书馆 1980 年版）

起草文件的几点体会

金冲及

一个人从事文字写作需要具备的素质是多方面的，主要有三个方面：

一是要有比较宽的知识面。政治、经济、文学、历史等，多少都要知道一点。尤其是在记忆力强、接受新东西快的年轻时更要打好基础。最初，掌握的知识线条粗一点不要紧，但一定要准确。如果不准确，人家粗粗一听，似乎你知识很渊博；仔细听，就会发现许多地方靠不住，那就没有什么用。有人说，这些知识到需要时去查查就可以了。但是假定你的知识面不宽，该到哪里去查也不会知道，甚至根本弄不清楚需要查些什么。那样，你的眼界就很窄，只能就事论事地谈一些事，不能从更大的背景下去理解它。

二是要有思考和解决问题的能力。无论做哪一项工作，都有一个提出问题、分析问题、判断和解决问题的过程，这非常重要。拿写文章来说，毛主席在《反对党八股》中讲过，一篇重要的文章，特别是带指导性的文章，总得要提出一个什么问题，再加以分析，然后综合起来，得出一个结论，给以解决问题的办法。可见，文章写得怎么样，其实是对一个人思考问题、解决问题能力的一种检验。

三是语言和文字表达的能力。再好的思想，如果语言和文字能力差，表达不出来，那就等于零。古人说过，言之无文，行之不远。现在我们选拔人才，文字能力如何，也是一个重要的条件。如果这个人写的文章别别扭扭，内容空洞，逻辑混乱，语言干巴，他的综合素质是要大打折扣的。

以上三点是一个文字工作者的根本。你从这个岗位转到那个岗位，即使专业完全不同，但如果这三个方面的条件比较好，你就会很快适应和取得进步。尤其是文字表达能力，可以说，到哪里都用得着。

因为工作需要，我参加过一些重要文件的起草。文件的写作和平时文章的写作既有共同点，也有不同点。我的体会是要注意以下几点：

一、起草文件不是个人的创作，首先要对中央历来的精神和提法吃透，做到准确把握。不能随便跟中央历来确定的方针原则讲得不一样。这涉及政策的连续性和稳定性问题。当然，也不是说过去的提法绝对不能改动。如果经过充分的调查了解，确知周围的条件发生了变化，有些提法也是可以改变的。但这种改动应当是在了解原来提法基础上的改动，不能随便改。最后究竟改不改，也只能由中央来决定。

二、写文件前要进行调查研究，要针对实际问题来谈。写文件不能只从抽象的道理出发，靠推理来进行，不能把主要力量用在编句子上，而是要着重分析实际问题，看看问题到底在哪里，表现是什么，有哪些原因，该怎么解决。写到书面上有时可能只简略地提到，但心里一定要有数。一次有人把一篇文章送给乔木同志看，看后他说，文章一个结论紧接着一个结论，叫人看得喘不过气来。有些文件叫人看着累。但假定你是针对大家关心的实际问题，把它的原因、表现和对策说得清清楚楚，就不会使人产生这种感觉。

三、提法用字要特别审慎。写文件跟个人写文章不一样，是要用来指导实际工作的，每一个提法都要提得准确、有分寸。起草时，对文件上的话人家可能会产生什么误解，这些工作要怎样做，可能会产生什么不正确的做法，应该努力预见到。有些问题其实是可以预见的，起草文件的时候就要注意它们，想得周到，把"补丁"预先打好。

四、一篇重要的文章，总得要有几句能够给人留下印象的话。能留下印象的话，也就是人们常说的"名句"。像毛主席说的"下定决心、不怕牺牲、排除万难、去争取胜利"，邓小平同志说的"发展才是硬道理"等，都是在一些比较长的文章中突现出来的"名句"，大家都能够记住。所以起草文件时，在重要的地方要努力"炼句"，给人留下印象。

五、要考虑替谁起草的问题。写文件要考虑由谁来讲或是由哪一级单位下发，文件的写法要同它的身份相称。给一个地方的"一把手"写讲话稿，和给部门领导写讲话稿，口气都不一样。领导的职务越高，越是需要从宏观的大的方面去讲，关键时候要说几句很有分量的话。但没有达到这个层次时用那样的话，就会让人感觉口气太大。

（选自《秘书工作》，2005 年第 10 期）

关于写经济文件的几点体会

周之英

关于怎样写文件，特别是写经济工作的文件，是一大难题。根据有关的论述，结合个人的实践，谈一些体会，供大家参考。

一、为什么要重视写文件

我们做工作，都要依靠领导，依靠群众。如果领导和群众不了解我们的工作，我们就是想依靠也依靠不上。这就要向领导和群众做宣传，使他们了解。因此，在工作中要写文件、报告。如果文件、报告写得不好，写了人家不看，人家看不懂，或者不能说服人，文件、报告就等于没写。得不到领导的同意和支持，群众动员不起来，工作就搞不好，甚至会犯错误。由此可见，这不是一件小事，而是一个政治性问题。当然，不是说文件、报告写得差一点就什么工作也做不成了，而是说作用要差一点。

党中央历来很重视文件、报告的起草工作。1948年9月中央政治局通过的《中共中央关于各中央局、分局、军区、军委分会及前委会向中央请示报告制度的决议》中，有相当篇幅讲到如何写报告的问题。1951年2月中央专门发布了《关于纠正电报、报告、指示、决定等文字缺点的指示》。在1955年召开的党的七届六中全会扩大会议上，毛泽东同志也讲到了写文章的问题。1958年初，毛泽东同志在《工作方法六十条（草案）》中，有好几条讲到有关写文件的问题。他曾多次批评财经部门写的报告不讲义理之学（观点）、考据之学（材料）和辞章之学（形式），不大好读，不能动员群众。所以，中央专门召开了关于写文件方法座谈会，请胡乔木同志在会上作了长篇讲话。

党的十一届三中全会以来，中央也很重视文件的起草工作。1981年5月，中央专门发布了关于各级领导干部要亲自动手起草重要文件，不要一切由秘书代劳的指示。明确指出，领导干部必须亲自动手准备自己的重要讲话、报告，亲自指导、主持自己领导范围内的重要文件的起草，否则他对自己所领导的主要工作就不能担负政治责任。

二、对文件的基本要求

文件同文章一样，应当具有三种性质：准确性、鲜明性、生动性。简单说来，就是概念要准确，观点要鲜明，笔调要生动。毛主席在《工作方法六十条（草案）》中特别指出："做经济工作的同志在起草文件的时候，不但要注意准确性，还要注意鲜明性和生动性。不要以为这只是语文教师的事情，大老爷用不着去管。"

（一）关于准确性

写文件的目的是给人家看的，不是给自己看的。所以不能只有自己懂，主要是使人家懂，而要做到这点，就要讲点逻辑和文法。因为不合逻辑就不通，不合文法也就不通。所谓讲点逻辑，就是要看概念是不是明确，判断是不是恰当，使用概念和判断进行的推理对不对；所谓讲点文法，就是文句要完备。

逻辑和文法，其实也就是老老实实的方法。如果老实地用适当的字眼把你所看到的、想到的写出来，就比较容易准确，如果加以不恰当的修饰，画蛇添足，反而不准确了。当然，通常我们写成一个文件，总是要经过反复的推敲、修改，甚至几次重写。这是为了使我们的思想取得最适当的表现形式。

要写好一个文件，先要筹划通篇的结构，也就是要考虑问题怎样提出，基本观点是什么，怎样分析和论证这个基本观点，分哪些层次、段落，用哪些必要的材料，最后怎样结尾，等等。这实际上就是整理自己的思想，取得必要的条理。如果内部没有联系，前后发生冲突，前言不搭后语，写到后面忘了前面，颠三倒四，语无伦次，那就不会有什么条理。

在研究问题时，需要掌握大量的材料，但在写成文件时，当然不需要，也不可能把所接触到的材料全部搬到文件中去。怎样选择最恰当的、完全可靠的材料，对于一个文件的成败常常具有关键性的意义。那么，对文件中使用的材料有些什么要求呢？

第一，要求所使用的材料对于要说明的观点是必要的、足够的。如果堆积一大堆不能说明观点的材料，那就没有什么意义了。

第二，要求所使用的材料是完全准确可靠的。不论是引用事实的材料或者文献的材料，或者是在批驳错误观点时引用错误论点的材料，准确可靠都应当是一个起码的要求。

在这方面，马克思、列宁的作风是我们的模范。在拉法格对马克思的回忆录中写道："马克思引证的任何一件事实或任何一个数字，都是得到最有威信的权威人士的证实的。他从不满足于间接得来的材料，总要找原著寻根究底，不管这样做有多麻烦。即令是为了证实一个不重要的事实，他也要特意到大英博物馆去一趟。"列宁的作风也是如此。克鲁普斯卡娅曾经说过："列宁并不靠自己的记忆，虽然他的记忆是很好的。他从不凭记忆'大致不差地'来叙述事实，他叙述事实是极确切的。""当涉及有巨大意义和巨大比重的数字时，他连已公布的数字表的总计也要加以检查。仔细地检查每一事实、每一数字，是他始终用的方法。他的结论都是根据事实来做的。"

（二）关于鲜明性

在一般情况下，只要是准确的，大体上也是鲜明的。最关键的两个方面，就是观点和材料要统一，观点要突出。

第一，写文件，无论是对上对下，都是为了宣传一个观点。观点是个判断，是从推理来的，推理是从材料来的。因此，首先要看观点和材料是否统一。观点是结论，材料是论据，论据要说明观点，每个观点应接着有材料做证明。观点和材料摆得合适，文件就鲜明。关于写文章有句老话"夹叙夹议"。"议"就是观点，"叙"就是材料。材料和观点安排得好，一段话说明一个观点，有相当的材料来证明这个观点，这段话就鲜明了。

第二，段节一定要分清楚，我国古人的文章不分段、不分节，不那么鲜明。段节清楚，就给人以鲜明的印象。一般来说，段节不宜太长，句子也不宜太长，这样，人家看起来一目了然，也就自然鲜明了。我们现在常有的毛病是一段话写得太长，看起来不清楚。一个文件分为好多小段，这是节省看文件人脑力的好办法。看完一段知道这是一个观点，下面又是一个观点，帮助人们在思想上有所准备。一段话最好说明一个观点，如果一两个小问题统一起来还是一个观点也可以。一个文件是个大的观点，每一段是个小的观点，要尽量避免把两个互不统一的观点放在一个段落里。在段落与段落之间，前后要能贯穿。总之，段落分明，前后贯穿，这些都有助于观点突出。

第三，为了使观点突出，用来证明观点的材料要有背景。如果孤立地提出一个观点、提出一个材料，没有背景，看的人不容易了解。背景就是把现在同过去、将来比较（纵的比较），这个单位同那个单位、中国同外国比较（横的比较），才能把观点突出起来。

第四，为了使观点突出，还要注意文字形式上的问题。一是标题，二是导语，要做到"眉清目秀"。任何文件都要讲究标题，好文件没有好标题不行。报纸上那么多文章，要知道哪篇好，首先要看标题，标题好就能吸引住人。导语是新闻学上的名词，即在文章的开头处，先用极简要文句说明全文的要点或结论，唤起读者注意，使读者在脑子里先得到第一个总概念。然后，再做必要的解释。文章分为几段时，每段也应采用这个方法。

第五，为了鲜明，在选择词句、字眼上要用点心。不要选用深奥的外国式的词句，句法构成要合乎中国话的一般规律。用字要选概念明确的字，含糊不清的字最好避而不用，用明确的而不是模棱两可的字来表达，就可收到鲜明的效果。

第六，为了鲜明，要避免拖沓冗长。有的人认为文章越长，意思越说得明白。其实不然。如果是不必要的话，那么越说得多，意思就越不明白。这里的关键在于很好地组织观点和材料，把每一段冗句、每一个冗字都去掉，忍痛割爱，这样文章就会精练，使人看后会有清楚的印象。当然，所谓精练，是相对于所要表达的内容来说的。单纯地计算文章的字数，并不能判断是不是精练。如果空空洞洞，即使几百字的短文章，也仍然是不精练。现在大家都很忙，把要说的事情简单、明了、准确地说出来，让大家不要花很多时间就能看完，这是最好不过了。拖拖拉拉的长篇大论，实在没有那么多的时间来看，结果是无人看，或者看一半就丢下了。至于有内容的大著作，如马克思的《资本论》，虽然很长，也是值得看的。

（三）关于生动性

写文件要生动，不生动人家不愿看。

第一，要使文件生动，就必须在抽象的论述中加些不抽象的东西。我们写的文件、报告，本来是比较抽象的东西，讲的道理、列举的数字都是抽象的，可以穿插一些具体人和具体单位，这样文章就不那么沉闷。典型选得好，一穿插就很生动。前面讲到了"夹叙夹议"，"叙"不仅仅是材料，还要有活的人、活的事、活的话，这样就显得生动。

第二，要使文件生动，还必须使整个文件富于波澜曲折。

文件是要解决问题的，而问题就是矛盾，把矛盾展开来，说了这一面，又说那一面，讲了正面再讲反面，文章就有起伏变化了。

文章里面常见的设问句，就是自己给自己树立对立面，以便更充分地展开自己的论点。平铺直叙的文章不能充分反映事物的运动和矛盾，当然不容易引起读者的兴趣。所以，一个篇幅较长的文件，如果没有一点问号、感叹号，就显得枯燥一些，就不大生动。

第三，要使文件生动，还可引用几句古语，以增加一些色彩。古语的一个特点是发音美，句子的字数和音韵都有讲究，可以使读者得到鲜明的印象。当然，运用古语是有条件的，必须使具有一般文化水平的人能懂得，而不是引用那些生僻难懂的词句，也不是生搬硬凑，滥用一通，变成所谓半文半白的体裁。

此外，句子短些，段节短些，文章也会显得生动活泼。

三、写好文件还须注意的其他几个问题

1. 认真学习中央的重要文件、领导同志的重要讲话，如中央关于农村工作的"一号文件"、政府工作报告等，深刻领会和掌握其精神实质，以提高自己的思想政策水平。

2. 围绕本部门、本单位当前的中心工作，搜集和积累材料，并加以科学的分析和综合的研究，为起草文件、报告做好准备。

3. 努力做到"题常意欲新，意常语欲新"，以增强文件的吸引力，强化宣传效果。

4.文件的字句应力求简洁，但不得违背文法。同时，标点一定要正确，否则，将影响文句的意义。因此，要学点文法，讲究标点符号使用法。

5.尽量少用行话、难懂的话，如职工工资"翘尾巴"，等等。特别是提请人代会审议的报告，一定要注意这个问题。非用不可时，要加以必要的解释。至于空话、套话，则更应竭力避免。

6.学点古文，学点现代文学作品，以丰富我们的词汇、语汇。读这些书也不必太认真，在有空的时候随便翻翻，日积月累，头脑就会慢慢充实起来，写的文件也就不会干巴巴的了。

7.反对粗制滥造，反对粗心大意。文件写好后，要翻来覆去地推敲。"至少看两遍，竭力将可有可无的字，句，段删去，毫不可惜。"最后看看字句对不对，数字对不对，方求不出差错。这是我们对工作负责、对人民负责所应有的态度。

8.自己起草的文件，应当欢迎别的同志帮助修改，还要注意领导上是怎么修改的。如果交卷了就万事大吉，把稿件向卷宗里一塞，不加以自我总结，下次起草仍然"从零开始"，那么，要使自己的写作水平不断有所提高，是难以想象的。

鲁迅先生有两句诗："我有一言应记取，文章得失不由天。"可见他是强调写文章要下功夫，是不赖天赋的。只要持之以恒，如果能够用五年或者更长一些时间，经过努力，多看多写，总是可以取得成效的。

（选自《计划工作动态》，1986 年第 9 期）

怎样写好文件

胡乔木

中央要我来讲一下写文件里面的一些问题，怎样能够实现毛主席在《工作方法六十条》里面提出的要求。先声明我讲不好，只是提些意见，作为参考资料。写文件和做工作差不多，叫个人来谈怎样把工作做好，也是很难的一件事。文章怎么叫好，怎么叫不好，里面道理很多，我知道得有限。如何使文章按中央的要求能够让人看下去，我想谈四个问题：

1. 对这个问题的看法、认识。

2. 准确性、鲜明性、生动性的问题。

3. 看条件：什么样文章，给什么人看，要求不同。

4. 怎么办？用什么方法，可以比较快地达到目的。

现在分别谈一下：

一、对这个问题的看法：《工作方法六十条》中除三十七条专门讲这个问题外，还有三十二条、三十三条、三十六条、四十二条、四十三条、四十七条也讲到了这个问题。三十二条是说"开会的方法，应当是材料和观点的统一，把材料和观点割断，讲材料的时候没有观点，讲观点的时候没有材料，材料和观点互不联系，这是很坏的方法。只提出一大堆材料，不提出自己的观点，不说明赞成什么反对什么，这种方法更坏"。三十三条是说"要彼此有共同的语言，必须先有必要的共同的情报知识"。三十六条是说概念、判断的形成过程，推理的方法，就是调查和研究的过程。四十二条、四十三条是说学点文学、文法和逻辑。四十七条是说要培养"秀才"，"这些人要较多地懂得马克思主义，又有一定的文化水平、科学知识，词章修养"。这说明中央对这个问题是重视的。为什么要重视这个问题？应该从政治上来看，各部门特别是做经济工作的人，都要依靠党、依靠群众。各部门工作条件不一样，各部门对自己的业务比较熟悉，党和群众对这些就不那么熟悉。可是工作要依靠党、依靠群众，这就要向党和群众作宣传，使他了解，不了解就不能依靠，所以工作中要有文件、报告。要达到宣传的目的，就要讲究方法，使对方能够懂，要合乎三个要求：

一要引人看，要有好的介绍方法，要有吸引人的力量。毛主席常讲，文章的题目和头几句话很重要，首先头几句就给人家的印象不好，人家就不愿意看。不仅开头引人看，还要人家能够一口气看到底。

二要使人看得懂，人家看不懂或不完全懂，就看不下去，看下去了也难得动员他。似懂非懂，目的就达不到。

三要能说服人、打动人。如果看完了、看懂了，说服不了人，还是达不到目的。

道理是很明显的。当我们写文章的时候，总是以为自己的道理是对的，要使人家相信，要说服党和人民群众。我们不是要正确处理人民内部矛盾吗？正确处理人民内部矛盾，要采取说服的方法，而不能用强制的、压服的方法，写文件也是正确处理人民内部矛盾，我懂你不懂，就有了矛盾，就要处理，就要用道理说服人，不但说服人，还要能打动人，说服着重在理智方面，打动人除了理智方面还带有一点感情，使看的人真正被你动员起来。

文章如果不合乎上面三点要求，写了人家不看，不能说服人，打动人，文章就等于没有写，就达不到依靠党和群众的目的。我们做工作希望得到党委的同意和支持，但文章党委没有看，或者看了没有懂，党委就不能了解和赞助，群众就动员不起来，这样政府各部门的工作就会陷于孤立的状态。孤立无援，得不到党和群众的支持，就会犯错误，即使工作方针意见是正确的，也会犯错误，因为你脱离了党和群众。写文章一定要讲究方法，才能达到政治的目的。为了使党和群众了解、支持我们的工作，为了动员群众，这是个政治问题。这个问题不是主席这次的《六十条》才提出的，很早以前就再三提出过。例如毛主席一九四二年二月写的《反对党八股》，就深刻地论述过这个问题。这篇文章离现在已有十六年了。一九五一年二月，中央曾发出《关于纠正电报、报告、指示、决定等文字缺点的指示》。这个文件也是经毛主席修改定稿的。以后在《中国农村的社会主义高潮》一书的按语中又几次提到如何写好文章的问题。马克思主义看重这个问题是合理的。我们写的文章关系到国计民生，关系到让党早下决心，做出判断，做出决定，发动群众，使群众懂得各方面的利害，按照党的要求积极地去做。为要达到这些目的，就要认真注意，把文章写得好一些，这是一个政治问题，是中央一再强调的，无论马、恩、列、斯，都很注意这个问题。

二、准确性、鲜明性、生动性的问题。《工作方法六十条》中提出了这个要求。这个问题恐怕讲不好，我现在只能说一下对这个问题部分的看法。

（一）准确性的问题：这个问题在《六十条》的三十七条已有了说明。"准确性属于概念、判断、推理问题，这些都是逻辑问题。现在许多文件的缺点是：第一，概念不明确；第二，判断不恰当；第三，使用概念和判断进行推理的时候又缺乏逻辑性；第四，不讲究词章。"概念、判断、推理是逻辑学上的三个名词。概念相当于词，判断相当于句，推理相当于两个以上的句子，如茶壶是个比较简单的概念，容易明了，容易准确，还有抽象的概念，如"多快好省"、"反冒进"就比较复杂，比较抽象。名词固然可作概念，形容词也可变为概念，转为名词，概念是客观存在的事物，"多快好省"是事物的状态，是客观存在的，概念是不是明确，要看我们说的话是否符合所代表的客观的东西，一句话可以代表好几个概念，代表的范围大小不同，这里指这个，那里指那个，完全不同或者部分不同。人的思想的基本的工具是概念，如基本建设离不了几样材料——概念就是基本的材料，无非是木材、钢材、水泥，一句话无非是概念组成的术语，肯定或否定，好或不好。"高速度"，究竟怎样才算高速度，是对什么东西说的，离开了一定的范围说高速度就不明确。

判断，有了几个概念就可以做判断，如茶壶需要大量生产，大量生产就是概念，这个概念，比较简单。再如每县搞发电厂，这就是个判断，县是抽象的，不一定代表哪个县，可以代表通县，也可以代表别的县，通县也还是个概念，搞发电厂也是个概念，要什么不要什么，什么对什么不对，这就是判断。判断对不对，就要看先后次序对不对，有没有条件，有没有可能。

推理就是从这一句话引导到那一句话，由第一句话引到第二句话，第一句与第二句之间的关系就是推理，有时两句话没有推理关系，但很多时候有推理关系，就譬如《六十条》中的三十七条所说的这一段话："现在许多文件的缺点是：第一，概念不明确；第二，判断不恰当；第三，使用概念和判断进行推理的时候又缺乏逻辑性；第四，不讲究词章。看这种文件是一场大灾难，耗费精力又少有所得。"这就是推理。紧接着又说："一定要改变这种不良的风气"。这也是推理，既然是大灾难，当然就要改变。下面是"做经济工作的同志在起草文件的时候，不但要注意准确性，还要注意鲜明性和生动性"。这也是推理，下面是"不要以为这只是语文教师的事情，大老爷用不着去管。重要的文件不要委托二把手、三把手写，要自己动手，或者合作起来做"。这也是推理，这里面有许多论证省略了，因为完全可以看懂。所以省略了。如要说得完全，大致是：既然这么重要，大老爷就用得着管，既然大老爷用得着管，无非是说二把手三把手不能完全解决问题，对问题不能完全熟悉，或者如果仅仅委托二把手三把手来搞，自己不来讲究这个问题，不来注意这个问题，自己的思想也就不能清楚……等等的意思。

关于准确性的问题，即概念、判断、推理的正确与否的问题。准确性包括两方面，一方面要看概念是不是明确，判断推理对不对，个别的简单的事情也有判断，看字句对不对，数目字是不是有错的，再来肯定或否定，或者是看推理对不对，这是形式逻辑里面讲的同一律、矛盾律、排中律、充足理由律的问题，我们出版了一批这样的书，有苏联人写的，也有中国人写的。比较薄的本子还不太难看，可以找来看看，看不懂也没有关系，看总比不看好。

还有一方面是比较大范围的事实的判断，涉及根本立场、方针、方法。涉及简单的问题是形式逻辑，涉及到复杂的问题，就涉及到马克思主义的理论，涉及到历史唯物论、辩证法、阶级立场、社会主义立场等等。因为《六十条》在这个地方讲准确性，比较着重谈写文件，所以没有着重谈事物的主流、支流，没有谈九个指头和一个指头的问题，没有着重谈对大量事物的本质如何分析，因为别的地方已经讲得很多了。

搞文件，首先要基本立场、观点、方法正确，如果基本立场、观点、方法不对。即使有个别的判断推理是正确的，也不能挽救这一篇文章，使其由错误的变成正确的。这是要注意的根本性的问题，方法首先要分析正面反面，挑出矛盾的主要方面，分析矛盾的两个主要的侧面，是根本的方法。至于每句话的判断、推理的关系，也是逻辑，属于形式逻辑。

总之，写文章首先要讲辩证法，同时还要讲形式逻辑，两样东西并用。

（二）关于鲜明性，可以从两方面来说：

1.观点和材料的统一。写文件与写小说剧本不同，鲜明性的要求不同，关键是观点要突出。写文章无论是对上、对下、对内、对外，都是为了宣传一个观点，观点是个判断，是推理来的，推理是从材料来的。所以，要鲜明首先要看观点和材料是否统一。如果观点和材料不统一，就像毛主席在《工作方法六十条》的第三十二条中说的："把材料和观点割断，讲材料的时候没有观点，讲观点的时候没有材料，材料和观点互不联系，这是很坏的方法。只提出一大堆材料，不提出自己的观点，不说明赞成什么反对什么，这种方法更坏。"写文章用材料是为了说明观点，文章写出来叫人家看不清楚，就是不鲜明，就是材料和观点没有联系好，每个观点应该接着有事实作证明，不能证明观点的事实就不要用。每个论点有论据，这是推理问题，从鲜明性来说，观点和论据要摆得合适。一个建筑要有材料，有结构，整个建筑还有设计。写文章和盖房子一样，要看如何布局、设计，是否经济、合理、实用。观点和材料隔绝了，就像工厂的车间和原料离得很远，甚至中间隔了一道墙一样。如果说有些文章材料、观点互不联系，也是冤枉，他自己可能以为材料和观点联系了，但是离得太远了，太啰唆了，或者不清楚，材料就不能说明观点，观点和材料，结论和论据要紧密结合起来。中国关于写文章有句老话："夹叙夹议"。议就是观点，叙就是材料。事实和观点要安排好，一段话要说明一个观点，要有相当的材料来证明这个观点，这段话就鲜明，看起来就干净。如果一段话只有很多观点，或者事实很多，没有观点，看了以后就迷失方向，不知道要做什么。所以，观点和材料的统一是首要的关键。

主席提出两个文件，一是少奇同志给中央的信，一是广西的报告。如少奇同志写给中央的信，为什么看起来很清楚，因为他提出的观点都有事实作证据，事实也是为了说明几个观点。一个是说红薯好吃，有事实。一个是说红薯是高产作物，对解决当前粮食问题大有帮助。现在有什么问题？河北省需要向外销的问题，这个问题不但是河北省的问题，是全国的问题，要向全国推广，难于调运和保存的说法是不正确的。这就是夹叙夹议，做到了观点和材料的统一。材料和观点要统一不难做到。只要有意识地注意就不难。人的观点不论正确的不正确的都是事实的反映。写文章无非是为了说明观点，要使人相信这个观点，就要讲些事实，不管这些事实讲得是否周到、全面、正确。一个观点正是从事实中来的，需要我们特别注意。所以说，材料和观点的统一不难做到。

2. 只做到材料和观点统一还不够，观点还要突出，不突出即不能鲜明。街上马路旁边有很多广告，我们首先看到的广告总是突出的，或者是因为它特别大，地位突出，或者因为它色彩鲜明，或者用的画引人注目，等等。一篇文章总的要求，要解决什么问题。毛主席常讲，一个政治家要善于打起旗帜。旗帜就是个纲领，要有鲜明的纲领。旗帜很高，面很大，色彩很鲜明，一下子把群众结合起来，例如我们常讲在马列主义旗帜下，在共产主义旗帜下，在和平旗帜下等。一篇文章有个基本观点，总的要求，它在文章中就要像一面旗帜一样，主要观点鲜明，提得突出。如果你的论点想拿出来，又不想拿出来，吞吞吐吐，文章就不会鲜明。

有总纲还要有目，纲是提起网来的那根总绳，网还有许多眼，有句成语，"纲举目张"。一篇文章要鲜明就要做到纲举目张。整篇文章、旗帜拿出来了，有大的论点还有小的论点，大小论点要互相联系，排列要醒目，这很要紧。哪些是纲，哪些是目，目与目之间的排列层次要清楚，条理要清晰。比如，一个大问题下面有三个小题目，为什么这个小题目摆在第一，那个摆在第二、第三，道理要很清楚。并且，段落要分明，我们现在常有的毛病是一段话写得太长，观点太多，看起来不清楚，即便清楚看起来也容易疲劳。一篇文章分为好多小段，这是节省看文件人的脑力的好办法。看完一段知道这是个小结，是一个观点，下面又是一个观点，帮助人在精神上有所准备。一段最好说一个思想，如果一两个小问题统一起来还只是一个思想也可以。一篇文章是个大的思想观点，每一段是个小的思想观点，要尽量避免把两个互不统一的观点放在一个段落里。并且段落与段落之间前后要能贯穿，这就像基本建设设计一样，有个布局，这个车间与那个车间，厂长办公室，道路的布局要很清楚。全篇文章的思想观点、大纲小目的关系准确，段落分明，前后能贯穿，这些都是帮助观点突出的办法。

我们提出问题，要有背景来证明观点，证明观点的事实材料也要有背景。不要脱离背景，要注意背景。黑字写在白纸上，白纸即是背景，能比较才可看得清楚，黑字写在黑纸上、白字写在白纸上就都看不清楚。事物都是互相联系的，要了解事物，必须从联系中去了解，从背景中去了解，孤立地提出一个论点，提出一个事实，看的人就不会了解。毛主席说，香花是和毒草对照的，真、善、美是和假、恶、丑对照的。我们提出一个指标，看一个工厂的生产怎样，没有背景，速度的快慢就看不清楚，背景就是把现在和过去、将来比较。只有将现在和过去、将来比较（纵的比较），这个部与那个部、这个省与那个省，中国和外国比较（横的比较），才能看出问题来，看出是落后还是先进，这就是提出了矛盾。任何事情都有这样一个问题，正面的意见要有反面的意见衬托，便于考虑有哪些反对意见，为什么是不正确的。有时我们写文章，话都说了，可是人家看不懂，为什么呢？常常就是因为没有背景，没有衬托，没有比较。观点要有背景，事实也要有背景，现在的表格比较注意了，有绝对数，还有相对数，还有百分比，就容易比较，看起来比较明白。表格搞起来比较容易，数目字大家也记不了那么多。写文章也应该像列表格一样，要有相当的背景，文章的背景当然不能像表格那样公式化、千篇一律，要看什么事，给什么背景。说明事实的重要，单是本身事实不能说明，要说这件事做了帮助了什么，不做妨碍了什么，这也是背景。从前，毛主席在延安讲话介绍了一种方法，叫古今中外法，当然不是什么都讲古今中外，有横的比较，有纵的比较，可以放在古今历史背景上看，放在中外世界背景上看，和古比不一定几千年前，和去年比也是古，和中外比不一定和外国比，这个部和那个部、这个厂和那个厂也是比较。除此，相关的、相反的方面联系起来讲，从纵的方面、横的方面比较，也可以使观点突出。

要把观点突出，要鲜明，除了要有布局、有背景外，还要有辩论。

毛主席在《反对党八股》的文章中讲了好多。提出一个问题，无非是赞成什么，反对什么，赞成要讲出充分的理由，对反对的意见要加以反驳，有个针锋相对的比较就容易鲜明。要反驳就要讲很多道理，道理要使人信服，理由要充足。还要有比较尖锐的形式，注意适当的尖锐形式和加强语气，这样可以使观点突出，如少奇同志给中央的信中说："我认为中央应当告诉粮食部，对这个问题在全国范围内作一个统一的安排。"前面讲红薯如何……如果没有辩论还不那么鲜明，下面就有辩论。"过去粮食部的同志说，红薯难于调运和保存，不能制面，这些意见是不正确或者不完全正确的"。这几句话里可看出有了辩论而且加强了语气。

为使观点突出，还要注意文字形式上的问题。一是标题。有的可以不要标题，向中央的报告，可以不要标题，因为不需要那么鼓动，只要把道理讲清楚就行了。向群众宣传、发表文章，标题就很重要。毛主席多次批评《人民日报》不讲究标题。任何文章都要讲究标题，好文章没有好标题不行，报纸上那么多文章，谁知哪篇好，当然要先看标题，标题好的就吸引住人、引起人的兴趣。有时一篇文章内容记不清了，但记得标题，《人民日报》有篇元旦社论，内容大家不一定记得了，但是都知道是"乘风破浪"。可见标题很重要。其次是导语，导语是报纸上用的，逻辑讲叫作论题，导语和论题都应放在文章的前面。叙述一件事情，讲个道理，要将要点放在前面，讲个道理要把结论放在前面，不是按照三段论式，大前提、小前提、结论，而是先结论，然后前提。叙述不是先怎样、后怎样、最后怎样，而是最后怎样，再事前怎样。当然写小说不能把结论放在前面，那样就没有人看了。我们大家都在工作，不同于看小说，大家都很忙，要解决问题。毛主席常讲一个故事，在北京有一位叫邵飘萍的记者，讲新闻学的导语，给他印象很深。如写一个某处失火的消息，说某天下午有个老太婆生火做饭不小心，街上出了事出去了，没当心，火花跑出来，过了一小时烧了起来，半小时后救火队来了，最后才知道损失了多少。如果没有导语这个新闻就要这样写，如果有导语，应当先说：哪天哪条街失了火，损失多大，烧了多少房子，死了多少人，这是人们最注意的，至于那个老太婆姓张、姓李，如何烧起来的等等，不是人们注意的，要寻根究底再往下看。《红楼梦》有一章回目是：《村姥姥信口开河，情哥哥寻根究底》。先要信口开河，也才好寻根究底。我们要把要点、结论放在前面，当然不是所有文章都适合这样，但大多数需要这样做，否则就不突出。先提出结论然后再围绕结论展开讨论，这就叫作醒目。可以叫作倒悬，就是叫人紧张。写文章要叫人紧张，结论放在前面，论据放在后面，这就是倒悬的姿势，就会引人注意。写文章要把结果放在最前面，把压轴戏放在前面，不像写小说，也不像演戏，我们是办事情，要开门见山。还有，末了的结论还要收得好。总之，标题、文章的开头，每一段的开头很重要。

（三）关于生动性。写小说容易生动，也可以写得不生动。写文件要生动，不生动人家不愿意看，但不能像普通文学作品那样办。要生动就是要在抽象的论述中加些不抽象的东西，可以增加生动性。纯粹抽象的，像算术题似的，一道道列下去，怎样也不会生动，因为全部是抽象的。我们讨论工作本来是比较抽象的东西，讲的道理、列举的数目字是抽象的，可以穿插一些具体人、具体单位、具体事实，这样文章就可以不那么沉闷。如报纸上发表的湖北省委《关于红安县委搞试验田的经验的报告》，也可以换另一种写法，光报告搞试验田，道理虽然也可以讲清楚，但不生动，湖北的报告中间加些具体的事情，就很生动了。乡里人到县里要见干部，干部开始说是"没有时间"，等到"有时间"，又说，"下班了"。以后城里干部下乡，乡里人也说，"没有时间"。等了一会，他也说，"我下班了"！引了这么件事就大为生动。还提到干部穿着鞋袜，在田岸上"检查生产"，社员骂了他一顿，说"摇摇摆摆像个相公，莫把田埂子踩塌了"！单这句话还不够，又问："你骂谁？"社员说："我骂你！"然后再加上县委副书记说："骂得对！"有这样的对话，印象就很深刻。这是典型环境中的典型性格。人物选得好，话也很生动。典型选得好，一穿插就很生动。单讲道理，报告就减色，动员时作用也就没有这么大。加些具体事实，并且要具体到形象化的程度。广西省委一月给中央的报告，中央的批语写道："广西省委这个报告写得很好，情况交代得清楚，道理说得明白而正确，文字生动而简练，使人看了还想再看。望各地各部门学习用这样的方法来写经验总结报告。"这个批语是少奇同志写的，送主席，主席又加了一句："我们希望有成百万的干部看到这篇好文章。"为什么这是篇好文章，看了还想再看？

就是他引了很多农民和干部的话，而且引的这些话很生动。如果去掉这些话就不会那么生动。

文章尽管是讨论工作，但应该有感情，提倡什么、促进什么要有感情，反对什么，也要有感情，当然不是专门发挥感情，感情用事，但显不出一点感情来也不好。中央对湖北省委《关于红安县搞试验田的报告的指示》，原来拟的稿子只是一般的写了一下，说这个报告很好，发给各地参照等，受到主席尖锐的批评，说是党八股，没有一点感情，是官样文章，不痛不痒。如果一篇文章较长，没有点问号和感叹号，就会枯燥一些，感情的变化就不大，就不大生动。最后，文字上要讲究些修辞，话要通俗，难懂的话要少用，非用不可时要加以解释。

文章要有些情绪，如正面反面对照，引用两句古话，增加些色彩，格式有些变化，要有些曲折、波澜。让文章生动只有这些方法不够，但注意了这些，就比较会使文章写得生动一些。

三、关于条件。刚才所说的这些，不见得正确，也不是什么都可以这样办，还要看对象。对象分两方面，一是给什么人看，二是写什么题目。还要看时间、地点和条件。有个例子，在南宁会议的时候，王鹤寿同志写了发展钢铁工业的材料，然后十八个部门同样写了发展计划，有表格、数字、说明，鹤寿同志写的比其他部门不见得更生动、鲜明，差不多，就是因为对象不同，条件不同。钢铁工业中央很注意，早就酝酿，已谈过多次，对这个问题相当熟悉。细节中央已经知道了，只是全貌还不大了解，鹤寿同志的文件有全貌，有背景，有同外国比较，有大、中、小比较就够了。其他题目，过去中央没有怎么讨论和研究，因此，从一个表上的确不易看懂。这里同时也说明一般看表格是比较困难的，写报告要多用些文字，少用些表格。有的报告的内容不可能有那么多的形象，如第二个五年计划中，铁路怎么发展，要搞那么多形象化就不好办，不是长篇报告，引具体人，讲什么话也困难，所以不是什么都可以写得像湖北、广西的报告那样。但如何叫人看起来有兴趣，能够看完、看懂，方法还是可以捉摸的。文章写得长，写得短，写得详细，写得简单，要加解释，不要加解释。要看人家了解的程度，什么文字要多加工，什么可以少加工，要看对象。如人代大会上的报告一般要少用难懂的话，人家提出来还得解释。从前有一句诗写杨贵妃的姐姐"虢国夫人"是"淡扫娥眉朝至尊"。因为唐明皇很宠幸她，他们常来常往，就可以这样。什么可以"淡扫娥眉"，什么要多做梳妆打扮，要看对象。我们写东西是为了给人看，给什么人看，要使人看下去，应该捉摸一下，要因人、因事、因地制宜。文章的话是对群众讲的，对这部分群众还是对那部分群众，是给干部讲的，是给中央写的，文章应该不同。

　　四、怎么办? 中央对各部写文件提出了许多要求，今后应当如何改进? 我看也要全面规划，加强领导。《六十条》提出要培养秀才，要搞个计划，定下人来，定下时间。计划看些什么东西，加以讨论。把过去写的文件，哪些是好的，哪些是坏的，讨论一下，党组书记主持开会不能多;但可开几次，全面规划，几次检查，年终评比。找几个人成立个小组，订个计划，一年讨论几次，中央经常提出一些写得好的文章，也批评一些写得坏的文章，自己写过的文件也可拿来讨论、比较，研究典型。《六十条》提出抓两头带中间，这是马克思主义的工作方法。好的典型很多，毛主席写了很多文章、电报可以作为我们学习的典型。我们抓住写得好的和不好的两头，就可以带动中间。主要讨论两种典型。也可以参考一些书。《工作方法六十条》中已提出，学点文学，学点文法和逻辑。有些文法和逻辑书，能认真看最好，如果没有兴趣，也的确比较枯燥，看不太懂，浏览一下也可以，看一遍有个印象也有好处。还是以讨论两种典型为主，参考书为辅，组织个小组，一年认真讨论几次。大家都写文章，部长写，司局长也写，可以分开几个组，也可以有大组小组，如果一年能检查四次，我看大有希望，世界不是不可知的，客观世界是可以认识的，是可以改变的，写文章是客观实践的过程，它的内在规律是可以掌握的。至于是否能运用自如，那是另外的问题。只要加强领导、订出规划，中央对我们的要求是可以实现的。

（选自《胡乔木谈语言文字》，人民出版社 2015 年第 2 版）

怎样写报告

郭小川

把这个题目出了出来，叫有些同志一看，也许就马上回答说：那还不容易！怎样做的就怎样写呗！

好，怎样做就怎样写。这句话对不对呢？在下面的意义上是对的，这就是：要忠实地反映情况，不做假报告，不故意夸张，也不故意缩小；有则有之，无则无之；"知之为知之，不知为不知"这种老实态度，确乎是向上级写报告的前提。我们知道，有些报告，就实在缺乏这种态度。有时因为事情做错了，怕上级批评，就故意在写报告时把它隐瞒过去，或者轻描淡写地提上一提；有时为了哗众取宠，就故意在写报告时，夸大成绩，炫耀自己的功劳，这就叫"报喜不报忧"。对于写这种报告的人，我们要提醒他：你怎样做就怎样写，这才是实事求是的老实态度。

但是，这种老实态度，还不能解决写报告的全部问题，而"怎样做的就怎样写"的办法，也并不是完全的写报告的方法。因为，在这种认识下写很容易产生两种情况：一种是企图把某一地区或某一单位在一定时间内的每件大大小小的事情，都不厌其烦地写个风雨不透，什么王同志在某某地方开了一个什么会，讲了些什么什么话；老李又在某某地方找了某某人谈了些什么……，细微末节，鸡毛蒜皮，来一个"一锅端"。另一种便是把各种情况都写上一些，却没有一件能够交代清楚，说个透彻，甲乙丙丁，样样俱全，笼笼统统，报告中充满"大概""估计""一般地说""基本上"等字样，像记流水账似的，某天开了一个会……，但会议是一个什么性质的会议，解决了什么问题，发现了什么问题，也说不明白；斗争是个什么斗争，是群众性的，还是包办的，是自发的，还是有领导的，斗争的实际结果怎样，也是糊糊涂涂。总之，不管写长写短，详细的也好，简短的也好，形式尽管不同，内容一样的贫乏，表面上似乎很全面，实际却是片面的。俗话说得好："样样通，样样松。"什么都写，结果是一堆杂乱模糊的现象，反映不出事物的本质，看不出工作情况的关键和中心，找不到问题的正面和反面，看不出领导上的中心指导思想，那么这一类报告的用处，就实在大可怀疑的了。可惜这类报告，在今天还是一种很流行的写法。据我所了解，这种写法多半是"怎样做的就怎样写"的认识下面形成的。

怎样才是一个完全的报告呢？我认为，首先应该把写报告的目的性弄清楚。报告虽然有多种多样，有的专门报告一个工作，一个问题，有的是综合报告，有的是侧重经验总结，有的侧重提出问题，等等，但目的性则只有一个，就是叫上级能够了解你那里真实的、本质的工作情况（包括前进的一面和落后的一面），便于指导工作。问题也就在这里，怎样才能写出真实的、本质的工作情况呢？这就要经过分析；就要把你那里所做的工作及其根据的各种情况，加以条理化，加以总结；就要从一个堆得杂乱现象中，找出它的规律性，抓住具有普遍性和本质性的事物；就是说，把你怎样做的及所根据的各种情况，加以分析综合，然后用笔把它表达出来，这就是一个完整的报告。

　　既然如此，在写报告的时候，第一，就要主动地抛弃那些与全面工作无关的琐屑细节（我们并不是一般地反对叙述琐屑细节），把力量集中在说明那些重要的问题上面，就是说，有轻有重，不是平均使用力量。在说明那些重要问题时，应该力求详尽明确，一般地说，重要的需要多一些分量，次要的问题可以少写一些，而另外有些问题带上一笔就够了，有些就根本不用提，也不算毛病。要区别哪些是关键问题，哪些是次要的事情，哪些是微不足道的细节，就要有分析，就要把所有的工作情况加以比较、研究，做一连贯的思索。把这步工作做到了，还应当考虑到，你写的报告是给谁看的？就是说，对象是谁？你应该替看你报告的上级设身处地想一想，究竟怎样写才能使他正确地、完整地了解你那里工作的基本情况和关键问题。假定你代表区委写报告，你就该照顾到：你区和别区有什么不同的特点，哪些问题是县委平常所了解的，哪些是县委所生疏的，上次报告与这次报告之间有什么变化和发展，把这些都照顾到，你又可以省去很多笔墨。我们一般的是主张报告写得简练些才好，但如果没有一个对头的方法，所谓"简练"的报告，往往成为空洞的流水账。

　　第二，要想把一个报告写得明白清晰，就必须写过程，即事物的两个矛盾侧面的互相消长的过程，因为一切事物总有它的内在的矛盾的，矛盾的互相消长，乃是事物发展的必然，也是事物发展的原动力。比方，清剿土匪就有两方，一方是我方，一方是匪方，我剿灭了匪，就是矛盾的斗争，斗争的结果，土匪被剿灭了，便使我们的工作前进一步。那么在写剿匪的时候，就应当写这一斗争的过程，比方说，土匪用什么阴谋诡计，企图打击或逃避我们的清剿？如何欺骗群众？我们又采取何种步骤与策略略加以追剿？如何发动群众？这样做了之后，我们如何取得了胜利，土匪的内部起了什么变化，我们的内部、部队和群众又起了些什么变化，两方面又有了什么新的变化？土匪在这一招失败之后，又如何变换花样来对付我们？我们又采取何种方法打破这一新的阴谋？这样不断地斗争发展，现在的结果又如何？目前还有些困难，准备去如何克服？等等。报告剿匪是如此，报告其他如反恶霸的斗争、征粮、治水，也无不如此。很明显，这种报告，是生动活泼的，有血有肉的，叫上级看了之后，就可以很清楚地理解你们的做法是正确的还是错误的，或者基本上是正确的还有哪些缺点，上级对你的指示，就有所根据，就不致因为情况了解不足做出与你那里工作不相合的指示。这样写法，自然不排斥必要的数字，实际上，我们对于数字还常常不够重视，只要是可靠的数字而且又能说明你所报告的问题，这样的数字就不是与整个过程脱节的了。但现在我们有些报告，只有数字，没有过程，所以是死的数字，往往看不出问题之所在，这是应当改变的。

　　第三，无论写什么，都要写得具体，写得有证有据，不是平日发议论，总是"大概""基本上""一般地说"，当然这些字样不是不可以用的，在说明某些问题时，有些是非用不可的，但在有些问题上就是不能用的或者是应当力求少用的，如果对每件事情都这样用起来，就叫人只能看到一些笼统的概念，而无生动的内容。任何语言，都必须代表着生动的内容，做一个估计，必须有确实的根据。为了具体地说明问题，常常需要举出典型的例证，尽管报告性质的不同，我以为例证是不可少的，但例证最好选取那些最具有代表性，能够说明问题的，亦即最具有典型意义的生动事实，才能最恰当地表现问题。不过，除了专门报告某项具体情况的报告外，例证也不必太多，因为是为了说明问题，而不是为了举例而举例。以上，就是我们对写报告的主要看法。显然的，要做到这一切，就非经过分析不可。

也许有人说：既然如此，那不就成了总结了吗？难道一个报告就是一个总结吗？回答是肯定的，一个报告，就是一个总结，虽然不一定是一个工作任务完成之后所做的总结。也许是一段工作的总结，也许是一个问题的总结，也许是一个经验的总结，也许是一个情况的总结，一动手向上级做报告，那就是带有总结性。总结也并不神秘，做工作每天每时都应该总结的，所谓总结，就是分析情况，找出规律，处理工作的一种方法。这种方法的经常使用，就可以使工作不断提高。上级之所以规定请示报告制度，其目的之一也就在于使你经常能够考虑问题，不致在工作中迷失方向；另一方面并且可以得到上级的随时帮助。因为要定期向上级做报告，自然就逼着你在一定时期非将情况与工作加以全面思索与分析不可，或者不一定到了工作完成时候就非思索分析一番不可。经过一番全面考查，把考查的结果写下来就是总结。当然，在一般意义上，我们说"总结"，总是表示一件事情的结束，但从总结构成的过程上来看，一般的报告也都有总结的性质。

这样说起来，也许有的同志认为：对于报告的要求太高，与我们许多同志（尤其下层工作同志）的政治水平与文化水平不相吻合。是的，报告要做到好处，确乎并不容易，但这不妨指出一个努力方向，因为写好报告也还不只是为了使上级易于了解情况，而且对于写报告的同志来说，也是一个总结工作与总结经验的实习。有的同志说："报告写不好，是文化程度所限。"这话是不准确的，报告写不好，自然与文化程度有关系，因为总结工作就同文化程度有关系，但主要原因还不在此，主要还是总结经验与分析能力问题。我们知道，有的同志文化程度很低，识字不多，但做起报告来，却是头头是道，明确清晰，这就是因为他具备了分析总结的方法与知识，这是我们应该努力去学习的（当然文化知识的提高也很重要）。如果我们一时还写不好，那就慢慢学习，终有一天是可以学好的，不满足于现状，而要不断向前，这就是我们的主要意思。

（选自《工作方法研究》，中南新华书店1950年版）

做好机关文字工作的几点体会

涂元季

文字水平是秘书（或参谋）的一个基本素质要求，也是衡量秘书工作的一个标准。不管你是生活在 21 世纪，还是将来到了 22 世纪，只要是做秘书（或参谋）工作，都有一个文字水平的要求。将来也许不再用笔，而是用键盘；文章的载体也许不是纸张，而是软盘或光盘。但你总得把大脑中的思维，用文字表达出来。如果你是首长秘书，常常要帮助首长起草文件或报告，你就得把首长大脑中所思考的问题用文字表达出来。而且，在这种情况下，还要表达得好，表达得首长满意。所以，文字水平可以说是一个永恒的要求。下面我结合自己的体会，谈几个这方面的问题。

（一）关于文章的鲜明性、准确性和生动性。鲜明性是指观点要明确。我们写文章、写简报，或者写请示、写汇报，首先要求观点明确。如果你是向上级写一个请示，或者写一个汇报，你要分析清楚在你汇报的问题上，上级关心的是什么，你得紧紧地围绕他所关心的问题写，而不能想当然。因此，在"鲜明性"问题上也需要煞费苦心，细心推敲才能做好。

准确性，是写文件的一大要素。不管你是写请示、写汇报、写动态、写简报，还是写文章、写报告，情况要反映得准确，观点要提炼得准确，例子要恰如其分。总之，就是要实事求是，非常准确，既不能夸大，也不能缩小。这和写文学作品完全是两码事。文学作品可以夸张，可以想象，但写文件不行。所以写文件一般不用华丽的辞藻，而讲究文字的朴实。但这并不是说写文件可以不注重修辞。正好相反，为了准确性，你必须注意修辞，注意用词的准确。所以写文件的人，也得词汇丰富，在丰富的"词汇库"中，搜寻出能最准确表达你的意思的词汇。要不然就往往词不达意。所谓词不达意者，即失去了准确性。

生动性是写文章的更高要求了，特别是写汇报、写情况反映，或写简报，最好有点生动事例，使报告有可读性。例子一定要非常恰当，切忌牵强附会。不恰当的例子不仅不会给文章增色，其效果甚至适得其反。有时为了说明问题，也可以打个比方。钱学森同志在讲智能机对人类社会的影响时，打了一个比方，说没有一点智能的计算机对今天的人类社会都产生了这么重大的影响，如果我们让计算机再具有一点智能的话，其影响便可想而知了。可见，一个恰当的比喻，往往胜过千言万语，将你要表达的意思蕴含在不言之中，令人回味无穷。因此，一份好的总结、好的汇报，决不只是枯燥无味的数字，陈词滥调的"八股"，而应该是观点明确、文字流畅、语言生动、文风朴实的好文章。这样的文章当然是有可读性的。毛主席说，好文章能帮助消化，那自然是百读不厌的。当然，不好的文章就可能使人倒胃口。

（二）关于逻辑性问题。写文章是表达思维的，思维就要讲究逻辑，而不能是一团乱麻。起草文件，尤其要注意条理清晰，逻辑性强。一条一条地论述，条条紧扣，最后自然就形成结论。所以先写什么，后写什么，这是很有讲究的，要符合人的思维逻辑。

有了明确的目标，你再看看自己手头有些什么素材，把素材分分类，同一类素材放在一个段落里，说明一个问题。各段之间有什么关系？谁是前因？谁是后果？理顺了它们之间的关系，就可以把段落排排队，到这时，各段的先后次序就基本上形成了，你可以按此拟一个提纲。这个提纲是否可行？你得再看看各个段落的意思与文章主题的关系，谁者疏，谁者密，据此检查你的排序是否恰当。如果这些工作都做好了，整个文章的逻辑性也就出来了，便可以按提纲做文章了。

但是，文章的逻辑性是通过文字表达出来的。一般来说，前后文字要有呼应。或者说，前面设下伏笔，后面画龙点睛。段与段之间要有衔接，前一段的结尾要为后一段的开头做好准备，做好铺垫；而后一段的开头要能承上启下。这样整个文章就是一个有机整体了。这种联系的灵魂是什么？就是文章的逻辑性。所以逻辑性并不是说在嘴上，写在纸上的，而是蕴含在文章内容之中的。

（三）写文件要开门见山，一开始就点出主题，说明你要汇报的事项，或请示的问题是什么。开门见山，这是写文件和写别的文章的一个很大的区别。写别的文章可以是直叙，也可以是倒叙，那要看你的需要和表现手法。写侦探小说绝不能把结论写在前面，这是大家都知道的。但写文件一定要开门见山，吹糠见米。当然，开门见山也不能太生硬，如果你能"开"得巧，"开"得艺术，那就更好了。

（四）文字要精练，也有说要简练的，但简而不精也不行。毛主席说长而不精的文章是王大娘的裹脚布，又臭又长，难道短而不精就好吗？自然短而不精也不好。短而实在，短而精彩的文章最受欢迎，《论语》《孙子兵法》等也只有几千字，却流传千古。所以，文件也好，报告也罢，首先是要尽量短。各级领导都很忙，没有工夫读长篇大论，特别是长而不精的文章。因此，只要我们一动笔，就要注意文字的精练，可说可不说的话就别写，众所周知的理就别讲。话不在多，而在精。只要把意思讲清楚了，宁肯少一个字，而不要多一个字。一个字一个字地斟酌，把可要可不要的字统统去掉。

要做到文字的精练，你还必须吃透自己要写的问题。所以动笔之前，最好要进行一番调查和分析研究工作，在我们这样的高层机关，一个型号或一个技术问题，往往会涉及到许多方面，信息量一般是很大的。这就需要从大量的信息中，理出头绪，来一个去粗取精，去伪存真，然后抓住核心问题进行阐述，文章自然就精练了。

（五）文字要通顺，不能有病句，这是最起码的要求，也是最容易出的毛病。什么是病句？一个正确的、完整的句子，应该有主、谓、宾或主、表、宾。我们讲话，句子可以不完整，能听明白就行。但写成文字，特别是文件、报告等正式行文，一般都是很严肃的，句子都要很完整，不然会引起歧义，读者可以这样理解，也可以那样理解。这对写文件来说，是不允许的。

　　我这么说，并不是说文章中每个句子都一定要有主、谓、宾。如果每个句子都是主、谓、宾堆砌起来，整个文章就会显得很啰唆。为了文字的精练，在行文时，省掉句子中的某个成分是允许的。这当然也包括省略句子的附加成分，如修饰词等。但这种省略一定要是合理的，读者从上下文看，是明明白白的，不会产生误解，不会产生歧义。这种省略不仅是允许的，而且是必要的。不省略，文章反而显得累赘。可不可以省，判断的标准是灵活的。办法是文章写好以后，自己多读几遍，看看哪儿不通，哪儿累赘，哪儿缺什么，或哪儿多什么。多改几遍，总会越改越好，越改越精。做到毛主席说的短而精，而不是长而赘，也不是短而不精。所以，写一篇好文章要千锤百炼，可不是件轻而易举的事。

　　（六）措辞不要重复，甚至连用字都尽可能不要重复。一个词或一个字接连重复用，读起来显得累赘。在这种情况下，你要设法换一个词或字，但意思不能走样。在我们这个领域常常形容一个东西，用"体积大，重量重"。这个"重量重"并不属于文字不通的问题，但读起来就有点绕口，也很不雅。每遇这种情况，往往令人头痛。你得设法避开两个"重"字，能不能用"庞大而又笨重"？这要看具体情况。我最近写文章，说到一个化学反应器具有"体积小，反应快，冷却快，因而效率高等特点"。这两个"快"字也靠得太近，显得重复。后来改成"反应快，冷却迅速"，一个意思，但读起来就顺口了。这样的文字表达其实很简单，并没有刻意地修饰。但如果在整篇文章中，这种小问题你都注意到了，那么整个文章读起来就可以达到文字流畅的效果。所以写文章是件细致工作，有人形容像"绣花"一样，不起眼的小问题都要注意，不然就可能是败笔。

（七）在一般情况下，最好不要文言和口语夹杂。提倡写白话文是五四运动的口号，有近百年了。写文件当然要用通俗规范的现代汉语。但有些"之乎者也"的文言已经口语化了，人人都看得懂，且文字显得精练，用一点也未尝不可。"总之"就是一个文言，但谁都明白其含义。这里的"其"其实也是一个文言字。所以我们不能绝对摆脱文言，但不能用生僻难懂的文言，更不要为了显示自己的"文学水平"，生搬硬套地用上几句文言或成语。用就要用得恰到好处。

最后，我要强调说明的是，语文不同于数学，一些语法规则也不像数学定律那么严密。所以，本文所说的，只是个人的一得之见，仅供大家参考。

（选自《秘书工作》，2000 年第 7 期）

应用文写作

蒋仲仁

我们说的应用文，是指一般人常常要写的日常应用的文章，如日记、书信、总结、调查报告、各种公文之类。它是日常应用的普通文章，用来适应工作上、生活上的某种需要，说它"普通"是指有别于文学作品和科学论文；内容大都带有具体的业务、事务的性质，否则一般不称作应用文，例如外出旅游，写封信给人，拜托他帮助安排食宿交通，这是应用文，写封信给人，描述旅游中所见山川风物，像写游记那样，那就属于文学作品了；形式大都具有一定的习见的格式，格式不是徒具形式，而是出于事实的需要，如书信这种应用文，要求开头有称呼，有问候的话，末了有致敬或祝愿的话，有署名，有年月日，都是事实的需要，从需要产生格式，应用文要求合于习见的格式；语言上要求"得体"，要求选用适宜某种应用文的词语，有些还是惯用的词语，写出来适合那种应用文使用的场合。

应用文也是"文"，也是文章的一种，对文章的一些原则的要求，也应当要求于应用文。

文章是客观事物的反映，要求反映得真实，反映得正确。

真实就是讲真话，不讲假话；讲实话，不讲空话。正确就是对客观事物，用正确的观点去认识它，从它本来的性状引出正确的判断。可以说，真实地反映是"实事"，正确地反映是"求是"。文章要"实事求是"。

应用文写作，实事求是太重要了。如果说，一般文章，有的只是发表点儿议论，提点儿意见，爱看不看，读者自便；那么，应用文就不同，是为了某个具体的目的而写的，要求对方看，看了做出反应，要求"解决问题"。不真实，不正确，就达不到目的，也许还要误事。

写封信向对方提出某个请求，请求的是什么，希望对方做的是什么，根据什么样的需要提出这个请求，从什么样的条件估计这个请求的可能，都要实事求是写清楚。对方接信之后，才好认真考虑，做出负责的回答。如果需要并不那么迫切，夸大了，要求不该那么高，过分了，对方轻信所说的来做反应，岂不成了欺骗？即使是一封问候的信，也应该写真诚的话，不应该写敷衍的话。

调查报告一类的应用文，真实和正确更是第一位的要求。一篇调查报告写得好不好，评判的标准首先是所得材料是否真实，所下判断和所提处理意见是否正确，来不得主观主义。有的调查报告，从主观的"假设"出发，先订下框框，然后下去调查，找材料来"作证"。选调查点，选那些同"假设"近似的地方；开调查会，对与会者的发言，朝着合乎"假设"的方向引；用材料，用数字，对照着"假设"，合则留，不合则去。据此写成报告，送上去，也许得到赞许：写得不错嘛！这个问题，早就说过，凭这些材料不是证实了吗？调查，本来为的避免主观主义，这样的调查，反而助长了主观主义。我们的工作吃这类调查报告的亏可不少！

总结一类应用文也是这样。某项工作已经结束，或者某一阶段已经结束，应该加以总结，吸取经验教训，改进此后工作。这样的总结要求：摆出来的事实有根有据；是成绩就是成绩，是缺点、错误就是缺点、错误；成绩、缺点、错误是三分就是三分，是七分就是七分；导致这些的因素，属于客观条件的，属于主观努力的，是什么就是什么；然后归纳成几条主要的经验教训，由此提出今后的改进意见。这样的总结是"做"得好，不光是"写"得好。而要总结做得好，根本还在思想水平、工作态度和方法，逻辑的头脑和对某项工作的全面的透彻的了解。

应用文写作，同一般文章的写作一样，有两个基本的技巧，一个是记叙的技巧，一个是论说的技巧。前者是由外而内的摄取，能把所见所闻用语言记下来；后者是由内而外的抒发，能把所思所感用语言写出来。记叙和论说是写作的两个基本功。

应用文写作有个格式问题

各体应用文的格式要求合乎习惯，格式就是某种习惯的写法。格式来源于事实的需要。某种需要用什么样的表示方法，用久了就成为格式。某种需要不再存在了，某种格式就会消失；有了新的需要就会产生新的格式。格式不是一成不变的。

无论哪一体应用文总有个接受者，写给谁。这就成了格式之一。例如书信通知一类应用文，一定要写接受的单位和个人，这就是一种格式。要写明接受者的名称，如"某某单位"，或者接受者的姓名和称呼，如"某某同志"；有的有称呼无姓名，如"爸爸""姥姥"；公函称姓又称名，私信只称名不称姓（单名不只称名，还要称姓，如"刘钢同志"，不能只称"钢同志"）；姓名称呼之前有的还有形容词语，如"尊敬的某某同志""亲爱的妈妈"。有的，接受者不止一个，如"某某同志并转某某同志""某老师和班上的同学们"，公文的接受者很多，多也要列全，不可遗漏。有的文件，"主送"单位之外，还有"抄送"单位，同那个文件有关的单位。

无论哪一种应用文总有一个发出者，谁写的。这也成为格式之一。发出者要署名。署名署单位名称，署姓和名，关系亲近的只署"名"。署名之下，公文书还要加盖印章。署名之上有的加称谓，如"学生""女儿"；有的还要加形容词语，如"您的忠实的朋友"——那就带有"洋味"，一般少用。

应用文要写明发出日期，最好年、月、日都写全，紧急电报还要注明发出时间。有人有时疏忽，写信给人，约定明日上午相见，可是没写发信日期，不知"明日"是哪一天的明日。有的重要的应用文，没有写"年"，不得不让后人为此做许多考证。

书信的末尾，在署名之前，大都有致敬的话，如"此致敬礼"，或者祝愿的话，如"敬祝健康""此请暑安"。敬礼才用"致"，"致"是给予的意思，不能说"此致健康""此致暑安"，有的人常常这样错用。"此致布礼"，是指致以布尔什维克的敬礼，用在共产党员之间。这一类致敬，祝愿的话，有的书信都不写，就像平时晤面谈话那样，谈完了，"再见"，或者"握手""紧紧握手"，信上也这样写。

书信的开头，在称呼之后，有的有问候的话，如"好久不见了，常常惦着你，身体可好？"这样问候的话，公函里没有，私信里有，也不一定用。

有的公函，如通知一类，有时把接受者写在后边。通知的主体写完了，写上"此致某某单位""此致某某同志"。

致敬和祝愿的话，习惯把"敬礼""布礼""健康""暑安"，还有"此致某某单位"的"某某单位"等，另一行顶格写。

有的应用文，不是接受和发出的关系。如合同、协议书等，是订定各方共同商定，以资信守，那就有另一种格式。先列合同、协议书名称，再列订立者的全名，并注"以下称甲方、乙方"，再列协议事项，各方权利义务，违约的罚则，合同、协议书生效和有效时间，共缮几份，各方各执几份，有的还有副本送有关单位。末尾是署名盖章，签订的年月日和地点。

有的书信，用亲昵的称呼，如"老张""小顺子"，有的还用特殊的称呼，如"日夜想念的小鸽子""爱管闲事的阿凡提"，那就不计入格式之内了。

总之，应用文的格式，不是徒具形式，而是出于事实的需要，既要合乎习惯，更要适应那一种应用文写作的目的，只要适应了，格式不格式也可以不管。比方，总结、调查报告一类应用文就没有什么一定的格式。

应用文的格式不是一成不变的。旧社会的一些陈旧落后的繁文缛节，现在已经摒弃了。

应用文越来越简易，接受者称呼之后，统统用一个冒号"："代替那些"尊鉴""左右"一类词语，末了只有署名就行，不必再"鞠躬""谨上"。

表格化是某些应用文简化的好办法，不用"写"，只用"填"。例如有的"申请书"，接受申请的单位把提出某种申请必须具备的条件列为表格，申请者只需逐项填明就得了。有些"通知"，附上复文，把要求回答的问题列上，被通知的人填好投邮，有的连邮资也不付。几乎所有单位都把"介绍信""证明信"印好，留下空白，以备填上所介绍的人和任务，填上所证明的事项。

不要把格式只看作形式，要了解格式出于什么需要。例如书信里的称呼是一种格式，可是在信封上这个称呼就有不同。信封上写的是给投递者看的。有人信封上写"某某伯父大人""某某表兄"，这就错了。邮递员怎么把收信人称为"伯父大人"，称为"表兄"呢？应该写成"某某同志"。又如信尾致敬或祝愿的话，有人看见前人写信用草书，也不问情由，通篇楷书之后，独把"此致"或连上"敬礼"写成草书，而且写得忒大，让人觉得不伦不类。有的人看见过去公文"画行"，署名是草书，自己写信署名也来个草书，让人看了，龙飞蛇舞，认不出来。这些都是对格式的误解。信封上写"某某启""某某缄"。"启"是拆开，"缄"是封口，明信片不能这样写，只写"收"和"寄"，因为明信片不用拆开和封口。——信封现在也简化、表格化，"收信人地址""收信人姓名""寄信人地址和姓名"都印好了的，填上就是，还印上"贴邮票处"。

应用文的语言，一些原则的要求同一般文章相同，还要特别注重：简明和得体，简明是言简而意明。

言简指语言简练。"词，达而已矣"，只要能表达意思就行，要把那些可有可无的词句删去。上文说过应用文的内容大都带有事务、业务的性质，尤其是公文，必须简练才能够节约处理时间，提高工作效率。我们反对文牍主义，固然是因为文牍主义纸上谈兵，徒托空言，不解决问题，同时，公文的语言上的冗繁芜杂，长篇大论，不得要领，也该算是文牍主义的病征之一。

应用文的语言，要求开门见山，一目了然，"现在有几件事通知你们：一、二、三……""关于某项工作，由于某种情况，有几点需要改进：一、二、三……"。要求纲举目张，条理清楚，先列纲目，让人一读就知道"是什么"，再加申说，让人知道"怎么样"和"为什么"，有的需要详细申说，可以搞成"附件"。要求一文一事，不宜一文数事，以便主管单位径直处理，而不必送各有关单位"会阅""会签"，复文还要"会稿"，往返周折，旷时废事。

简练不是一味求简，不是越简越好，而是言简之外还要意明。该说的还是要说，而且说明白。为了"简"，要求应无者无；为了"明"，还要要求应有者有。情况要讲清楚，道理要说透彻，意见和要求要提明确，这才有利于受文者据以做出反应。

简练并不是平板、干瘪，也要求生动。简练和生动并不矛盾。某些应用文要反映某种情况，虽然不宜描绘铺叙，也要做到着墨不多，使读者如目睹亲临。某些应用文要表达某种感情，如悼函唁电，一般都不是长篇大论，可是寥寥数语，情真意切，让人潸然泪下。这些都在平素勤于练习，练出了运用语言的功夫，用之于应用文写作。

应用文写作还有一个要求：得体

得体要注意两个方面，一是看对象，要"量体裁衣"；一是看场合，要"什么山上唱什么歌"，行文措辞都要合于同受文者的关系，合于那种应用文使用的场合。

请示报告应该显出对上级的尊重。"诚惶诚恐，死罪死罪"，固然不应该这样卑屈。可是，"是否有当，敬请指示"，这样写还是应该的；总不能说成"你有什么意见，赶快给我答复"。这个例子也许夸张了点儿，可是，这样不得体的应用文也不是没有。有个刊物的编者曾经收到这样的信，"送上近作一篇，务望于最近一期登出，如有不当的地方，你们给修改修改，我工作忙，无暇推敲了"。儿子向父亲要钱，打了个电报，"速汇三百元，勿误"。这是在下命令了，不能说"得体"。

写篇访问记，用报告文学的写法，"夜幕降临了，一钩新月从村西树林里冉冉上升，我们调查组几个同志来到了……"。这样写没有什么不可以，可是，写个调查报告，也仿这样开头来一段写景，那就不合适了。

应用文语言的得体还要同讲礼貌、讲文明、注重语言美联系起来。尊重人，平等对人，有事取商量态度、用委婉口气征求对方意见。下级对上级，上级对下级都应这样。老师教学生说话用"请"这个词，老师让学生做什么，老师就先用"请"

这个词。可是有的单位，如公园之于游人，剧院之于观众，商店之于顾客，车船之于乘客，由于"官商"作风，有的错把这种关系看作"官之于民"，不免打官腔、教训人，"不准"这样，"禁止"那样，"如有违反，严惩不贷"。如果改得委婉一些，说成"请勿"这样，"请勿"那样，是不是也可以呢？有的公园公布"游览规则"，几条几款，改一下，撮举几项重要的，写成"敬告游人"，是不是也可以呢？

（选自《认真学点语文——专家教授谈语文（中编）》，北京出版社 1983 年版）

四

论文篇

写理论文章的几点思考

卫兴华

根据我从事经济理论教学和研究工作的体会，对如何写理论文章提出几点思考。

一、理论文章贵在有新意、有深度，切忌一般化

写理论文章是为了探讨和阐发真理，为了说明和解决问题，而且文章写出来是要给别人看的。因此，动笔写作时既要尊重自己的劳动，又要尊重别人的阅读时间。不要写那种既无新意又无深度的一般化文章。可惜这类文章在刊物上还经常见到。特别是当一个人有点名气以后，为应付报刊启稿，就容易写点一般化的东西去应付门面。这样做不但不能提高自己的水平，反而会影响自己的声誉。有时，或许自己觉得发现了新问题，提出了新意见，其实别人早讲过了。只是由于自己看东西少，没有注意到。因此，要多注意理论信息，多阅读有关的著作和文章，要系统地积累资料。

对于理论文章所要求的新意，不能理解得太偏狭。不是说每篇文章一定要在根本观点上提出与众不同的意见，更不能为

此去曲意造作。在根本观点一致的情况下，可以从新的角度进行分析和阐述，补充一些新材料，提出某些新的论证和论据，得出新的论断。

新观点、新见解，应是来自对实际生活的深刻理解，对新问题、新现象的深入研究，对基本理论的系统掌握和创造性运用，因而它是有科学根据和有说服力的。不要写那种浮光掠影、夸夸其谈的东西，也不要刻意标新立异甚至是造新立奇。要反对那种故弄玄虚、哗众取宠、浮夸不实的学风和文风。那种搬弄西方资产阶级理论的旧货色作为社会主义新理论来炫耀的做法，也要不得。当然，并不排除借鉴和吸取其某些有用的部分。

二、不要人云亦云，简单转引，要重新检验

在理论研究和写作中，对别人做出的判断、结论和引证，都要重新检验，不要"信手拈来"，人云亦云。那样很容易简单化和造成舛误，甚至以讹传讹，不利于理论的发展。

在社会主义初级阶段问题讨论中流行着这样一种说法：列宁提出了"初级形式的社会主义"和"发达社会主义"的阶段划分。人们辗转相引，似乎成为定论。其实，只要认真考证一下列宁的原话和原意，就会看出，那样的简单引证和判断是不准确和不科学的。

对资产阶级学者观点的引证和批判，也要采取实事求是的科学态度，同样需要首先核对和弄清他们的原话和原意，然后再加以评论。要尽量避免断章取义、武断和简单化。例如，多少年来，经济学界在批判马尔萨斯的《人口论》时，一般这样

讲：马尔萨斯认为，人口总是按几何级数增长的，每二十五年增加一倍，而生活资料则是按算术级数增长的。随后再批判他主张用贫困、饥荒、瘟疫和战争等办法消灭过剩人口。其实这样两点都不符合或不完全符合马尔萨斯《人口论》中的原意。《人口论》中是这样讲的："人口如果没有受到限制"，每二十五年增加一倍。接着又说，实际上存在着抑制人口的力量，一是预防抑制（如晚婚等），二是积极抑制（指事实上存在的如贫困、饥荒、瘟疫和战争等）。马尔萨斯不是主张和赞美后者，而是说客观上存在着这类"罪恶和苦难"。《人口论》的错误不在这里，其错误在于把资本主义造成的失业贫困等社会现象，归因于人口增长过快这一自然原因，为资本主义制度辩护。

　　总之，搞理论研究，写理论文章，要敢于冲破一些旧框框和旧路子，敢于对长期流行的甚至被认为是定论的东西重新鉴别和判断，敢于推翻一切不实事求是、缺乏科学根据的结论。

三、不唯上，不唯书，不唯风，实事
求是，独立思考，唯真理是从

　　搞理论研究，写学术性论文，应有自己的独立见解，最好能有独到的见解。为此，就要肯于和善于独立思考，既不能唯上是从、唯书是从，更不能唯风是从，而应唯真理是从。任何伟大的人物，任何伟大的著作，都不可能句句是真理，也不会穷极真理。理论工作者在任何情况下特别是在逆境中，要保持自己的清醒头脑和科学良心，要有"科学的入口处就是地狱的入口处"的理论勇气。在理论和学术问题上，无论来自上面的

话，来自权威的话，或是来自书本上的话，都要经过自己的大脑"过滤"一番。正确的东西、有理论营养的成分，就接受，就吸收，不正确的东西，特别是不利于社会主义理论和实践发展的东西，就不接受、不赞同。当然，辨别理论是非，需要有比较坚实的理论根底，有较敏锐的理解力和洞察力。青年理论工作者应努力具备这方面的条件。

搞理论工作和写理论文章，不能随风转。那种看风使舵、随风扬土的理论，是没有科学价值因而是没有生命力的。那种"好风凭借力，送我上青云"的人，是不会成为真正的理论家的。一个人的理论研究成果，要经得起时间的考验。那种追求眼前利益和赶时髦的东西，会随着时间的推移而黯然失色。

有的同志由于想提高自己文章的发表率，现揣摩和迎合"气候"，估计行情，甚至抢行情。为此，有时不惜讲点言不由衷的话乃至违心的话。这种做法很不可取。理论工作是件严肃的事，应按理论科学的要求和规律办事。"情感于内而付诸言"，成为文学作品；理感于内而付诸言，才能成为理论文章。前者是抒发自己的情感，后者是抒发自己的见地。在理论研究中，对于自己想不通、看不准的东西，宁可暂时不写。对于自己认为是正确的东西，若不合时宜，宁可暂不发表，也不去改变观点以迎合时尚。理论研究不是迎合学，迎合学不是科学。

四、写理论文章要强调"严"字

社会科学不像自然科学那样，可以通过物理的、化学的实验或试验来直接获得证明。这就为社会科学理论工作中的主观随意性留下了余地和空隙。因此，搞理论研究，写理论文章，要特别强调"严"字：态度要严肃，要求要严格，学风要严谨，论证要严密。

好的理论文章，给人以启迪和智慧，不好的文章使人读之厌烦。因此，应首先追求论文的质量，而不要追求论文的数量，切忌粗制滥造。无论是长文短文，都要字斟句酌，精益求精地撰写。不要因为发表了几篇文章就自以为名声在外，趾高气扬起来，就似乎可以信口开河、信笔滥写起来。

那种思路不清、逻辑矛盾、文理零乱、似是而非、缺乏论证、自以为是、武断片面的东西，会使人看了摇头。要用明快、简洁的语言来表达深刻、复杂的思想和道理，而不要用谁都看不懂的语言来表达谁都懂得的道理。如同企业要重视自己的信誉一样，理论工作者要重视和珍惜自己的声誉。不要以为发表了的东西就是得到了社会承认，就获得了多少成绩，就会获得别人赞誉。如果提供给社会的是低劣的货色，那所得到的只能是相反的东西。人有人品，文有文品。文品有时会反映人品。特别希望青年同志注意这方面的问题。

（选自《经济专家论写作》，中国经济出版社 1989 年版）

谈谈写论文

王　力

研究生有个很重要的任务就是写论文。所谓写论文，就是把自己的科研成果记下来。我们现在要求研究生写论文，就是要他学会科学的研究方法，学会写论文的方法，将来他写书也还是这个方法。掌握了方法，将来写什么都可以。下面我想谈三方面的问题：1. 论文的选题；2. 论文的准备；3. 论文的撰写。

一、论文的选题

论文的范围不宜太大，主要是因为时间不够，两年写一篇很大的论文，写不下来；就是勉强写下来了，也写不好。范围大了，你一定讲得不深入、不透彻。拿字数来说，学年论文在万字左右，毕业论文在两万字左右也就可以了。不要求写长文章，不但不要求，而且反对长篇大论。照我所知，在外国大学里，博士论文，一般也就相当汉字两万字左右，他们也是反对写大本的书。在这两万字当中，讨论问题要深入，深入了就是好文章。好到什么程度？就是要好到能作为中国语言学的好文章流传下来。这叫作"小题目做大文章"。

其次谈谈论文的性质。有两种不同性质的论文，一种是解决汉语史中的某一个问题；另一种是提出问题，综合前人研究的结论。最近我看见一篇文章，一个日本人写的，他讲到中国音韵学家对上古声调的看法，他把各种说法都讲得很清楚，自己并没有提出一个结论。这样做我看也很好，把问题摆出来了，说明汉语史上这么个问题，需要我们研究解决。这种文章也是可以做的。最近看见吕叔湘先生的一篇文章，他说，提出问题就是解决问题的头一步。你连问题都提不出来，怎么谈得上解决呢？首先要注意到，还有哪些问题没有解决，前人有什么说法，哪一家的说法合理些。我们要善于发现问题，提出问题。有些人念很多书，什么问题也没有，那就不好了，等于白念了。

二、论文的准备

所谓准备，主要就是充分占有材料。一个小小的题目，我们就要占有很多的材料，往往是几十万字，要做几千几万张卡片。加拿大汉学家关于汉语唇音轻化的文章，后边列的参考文章有好几十篇。这是一方面，占有材料，参考人家的看法。再一方面，更重要的，如周定一的《所字别义》，把具有人家没有讲到的那种意义的"所"字能找到的都找出来，随时留意，做出札记或卡片。你别看写出来文章只有一万字、几千字，收集的材料却是几十万字。这叫作充分占有材料，材料越多越好。材料不够就写不出好文章，只能放弃，等将来材料够了再写。所以做研究生时，最好考虑选一个内容比较单一、不需要找多方面材料的题目。

还有一个最基本的也是很重要的准备，就是要具备这一方面的知识，比如要做朱熹反切考，无非是论证朱熹的反切跟《广韵》的反切有什么不同。这就得先熟悉《广韵》的反切，如果没有《广韵》音系的基础知识，这个文章就做不下来。

三、论文的撰写

撰写论文，第一点也是最重要的一点，就是要运用逻辑思维。如果没有科学头脑，就写不出科学论文。所谓科学头脑，也就是逻辑的头脑。我常常说，科研有两个条件，一个条件是时间，一个条件是分析能力。没有时间就没法充分占有材料。要有分析能力就要有科学的头脑、逻辑的头脑。

我们知道，逻辑上讲两种科学方法，一个是演绎，一个是归纳。所谓演绎，就是从一般到特殊；所谓归纳，就是从特殊到一般。我们搞科研，要先用归纳，再用演绎，不能反过来，一反过来就坏了。比如逻辑上的三段论法，大前提、小前提、结论。"凡人皆有死，你是人，你也有死。"这是演绎法，从大前提推出结论。结论对不对，关键在于大前提对不对，主要是"凡"字。"凡"是归纳出来的，我们做研究工作，就是要研究这个"凡"。怎么研究呢？就要从大量具体的材料中去归纳，从个别到一般，结论是在归纳的末尾，而不是在它的开头。所谓分析，是要以归纳为基础的，如果没有归纳就做分析，那么结论常常是错误的。凡是先立结论，然后去找例证，往往都靠不住。因为你往往是主观的，找一些为你所用的例证，不为你所用就不要，那自然就错误了。归纳的重要也就证明充分占有材料的重要。因为归纳是从个别到一般，个别的东西越多，越能证明你的结论是可靠的。也会有例外，例外少倒不怕，多了就不行了。例外多了，你的结论就得推翻。

另外，有些东西，要有旁证，用与它有联系的东西来证明。比如刚才说的"凡人皆有死"，这是不完全的归纳，为什么也站得住？就因为有旁证。医学里人体结构就证明人不可能永远不死。真正掌握归纳的方法，不那么容易，但我们要尽可能地运用归纳的方法做科研工作。我们做科研工作，就要达到一个"凡"。

我们进行归纳，不会是一帆风顺的，往往遭遇一些例外，怎样看待例外，也要进行科学分析。例外太多，结论就得推翻；例外少，就要分析为什么会有例外。例如，先秦古韵，段玉裁分为十七部，王念孙、江有诰分成二十一部，我分成二十九部、三十部，分得越多，例外就越多一点。你要毫无例外，恐怕就要回到苗夔的七部去。段玉裁讲合韵，不同部的字可以在一起押韵，但分部还是要分开。这里就有个主观的问题，所以还要有旁证。所以我们说，归纳不是一帆风顺的，要经过很好的思索，找些旁证来证明。

跟归纳相反，就是所谓孤证，只有一个例子来证明，完全没有归纳，它跟科学方法是违背的。

再者，搞研究工作最忌的是先有结论，然后找例证，这是很有害的。举例说，江有诰先认为上古没有四声，这是错的，后来说实在是有的，走到另一个极端，就更错了。他认为跟去声押韵的字就是去声而不是入声。不能这样看，从逻辑上讲不通。幸亏先秦韵文少一点，如果多，还可以造出更多的去声来，因为你先定了先秦有去声，这个字本来不念去声，你说现在它念了。很多字都有平上入三声，它碰上这个念这个，碰上那个念那个，这跟古无四声还有什么区别？你一个字念几个调，还不是等于没有？

大胆假设问题不在于假设，而在于大胆。大胆到某种程度，就变成主观臆测了，跟科学的假设风马牛不相及。胡适说，《红楼梦》就是曹雪芹的自传。这种假设真是太大胆了。主观的大胆，当然就不科学了。胡适的"大胆假设，细心求证"，问题在于大胆，不应该提大胆，科学的解释就是假设，假设是可以的，大胆是不可以的。细心求证是完全对的。所谓细心求证，应该是充分掌握材料，然后细心地推出结论。总之，掌握科学方法就是归纳，先归纳，后演绎，先归纳后分析，没有归纳就没有分析。

第二点，写起论文来，要层次分明。先说什么，后说什么，这很重要。《文心雕龙》有一篇文章叫"附会"，就是讲篇章结构，讲层次的。这一点跟逻辑很有关系，有了科学头脑，文章就能层次分明。最近，我听说有人给我个评语，说我会搭架子，其实就是个逻辑问题。你写文章是给读者看的，不要先把结论大讲一通，人家还不懂你的结论。你应该按照你研究的过程来引导读者的思路，你怎么研究的，就怎么写，从头讲起，引导读者逐渐深入，逐渐到你的结论上来。至于什么地方多讲，什么地方少讲，要看读者对象。如果写教科书式的文章，给青年学生看，要写得很浅，很多知识都要讲清楚。这是普及性的文章，大学教材也是普及性的。要是写科学论文给同行看，给本行的人看，就要假定读者在这一方面已经很懂，因此就得写得很简单，单刀直入。所以，写科学论文，一般的地方要很扼要地讲。相反，在你发明的地方，在你如何得出这个结论的地方，要讲得很详细，要讲透。不详细，就不能深入，没有价值，也说不服人家。

（选自《怎样写学术论文》，北京大学出版社 1981 年 5 月版）

写好论文的基本要求

王　珏

怎样才能写好一篇经济论文呢？这首先不是一般的写作方法问题。我以为，一篇经济论文撰写是否成功，头等重要的是作者在研究经济问题时，必须运用马克思主义的唯物辩证法，深入分析具体矛盾，科学揭示内在规律。而这一点恰恰是最困难的。面对复杂的经济现象，我们观察问题和分析问题的观点、方法正确与否，直接关系到我们头脑里复制出来的理论是否符合客观实际，是否更加接近真理。事实上，由于每个人的抽象思维方法不同，其研究和写作的成果往往大相径庭。我们之所以特别强调掌握和运用马克思主义的唯物辩证法，就是因为它是科学的世界观和方法论，是我们每个经济理论工作者绝对不可缺少的思想武器。为此，我热切希望有志于为经济理论工作献身的同志，特别是热心钻研经济理论的青年学生，一定要把学习和掌握马克思主义唯物辩证法的基本原则，作为一项必备的基本功。

在上述的前提下，要写好经济论文，还必须深入实际、苦心研究、勤于动笔，在不断的写作中磨炼自己。这就需要付出艰辛的劳动。有的青年朋友往往急于出成果而耐心不够，总想找个捷径，企图一蹴而就。这种想法是完全不切实际的。

根据我多年从事经济理论研究和教学的体会，要写好经济论文，应该按照以下几方面的基本要求去做。

第一，理论一定要来源于实践。任何经济理论都应该是对现实经济关系的科学抽象，都应该以客观存在的实际经济现象、经济条件为基础。只有来源于实践的理论，才够得上科学的理论，对实际经济活动才具有指导意义。经济理论工作者在熟练地掌握马克思主义基本观点和方法的前提下，一定要对自己选定的研究领域内所有经济活动了如指掌。例如，研究社会主义经济问题的人，就应该对现有经济管理体制、党的经济政策执行情况、主要商品供求和价格状况、货币发行和金融、对外贸易和外汇等情况有较清楚的了解。对某些特殊部门的情况，还应该有更加深入细致的了解。这些实际的经济活动和经济资料，就是经济理论工作者运用马克思主义基本观点和方法进行抽象思维和理论加工的对象，这实际上也就是分析和解决实际存在的矛盾。这种分析和解决矛盾的过程和结果，都将体现在经济理论工作者所撰写的经济论文中。一篇好的经济论文，只能是从经济实践中产生的。这样的论文既有鲜明的观点又有翔实的材料，还有多方面的充分论证，必然给人以实在可信的感觉。而那些离实际甚远、抽象议论、空洞无物的论文，对指导社会经济实践没有任何价值，甚至还会产生有害的结果。

第二，要有充分的论证。理论工作者虽然掌握了大量第一手资料，也做了一些理论上的概括，但如果在撰写过程中论证不够充分，也会使自己的论文大为逊色。所谓充分论证，就是要从不同侧面和不同角度对自己所要阐明的观点加以分析和证明，使所论不仅合乎实际，而且论据充足，道理透彻，无懈可击。关于这个道理，应该说许多青年同志是明白的。然而，从我接触到的一些经济论文来看，有的不是摆事实、讲道理，以理服人，却给人以强词夺理之感。其实，理论的力量在于能够正确地反映客观规律性，在于使我们的主观认识接近或符合真理。那些不讲道理、故弄玄虚、用以吓人的所谓理论，终究要被人民群众的社会实践所揭穿和抛弃。因此，在写作论文时，如果确认自己的理论观点是正确的话，那就必须对提出的论点进行充分的论证，让理论首先说服自己，只有这样才会为他人所接受，切不可在论证时草率收笔，或只讲几句简单的结论了事。但充分论证决不等于搞材料堆砌和言不及义的现象罗列。

第三，论述的层次要清楚。这既是一个写作方法问题，也是一个思维方法问题。一个逻辑思维混乱的人，讲话或写文章就不会有层次，所要论述的问题也不可能做到层次分明、条理清楚。按照马克思主义的科学方法，在研究问题时要从具体到抽象，而将研究的成果叙述出来时，则要从抽象到具体。依照这种方法，一篇经济论文的写作，必须符合材料充实、观点鲜明、分析具体、层次清楚的要求。随着文章层次的接连推移，逻辑思维的不断展现和深化，清晰地道出作者的理论观点和新颖见解，这就如同用明暗不同的色调描绘远近不同层次的山峦一样。这样，论文即使较长，也没有杂乱无章、逻辑混乱之感。

第四，切忌片面性。人们对真理的认识是没有穷尽的，就这个意义来说，要求一篇论文达到绝对的全面和正确，是不切实际的。但是，我们必须要求做到相对的全面，即在我们现有的认识水平上达到全面性。片面性有不同的表现，有思想方法上的片面性，选择资料的片面性，写作疏忽的片面性，等等。其中，最值得注意克服的是思想方法上的片面性。理论工作者应该有理论上的坚定性和勇气，绝不朝三暮四，随波逐流。同时，又必须随时修正那些已经证明是片面的乃至错误的观点。片面固执己见，不仅会阻碍自己在理论上的进步和发展，更重要的是会造成不良的社会影响，贻害建设事业。因此，在写作经济论文时，一定要尽可能全面地、科学地认识和研究问题。首先要详细地占有材料，避免由于资料不全而分散的片面性。其次要周密地思索，避免由于主观思维不周而带来的片面性。在这个前提下，要力戒固执一孔之见，力戒在学术理论上闹意气，不能没有根据地强调突出一个侧面而贬低另一个侧面，不能以一个极端跳到另一个极端，更不能用明知是片面的、错误的观点来标新立异、哗众取宠。这些思维方法和行为方式，如果说在实际工作中是不应该有的，那么，在理论研究中就更是要不得的。如果用这样的思维方式去写论文，即使表现方法和语言文字再好，也是失败的。所以，经济理论工作者一定要学习辩证法，学会辩证地全面地看问题。

第五，文字要通俗化，语言要大众化。我们讲话、写文章是为了交流思想，让别人了解自己的思想和意图，而决不是借以炫耀自己咬文嚼字的本领。可惜，这样一个本来十分简单的道理，一些人并不十分明达。毛泽东同志在延安文艺座谈会上曾强调反对党八股，但这种八股文风至今未能根除，近年来这种影响在一些经济理论工作者中又以新的形式重新出现了。这就是，本来能用马克思主义语言说清楚的理论问题，却偏偏要用西方资产阶级经济学混乱而生僻的语言来表述；本来能够用通俗易懂的大众化语言阐述的问题，却非要用生翻过来而又不通顺的外国话来说明；更有甚者，则是用自己生造的连自己也不解其意的词句，追求所谓西方式的"时髦"。应该说，这是理论研究和著述中的一股歪风，是新形势下的"洋八股"。它会损害我国的民族文化，会把青年人引向歧路。我主张，在撰写经济论文时，一定要用马克思主义的基本观点和方法研究分析问题。在表达时，一定要使文字通俗化、语言大众化，要保持中华民族的文化特色。

以上五项基本要求，也可以说是我们马克思主义经济理论工作者应该具备的基本观点和基本素养，是使我国经济理论健康发展的必要条件。如果它能对青年经济理论工作者有一点帮助，我将感到欣慰。

（选自《经济专家论写作》，中国经济出版社 1989 年版）

撰文要诀

乌家培

写文章同做工作一样是有诀窍的。所谓诀窍，就是揭示和阐明真理的关键性方法。一篇经济或经济学的文章，写得好不好，可以用一系列标准加以衡量，又往往取决于许多因素。在这些因素中，是否掌握了诀窍，诀窍用得好坏，是很重要的。根据我的体会，应当包括以下七个方面的内容。

一、观察或调查

事实是根本。经济文章必须有经济事实，从事实出发。了解事实，要依靠观察或调查。亲自参加调查，进行直接观察，取得第一手资料，自然很重要。查阅文献，向书本做"调查"，以获取科学性较高的资料，也十分重要。占有资料，提炼信息，是写文章的第一步。否则，写出来的东西，没有坚实的基础，显得"空洞无物"。

有人往往瞧不起调查报告，其实这种态度不对。调查报告是反映现实的一种好形式，既蕴含着研究的成分，又为进一步研究提供了素材。没有调查报告对经济生活的描述，反映经济变化规律的论文就失去了分析的依据。学习写经济文章，先要写调查报告，这是基本功。

经济的变化，首先表现在数量上。所以，在观察或调查中，务必重视经济变量的各种数据。这些数据包括反映经济发展规律、水平、速度的绝对数、平均数、比率、指数，等等。用数据来说话，有时更具说服力。统计观察是取得历史或现行数据的有力工具。人口普查、工业普查为我们提供了大量的社会经济数据。选取和运用关键性数据来说明特定的问题，是写好经济文章的重要技巧之一。

学点统计学的知识和技术，对搞好经济写作非常必要。经济学与统计学有密切的关系，前者指导后者，后者使前者变得更为丰富和充实。有的经济文章，虽然用了些数字，由于作者缺乏统计常识，把不同口径的指标混杂在一起进行比较，反而得出了与经济事实不符的结论。在经济指标数值的国际比较中，最容易发现这样的例子。避免的办法是在间接观察中提高对现成统计指标的改算能力，改进统计就能取得进步。

二、逻辑推理

通过观察取得反映事物的感性材料，还需要依靠思维的抽象力进行逻辑推理，以达到理性认识的境界。把原始素材加工成为精细资料，从精细资料提炼出有用信息，使信息形成知识，变知识为智力。在这个过程中，每个环节的推演都离不开理性逻辑的作用。逻辑给我们提供了关于现实的真正的知识。写经济文章要有逻辑思维的训练。否则，材料堆砌，零碎杂乱，形不成完整的经得起推敲的作品。逻辑是一个惬意的工具，它能创造没有数字的潜在的"世界"。

但是，缺乏事实根据的纯逻辑推理，有导致想入非非的危险。不从经验研究出发，而满足于逻辑假设和数理演绎，这样得到的"理论"看起来似乎很雅致，实际上却是一种"赝品"。这种弊病在经济模型研究的一些文章中不乏其例，应予防止。

所以，逻辑推理如何运用得法是一个很重要的问题。有的学者打比方说，逻辑推理犹如在铁路上行驶的火车，可以开往各种不同的方向。要保证"火车"驶向正确的方向，推理的前提要站得住脚，推理的过程要不出差误。经济工作者应像数学家那样善于进行正确的逻辑推理。

三、价值判断

经济问题的讨论，常常蕴含着价值判断的冲突。在不能相互说服的情况下，有时很难分清谁是谁非，无人会轻易接受"裁判员"的观点。写经济文章的作者，总是要坚持自己的价值判断的。我们应当清醒地意识到自己观点的伦理和道德的含义。用正确的价值判断去否定错误的价值判断，并不容易。这里就有一个坚持正确的立场问题。价值判断渗透于观察与逻辑推理的过程中，所以它是影响写文章的一个很重要的因素。经济活动范围宽广、性质复杂，出于不同的需要，寻找支持某种立场和观点的实例，不难做到。问题在于这种立场和观点是否正确。

我国的经济文章在过去一个较长时期内，规范研究居多数，这类文章充满了"应当如何""必须怎样"的口气。现在，进行实证研究的文章多起来了，这类文章说明实际情况是什么，分析原因在哪里。把这两种类型的研究结合起来，用实证的结果同规范的要求进行比较，既有现实又有理想，是提高经济文章质量的有效途径之一。经济研究与文学创作相类似，也存在现实主义与浪漫主义相结合的问题。

四、综合概括

有选择的调查观察、有目的的逻辑推理，加上合理的价值判断，所得出的结果还需作为一个整体进行综合概括，这既要依靠科学思维，又离不开归纳艺术。综合本身充分体现了智力的作用。综合能力即集大成的本领，是伟大思想家必备的特征。在综合概括中，要能抓住事物的本质，把握要领，将所有的内容组织得有条不紊、层次分明、结构严密，同时还要发挥想象、比喻等手法的特殊作用。

从信息的观点看，综合能力就是处理和组织信息（这里包括实际信息、理论信息、规范信息）的能力。信息少了，文章写不出来，写出来了也会显得干瘪无生气；信息多了，如处理、组织得不好，文章将变得臃肿零乱，不知所云，使人读后昏昏然。知识越渊博，经验越丰富，处理和组织信息的能力就越强，对经济事物的洞察力也就非同一般，从而综合概括一定会搞得更好。所以，增加知识和积累经验至关重要。

五、对策建议

通过综合概括将引出结论，在结论中有一部分内容应是对策或政策建议。实际上，这是对价值判断的一种较高形式的综合，它综合了现实与预期的因素。合理决策总要包含合理的预期。在某种条件下预期什么将会发生，因而需要采取什么对策，这是在复杂的智力的基础上实现的。

理论必须适应政策的需要。经济学家的一项工程性工作，就是向政府或公众提出政策建议。对此，我们在过去是很不重视的，误以为政策建议只是政府部门的事。实际上，这是经济理论在认识经济现实的同时变革经济现实的重要支撑点，也是一个可供经济学家演出造福社会的话剧的大舞台。

在经济文章中提出的政策建议，包括政策目标和政策工具的选择。为此目的，有时还要运用政策模拟模型，分析政策实行后的各种影响。检验经济文章联系实际的标志之一，是它对经济政策的作用。当然，政策目标的确定，通常是政治家的职责。但是，经济学家应对经济目标的选择，特别是与它的实现相适应的政策手段，以及采取这些手段可能要付出的代价，进行科学的分析和论证。

六、表述或写作

把研究的结果表达清楚，然后作为一种加工过的新信息加以传播，也是要费一番脑筋的。这个表述或写作的环节，常被人们所忽视。现在有相当一部分经济文章，不讲究修辞和文采，甚至文理不通。这说明文章作者的"笔头不硬"，在文字功夫上还有所欠缺。在自然科学向社会科学渗透的新形势下，在借鉴西方经济学的趋势不断加强的情况下，我国经济文章出现了工程技术化、数量化的倾向，比以前更强调科学性。同时也存在一些问题，例如生搬硬套，玩弄新概念、新术语，文字艰涩难懂，等等，需要我们加以克服，以正文风。

研究要从现象深入到本质，表述则倒过来，要把本质还原为再现的实际。所以写出来的东西应符合客观，令人有新的感受，使读者对事物理解得更透彻。选词用语也要反复思考、琢磨，不断修改、完善，使之更贴切，恰到好处。

七、方法选择

观察、推理、判断、综合、对策、表述，都有方法及其选择的问题。通过学习有关的方法论书籍，虽能得到选取和运用方法的一些启示，但是真想掌握适用的方法，只有反复实践和不断体验。熟能生巧，方法产生于任务的完成过程中。研究经济问题，可采用多种方法。这些不同的方法，包括唯物辩证法、现代科学方法、具体专业方法以及特定的分析方法或写作方法等，并不彼此排斥，而是共存互补的。

"工欲善其事，必先利其器。"在经济研究和分析中，讲究方法、改进方法，会使成果的质量和写作的效率有极大的提高。现在，越来越多的作者在重视质的分析方法的同时，更广泛地运用了数量分析方法，这是一大进步。在传统的常规研究方法基础上，探索和运用新的现代化研究方法，如以电子计算机为工具的经济数学模型方法、仿真法等，为处理和研究当代复杂的经济问题，并从中得出有用的结论，开辟了无限宽广的途径。

（选自《乌家培文库》，中国计划出版社 2010 年版）

怎样写文章

左春台

（一）一篇好文章或一个好文件，总是经过周密的调查研究，如实地反映了客观实际或客观规律的结果。"文不够，词来凑"是不行的。没有新内容或新见解，只苦心孤诣地去修辞，反而会弄巧成拙。

（二）要老老实实地说下去和做下去，不装样子吓人，有话即长，无话则短。宁可把长的写成短的，不要把短的拉成长的。

（三）打腹稿，多思考。写文章，没有上下班的概念，散步、看报、看电影、上厕所，什么时候也不能卸甲。写文章的秘密，就是在写之前要打腹稿，运用思考，把要说的中心思想和它的论据以及表达的层次和方法，尽量考虑成熟，做到精心选择，剪裁得当，详略得宜。

（四）要注意甚至要先想到反面意见。有时自己也要设想一些可能的不同意见，加以反驳和论证。有正面的论述，有反面的论证。这样，文章就有起伏，有波浪，有辩证，不平淡。

（五）既学又问，才能日见长进。

（六）既要专，又要杂，古今中外都要懂一点。当然，引经据典、旁征博引要适当，要自裁不然就有"卖弄"之嫌。

（七）文章的准确性、生动性、鲜明性，最重要的是准确性。在准确的基础上力求文章写得生动些、鲜明些。

（八）写好文章、功夫要下在写文章之外。一篇经济论文，大半时间要在调查研究和搜集资料上。提笔写作，已经是"胸有成竹"了。

（九）永远要想到自己也是一个读者。要学会用事实和论据说服人，打动人。不要把自己的结论强加给读者，还是谦虚些好。

（十）永远学习、永不停笔。如每天能记日记更好。

（选自《财会通讯》，1984 年第 12 期）

论文与论证

刘培育

论文，是以发表议论、阐明事理为特征的一种文体。各种文体的文章里都有逻辑问题，而论文与逻辑论证的关系最为密切。一篇好的论文，总是具有很强的说服力，而决定文章说服力的最重要因素之一，是其逻辑论证性。我们都会有这样的体会，一篇论文论证精细，推理严密，说理透辟，它会立刻使读者信服。因此，懂得一点逻辑论证知识，了解论文和逻辑论证的关系，学会对论文进行逻辑分析，对于我们准确、深刻地理解论文的思想内容和写好论文都是很有帮助的。

一、写论文需要注意的几个逻辑问题

要写好论文，需要具备多方面的条件，比如正确的立场，丰富的知识，详尽地占有材料，比较高的语言文字水平，同时还要有一定的逻辑修养，善于处理论文中的逻辑问题，等等。这里仅从论文和逻辑论证的关系方面讲几个值得注意的问题。

（一）论题要正确、鲜明

论文都要有个论题，或称论点，也叫中心思想，它是论文

的灵魂。论题必须正确，要符合科学原理，符合事物的本来面貌。俗话说，假的真不了。如果论题是错误的，尽管你论证得再"精细"，也是没有用的。

论题还要鲜明。所谓鲜明，就是作者的态度明朗，论题的含义明确，并且表达得明晰。论题表达得不明晰，多半是作者头脑里没有想清楚。论题没想清楚就动笔写论文，是肯定写不好的。这样的论文还是以不写为好。

论题鲜明，从逻辑上讲，要满足两个条件：第一，在一个论证中，哪个判断是论题要明确；第二，论题的含义要明确。论文与典型的逻辑论证不同，它的论题不一定在文章的一开头就"端"出来，有的是在文章中间点出来，有的则是到文章的末尾才说出来，这要看论文的内容和风格。但不管论题在哪里出现，它的含义都必须是明确的。有的杂文通篇不点论题，文中明讲的是一个问题，作者想给予读者的却是另一个意思，即所谓"弦外之音"。这种情况是允许的。但是这个"弦外之音"一定要让读者（听者）能懂，能准确地领会，否则，论题就不能算是明确的。

要做到论题明确，需要注意使论题中的重要概念明确。比如，要明确"实践是检验真理的唯一标准"这个论题，就要先明确论题中的"实践""真理""检验""标准"等概念。如果这些概念不明确，论题无论如何也明确不了。因此，对于论题中的重要概念或容易含混的概念，要予以定义和界说。

（二）要有一个中心

一篇论文要有一个中心思想，并且自始至终不能离开这个中心思想。

有的论文内容比较丰富，结构比较复杂，常常要分很多方面、很多层次。在总论题下有若干分论题，分论题下又有分论题。但是，全部材料都必须统率于一个总的观点，各个层次都必须围绕中心思想进行论述。就像一棵大树一样，枝叶繁茂，层层叠叠，却都要依附在总干上，归结到一个总根上去。文章是应该写得放手的，不能过于拘束，但一定要有放有收，既能放得开，又要收得拢，即能将全部内容收拢到中心思想上面来。放而不收，天马行空，下笔千言，离题万里，叫人抓不住中心，绝不是好的论文。

好的论文要首尾连贯，前后照应。前面提出了问题，后面要做出交代；后面有发挥，前面就要有伏笔。总之，要前"呼"后"应"，自始至终保持中心思想的确定性和一贯性。作者要时刻提醒自己，不要在议论中途无端地转换原来的论题，不要随意改变原论题的范围，扩大了不行，缩小了也不行。论题一转移，全部论证就失去了意义。

（三）材料要翔实，论据要充足

观点是靠材料来论证的，论题是要靠论据来确立的。材料不翔实，论据不充足，观点就不能得到论证，论题就不能确立。因此，在论文中，摆事实要确凿无误，掷地有声；讲道理要十分准确，颠扑不破。任何科学原理都有一定的适用范围，引用原理作论据，不能超出它的适用范围。比如水加热到摄氏100度沸腾，这是指在一个大气压的条件下；超出了这个条件，说水摄氏100度沸腾就不是真理了。列宁教导我们说，你沿着真理的方向多往前迈上一小步，都可能导致谬误。这一点，我们必须牢牢记住。

论据的真实性必须是能够证明的。尽管在论文中并不要求对每条论据都做出证明，但是一旦要求证明，你必须能够证明。如果有某个命题你不能对它的真实性做出证明，你就不要用它作论据。

论据要充足，说的是你列出的论据足以推出论题。这就要求作者深入调查研究，具有广博的知识，详细占有材料，并且尽量占有第一手材料。

（四）推论要遵守逻辑规则

一篇好的论文应该是材料和观点的统一、论据和论题的统一。论文的论证性，关键在于讲清楚论据和论据之间、论据和论题之间的逻辑联系。不然的话，即便有了明确的论题和真实的论据，仍然不能有说服力地论证论题。

文章讲究层次分明，安排得当。层次分明、安排得当与推理形式正确有直接的关系。一篇论文有若干个大小论点，有若干条论据，应该如何把它们组织起来呢？哪些论据和论点是一组，它们是平等（并列）关系还是从属关系，是属于同一个层次还是不同的层次？先说哪些，后说哪些？都要依据一定的推理关系。逻辑论证的结构是安排论文篇章结构的根据。

然而，论文又不是逻辑论证的图解，不是一个一个推理形式的呆板的排列。它与逻辑论证有许多不同之处。这主要表现在：（1）论证属逻辑范畴，论文属文章范畴。论文除了具有论题、论据和论证方式等论证因素外，还有对事物的必要的叙述和说明，对某些情状的必要的描写，作者不可遏止的感情抒发，作者对读者所作的号召、呼吁等内容。（2）逻辑论证重准确、严密，文章则要求有变化、生动，最忌死板、划一。论文在表达推理形式时经常使用省略形式或者前提与结论倒置等。比如，三段论是演绎推理的最基本形式之一，也是人们思维活动中最常使用的一种推理形式，然而在文章中却很难找到几个三段论的典型表达形式。

话又说回来，文章为简洁而"省略"，避呆板而"变化"，都要以不违反推理规则，不影响读者的思路为前提。要做到"省略"而不使思路脱节，"变化"而不使读者迷惘。作文章讲求过渡转换，搭桥接榫。这是文章连贯性的要求。在内容比较复杂的文章中，由一个思想向另一个思想过渡，由一个侧面向另一个侧面转换，要力求不使思想联系中断。拿论据和论题的联系来说，在中间环节较多的情况下，一定要认真做一番论证，暴露它们之间的复杂的推理关系，绝不能简单地抛掉其中复杂的判断和推理关系，来一个急转直下，叫读者感到突兀和摸不清头脑。

总之，论文在表达推理时一定要遵守推理规则，否则推论就要出毛病。推论出了毛病，表达失去了逻辑性，文章就一定是不成功的了。

（五）各种论证方式要综合运用

前面说过，论证是概念、判断和推理的综合运用。现在又要说，一篇论文也是各种论证方式的综合运用。

好的论文既不能只是高谈阔论，泛泛地讲一般抽象的道理，而不针对实际，也不能光罗列一大堆事实，而讲不出它的理论根据，提不到一定的原则高度去认识。我们需要的是虚实并举，理论与实际相结合。只有这样，文章才能有血有肉，具有针对性和深刻性，使人晓谕内中的道理，给人以强烈的印象。要做到这一点，除了要具有一定的理论水平和丰富的实际经验外，从论证方式来讲，就要讲道理，摆事实，打比方，多管齐下，把各种论证方式充分调动起来，让它们为论证某个论题协同作战，以收互相补充、相得益彰之效。

二、关于论文的逻辑分析

什么是论文的逻辑分析呢？论文的逻辑分析，就是从论文的篇章结构、句群、句子、语词这些语文形式去分析其中的逻辑论证结构、逻辑方法和运用概念、判断、推理等思维形式的特点。对论文进行逻辑分析，一般可采取以下步骤：

第一步，找出论文的论题，弄清作者要确立的主要论点。一篇论文的论题可能不止一个，但其中必有一个总论题。前面说过，论文并非一律采用开门见山的方法在文章开头就把总论题"端"出来。有的论文先讲故事、举事实，接着条分缕析，最后水到渠成，归结出总论题。有的论文中心论题含而不露，全篇渗透，让读者自己去体会和归纳出来。因此就需要用力去"找"。从内容上看，总论题是全文的中心思想。从论证方式上看，论题是推理的结论。从思维形式上看，论题必须是一个判断。从语言形式上看，论题则表现为一个句子。

论题与文章标题有区别，也有联系。粗略地说，论题是论证的对象，是表达思维内容的逻辑形式，它必须是一个判断；标题是作者给文章起的名字，它是表达思维内容的语言形式，具有民族特点和修辞特点。标题和论题之间的关系，大致有如下几种情形：

（1）有的标题直接点明了论题。如《反对自由主义》《共产党员要吃苦在前，享受在后》等。（2）有的标题是提出一个问题。如《人的正确思想是从哪里来的？》《是革命派，还是反革命派？》等。我们可以从作者对所提问题的回答中去找文章的论题。（3）有的标题指出了文章的论题。如《青年运动的方向》《关于长篇历史小说〈李自成〉》等。这类标题虽然不是论题，但却可以根据标题提示的范围去把握文章的论题。一般说来，作者对文章中主要问题的主要观点就是论题。（4）有的论文用寓言名字、成语或诗句做标题。如《愚公移山》《己所不欲，勿施于人》《大雪压青松，青松挺且直》等。分析这类文章，弄清寓言、成语和诗句的含义，则有助于找出文章的论题。（5）也有的论文标题与论题是没有多少关系的，作者只是在借题发挥。如鲁迅杂文《野兽训练法》。

从上面的分析可以看出，大多数标题和论题都有关系，分析标题对于抓住论题是很有帮助的。

第二步，找出论据，分析论据和论题之间的逻辑联系。论题找到了，就要进一步找出论据。论文不同于典型论证，它还包括叙述说明、描写、抒情、号召等内容，要摒弃论据以外的内容，论据才会显现出来。论题有总有分，论据也有不同的层次，因此要给论据梳辫子，按不同层次排列起来。

分析论据和论题之间的逻辑联系，也就是分析论文是用哪种推理形式进行论证的。这是论文逻辑分析中的最重要的一环。只有把论据和论题之间的逻辑联系分析清楚了，论文的逻辑论证结构才会显露出来，随之论文所运用的推理形式的特点也就自然明晰了。

论证方式在论文中表现为句群或复句。一篇论文就是一个大的逻辑论证。有时一段或几段也是一个论证。有时在一定的语境里，一个复句甚至一个单句也可表示一个论证。但是并非所有的句群、复句都表达论证，只有那些具有推出关系的句群和复句才表达论证。

为了确定论题和论据是用哪种推理形式组织起来的，有时还要把论文中各种推理的省略部分补充起来，把颠倒了次序的各命题按推理形式的顺序重新排列起来，否则，推理形式就不易看得清楚。

分析论据和论题之间的逻辑联系是一件复杂而细致的工作，马虎从事是肯定分析不好的。

第三步，分析论文中所使用的各种判断和概念。论证（或推理形式）是由判断组成的，判断又是由概念组成的。准确地分析论文中的判断和概念，对于把握论题、论据和论证方式都具有重要意义。

要注意的是，同一个判断形式可以表达不同的思想内容，相同的思想内容又可以用不同的判断形式去表达。在分析判断时必须灵活掌握。

　　同时，在论文中，有的判断只包含在同一个段落里，有的复杂判断则包含在几个不同的段落里，在后一种情况下就要统观各段，细心揣摩。

　　一篇论文，哪怕是很短的一篇杂文，都要使用许许多多的概念。分析概念并不要求分析论文中的所有概念，这样做不仅是没有意义的，有时也是做不到的。分析概念最要紧的是分析论题中的主要概念，看它的内涵是什么，外延有哪些，是否明确。其次要分析论文中其他比较重要的概念以及容易产生歧义、引起混淆的那些概念，看它们是否明确，在整篇论文中是否同一、有没有偷换概念等情况。

　　对论文做逻辑分析没有、也不需要有一个绝对划一、永恒不变的步骤和格式。上面列出的几个步骤只是就一般情况而言的。有时，人们为了某种特殊需要，也可以对论文进行专题的逻辑分析，比如单独分析篇章的逻辑证明结构，或单独分析推理形式、判断形式和概念，还可以仅仅就某一种推理形式或判断形式进行分析。

　　对论文做逻辑分析，不仅要了解论文的逻辑结构是什么，它运用了哪些思维形式，而且要弄清论文在上述各方面（或某一方面）有什么特点，有什么错误。

　　对论文做逻辑分析有意义吗？有。不仅有意义，而且意义还很大哩！

　　首先，对论文进行分析是学习逻辑知识、训练逻辑思维能力的好办法。任何一篇论文，它的直接任务都不是教人学逻辑，但是任何一篇论文却都在应用逻辑。对论文做逻辑分析，看它用了哪些逻辑知识，是怎样用的，有什么特点，哪些地方用得好，哪些地方用得不好，就可以从中学到逻辑。这种学习比起从逻辑书本上学习"纯"逻辑理论来，会多些直观性，少些抽象性。从这个意义上讲，它对初学者可能会更方便些。另一方面，论文中的逻辑不像逻辑书上举的例子那样典型、那样简单。实际思维中运用的逻辑形式要比逻辑书上讲的复杂得多。应用已学的逻辑知识，分析论文中的逻辑问题，不仅可以巩固我们学习逻辑的成果，还可以使我们的逻辑知识得到深化，使我们的思维能力得到训练。经常对论文做逻辑分析，会培养逻辑分析的习惯。近些年来，有越来越多的人看到了这一点。

其次，对论文进行逻辑分析有助于我们正确、深刻地理解论文的思想内容。文章与其他事物一样，是内容和形式的辩证统一。它不仅是思维和语言的统一，也是思维内容和思维形式的统一。思维形式是为思维内容服务的。对论文做逻辑分析，了解论文的逻辑结构，对于准确地分析论文的层次及各层次之间的关系有直接意义；了解论文的推理、判断和概念诸思维形式，又是准确领会论文中各句群、句子、语词的含义所不可缺少的。论文的逻辑分析清楚了，论文的思想内容自然容易理解了。

再次，从论文的逻辑分析中可以学习论文的写作方法。论文的写作离不开布局谋篇、遣词造句的功夫。分析论文的逻辑结构，能够看到作者作文的思路，组织篇章结构的方法。分析论文的推理、判断、概念诸思维形式，可以深入理解作者写作的风格、技巧和特点，比如作者最善于使用哪种推理形式，哪些判断形式，他是怎样明确概念的，等等。总之，通过对论文进行逻辑分析，可以提高自己的写作水平。

　　一个人如果能精选十几篇或几十篇典范论文进行细致的逻辑分析，必将会在锻炼思维能力、提高逻辑和写作水平等方面得到莫大好处。

　　　　（选自《认真学点语文——专家教授谈语文（中编）》，北京出版社 1983 年版）

要，而不要
——谈怎样写经济文章

苏　星

我过去教书，现在当编辑，也写过一点东西。自己写或读别人的文章当中，常常想，什么样的文章算好文章？作为经济文章，我认为，最主要的标准应当是，对社会主义现代化建设或对改革开放有益而不是有害。至于怎样写，则是第二位的问题。当然，文章是给别人读的，写作方法也不能不讲究，而且应当讲究。下面，我仅就研究和写作方法，向青年朋友们提出一些建议，愿共勉。

一、要从实际出发，而不要从原理出发。为此，就要深入实际，调查研究。毛泽东说："调查就像'十月怀胎'，解决问题就像'一朝分娩'。"不怀胎，何由分娩？远的不说，我国有成就的老一辈经济学家，几乎无一不是从调查研究入手，走上经济科学研究道路的。这条路，比重复某些原理，构思某种体系要难，但舍此没有其他捷径。

二、要积累资料，而不要空话连篇。我国古人讲集腋成裘，俄国生理学家巴甫洛夫把搜集事实比作空气之于鸟儿的翅膀，没有空气，鸟儿就不能飞。可见积累资料之重要。积累资料不但要详细，而且要占有。占有，就是把资料储存在自己脑子里。日积月累，量变会引起质变，逐步形成观点。不积累、研究资料，凭空制造出来的观点，有如氢气球，不会有什么生命力的。

三、要厚积薄发，而不要东拼西凑。我们有些文章，东拼西凑，越拉越长，水分之大，可以把编辑淹没（记得华君武同志就此画过一幅漫画）。其实，短文花的工夫要比长文多，萧伯纳有一次给朋友写信说：我因没有时间，不能把信写得短些。足见删繁就简并不容易。

四、要尊重别人的研究成果，而不要据他人观点为己有。毛泽东提倡要讲真话，不偷、不装、不吹。不偷，就是说，自己的是自己的，别人的是别人的。引用别人的观点可以，但要注明出处，不要把别人说过的道理，当作自己的"发明"。恩格斯在《资本论》英文版序言里，谈到马克思的引证方法时说，马克思在不少场合，引证经济学著作家的文句是为了证明：什么时候、什么地方、什么人第一次明确地提出某一观点。这才是科学态度。

五、要敢于创新，而不要吃别人嚼过的馍。一篇文章不可能全新，但总要有一点新意。像鲁迅所说，要说一点别人没有见到的话。现在有些经济文章不仅内容重复，连题目都是重复的，谁喜欢看？创新，当然不容易。只有下苦功夫研究，众里寻他千百度，才能得到不多的新结论。不做研究，照搬国外的某些观点，以为是新的，其实还是旧的。

六、要坚持真理，而不要随风转舵。坚持真理，首先要掌握真理，要真正做到这一点是很不容易的。马克思主义是真理。有些搞马克思主义的人为什么也会动摇？原因无非来自两方面，一是信念不十分坚定，一是有私心，明知不对，由于经受不住各种压力，而改变航向。

七、要勇于自我批评，而不要自以为一贯正确。社会主义经济问题是一个崭新的课题。我们的认识只能随着实践而发展。实践，认识，再实践，再认识，才能接近真理。在这个过程中，认识错了是难免的，改变自己的某些观点也是正常的。但改变观点要交代一下哪些观点我已经放弃了。切不要摆出一副一贯正确的面孔，今天这样说你是正确的，明天那样说你还是正确的。

八、要推敲文字，而不要粗制滥造。有人把经济学著作说成是沉闷的科学。凡是认真读过《资本论》的都感到，这部著作那么长，读起来并不沉闷。原因是文字好，有些段落，甚至可以作为文学作品来读。毛泽东要求写文章要准确、鲜明、生动，也是说应当讲究文字。准确，对于经济学文章最重要。连概念都弄不清，文章也做不好。但光弄清概念还不够，文章也应力求鲜明、生动，能吸引读者，用一句时髦的话，就是要有可读性。

九、要通俗易懂，而不要故作高深。现在有些经济文章，非经济学的术语太多，杜撰的名词太多，句子结构又复杂，有些研究经济学的人都说看不懂了。我不反对使用新的范畴，但经济范畴是生产关系的反映，不能滥用，本来使用原有的术语可以说得明明白白，就不要换新的术语。读者还是喜欢深入浅出的文章，能写出这样文章的人才算高手。

十、要独具风格，而不要千文一面。鲁迅的文章，就有风格。不论小说、杂文、论著、诗、通信，只要出自鲁迅的手，一看，就知道是他写的。多年来，学鲁迅的人不少，学像的并不多。我们现在写经济文章，独具风格的太少，往往是一个模式或几个模式轮换使用，人称社论体、论文体。总之，面孔差不多。产生这种现象，不能全怪作者，编者也有责任。好的编辑，应当尊重作者的风格，不应随意改人家的文章。

十一、要认真读书，而不要"不读书好求甚解"。"读书破万卷，下笔如有神"，是诗人杜甫的经验之谈。写经济学文章，不仅要读经济学的书，而且要读其他学科的书（包括哲学、社会科学和自然科学）；不仅读中国书，而且要读外国书。有些人不喜欢读书，却发表各种议论，郭沫若把它叫作不读书好求甚解，真是一针见血。我发现有的推崇西方经济思潮的人，并没有读过多少西方经济学家的著作。相反，只有那些深入研究过西方经济学著作的人，才能对它做出全面评价。更可笑的是，没有读过《资本论》的人，也人云亦云说《资本论》"过时"了。年轻，是读书的黄金季节，此时，要多读、多储存一些知识，不要时过境迁，"白了少年头"才觉悟到读书太少，那就只能老悔读书迟了。

十二、要笔不停挥，而不要半途而废。文章是写出来的，多写才能提高。老艺人说"拳不离手，曲不离口"，就是说不能停、不能断。写作也要活到老写到老，不能停笔。停了笔，再想捡起来，就困难了。

（选自《经济专家论写作》，中国经济出版社 1989 年版）

写批判性和论辩性的
文章必须一针见血

何家槐

写批判性和论辩性的文章很不容易。使我们特别感到困难的，是不能一针见血、三言两语就击中论敌的要害，往往自己看了也觉得平铺直叙，软弱无力。这原因自然不止一端，但我认为主要是由于我们在写作之前，对论敌的论点没有经过细致的研究和周密的分析，不清楚论敌的主要弱点，抓不住论敌的主要矛盾，不能采取"以子之矛攻子之盾"的有效办法，狠狠地击中论敌的要害，而往往是把对方的论点一一批驳，使人不感痛痒。有时我们只得借助于一些表面凶狠而实际却很空洞无力的字眼来装腔作势，吓唬论敌。这样既不能驳倒论敌，也不能说服读者，甚至还可能引起读者的反感。这种方法早经毛泽东同志在《反对党八股》中、鲁迅在《辱骂和恐吓决不是战斗》中严厉批评过。

鲁迅在《两地书》中曾经说过几句有关如何写批判文章和论辩文章的话，很可以供我们参考。他认为如果"历举对手之语，从头到尾，逐一驳去，虽然犀利，而不沉重，且罕有正对

'论敌'之要害，仅以一击给予致命的重伤者"，这实在是很中肯的见解。他自己所写的杂文，就无不尖锐泼辣，一针见血，不但能够击中论敌的要害，而且能够致敌人于死命，因而发挥了高度的战斗力和战斗作用。这种例子举不胜举，现在且举一个大家较少引用的例子来看看：

> ……《东方杂志》记者在《读后感》里，也曾引佛洛伊特（现在一般都译为弗洛伊德——何）的意见，以为"正宗"的梦，是"表现各人的心底的秘密而不带着社会作用的"。但佛洛伊特以被压抑为梦的根柢——人为什么被压抑的呢？这就和社会制度，习惯之类连结了起来，单是做梦不打紧，一说，一问，一分析，可就不妥当了。……不过，佛洛伊特恐怕是有几文钱，吃得饱饱的罢，所以没有感到吃饭之难，只注意于性欲。有许多人正和他在同一境遇上，就也轰然的拍起手来。诚然，他也告诉过我们，女儿多爱父亲，儿子多爱母亲，即因为异性的缘故。然而婴孩出生不多久，无论男女，就尖起嘴唇，将头转来转去。莫非它想和异性接吻么？不，谁都知道：是要吃东西！（《听说梦》，见《南腔北调集》）

这一段文章不但文字泼辣、譬喻真切、形象鲜明、意义显豁，而且言简意赅，思想性异常丰富。虽然只有寥寥数语，可是让我们写起来，恐怕写上几千字或甚至上万的字，也很难把佛洛伊特的荒谬学说批判得这么透彻，很难把当时那些迷信佛洛伊特、自命超然的学者讽刺得这么深刻，把他们的虚伪庸俗和愚妄无知揭露得这么彻底。

　　为了写好批判性和论辩性的文章，我认为应该特别认真地学习鲁迅的写作方法。

　　　　（选自《作文讲话略稿》，中共中央高级党校语文教研室
　　1956 年 11 月编）

经济学论文的写法

张卓元

要写好经济学论文，我认为需要注意如下几点。

第一，要有新观点、新思想。必须明确表达你的论文在理论上或学科建设上做出了什么新的贡献，这种贡献既可以是提出新的观点、见解和思路，也可以是对某一观点、见解、思路做新的补充、论证或概括，还可以是对原有的原理、定律提出有根据的质疑或否定。而无论是提出新的观点或对原有观点的补充或否定，都不能只限于运用实际资料，而是要建立在对实际资料做理论概括的基础上，即要求进行严格的理论分析。

目前，有些经济学论文，存在一个比较严重的缺点，就是看不出文章中的一系列观点哪些是引述前人已有的研究成果，哪些是作者自己提出的新鲜见解。一篇文章似乎从头至尾都是作者的最新发现或独立研究心得，有人甚至在文章中批判或否定自己过去写的文章的观点的也不做交代。实际上，作家一看就知道，你的文章中哪些观点是别人早就提出和论证过的，你不过是重复别人的观点而已，如果你的文章有一两个新鲜观点就算很不错了。科学本来是探索未知的东西。如果一篇文章没有探索未知的东西，就不能算是一篇科学论文。当然，谁写科学论文，都不可能完全离开人类文明的成果，一切从头做起，但是要把哪些是引用前人的成果，哪些是文章提出的新观点，交代清楚。在这点上，我们要很好地学习马克思。马克思的《资本论》在政治经济学发展史上实现了一场真正的革命，创立了科学的劳动价值论和剩余价值论。尽管如此，马克思在书中对于许多前人有价值的见解，都一一列出，而且务求列出第一个提出这些见解的作者和著作。马克思从来不抹杀资产阶级古典经济学家对建立科学的劳动价值论的贡献，并努力挖掘他们著作中科学的成分，同时又严肃指出他们理论的缺陷和矛盾，真正做到既吸收又批判，既继承又发展，使马克思主义的劳动价值论建立在科学的基础上。因此，我们在写经济学论文时，要严格按科学论文的要求，把文中凡属前人已提出的观点（这些观点为了论述或证明你提出的新观点是必要的），应予注出，并明确告诉读者，你在文中提出的新见解是什么，提出这些新的见解在科学上、理论上有什么意义和价值等。如果文章没有提出新的见解，完全是重复别人的或作者自己过去已发表过的见解，那么这篇文章实际上只是一种宣传文章或解释性文章。

第二，要有针对性，有的放矢，观点鲜明，论据充分，不做无病呻吟。科学发展的历史告诉我们，科学上每前进一步，都是同传统观念做斗争，或者否定某一传统观念的结果。但是传统观念之所以能为人们广泛接受，又总有它存在的依据和某种说服力，绝不是能轻易为人们所抛弃和否定的。因此，在科学研究上不但要敢于突破传统的理论框架，还要进行艰苦的研究，依靠理论的力量，向传统观念挑战，为科学大厦的建设添砖加瓦。

目前在一些论文中，有的是针对性不强，观点不鲜明，不但看不出文章有什么新意，甚至连文章究竟赞成什么观点、反对什么观点都不清楚。这种文章四平八稳，无病呻吟，谈不上是科学论文。有的则是为求新而求新，虽然敢于同传统观念分手，但没有雄厚的理论基础，因而没有多少说服力，难以为人们接受。看来这两种倾向都要尽力避免。在这方面，我们要学习著名经济学家孙冶方同志的精神。他早在五十年代就一鸣惊人，提出要把计划和统计建立在价值规律基础上，同传统观点大相径庭，被某些人认为是奇谈怪论。但是孙冶方同志不是简单地否定传统经济理论，或者只是为了标新立异，而是对传统的经济理论做了比较、尖锐的批判，并且触及了要害——传统经济理论指导下的传统体制种种弊端。与此同时，着力论证自己的新观点，旗帜鲜明地阐述了一些被人们忽视或遗忘了的马克思、恩格斯的一些重要见解，并且对大量的经济现象做出新的理论概括，为自己的观点辩护。他用三万多字的篇幅，写了一篇系统的科学论文——《论价值》，详细地阐发了他的具有独创意义的价值理论，使他的价值论成为言之成理、持之有效的一家之言，引起广大学人的注意。

为了使经济学论文的观点鲜明，我主张在文章中应尽可能展开指名道姓的争论。我国目前正处于经济体制、经济发展模式和经济结构转变时期，一系列新的问题都要我们从理论上进行研究，大量实际资料也要求我们做出新的理论概括。在这过程中，出现不同意见甚至完全对立的看法是难免的。同时，由于每一个从事经济理论研究的人的具体情况不同，有的人可能正确的观点多一些，有的人则可能不正确的观点多一些。大家都处于探索过程中，需要互相交流研究成果，取长补短。而这要通过在文章中开展百家争鸣才能很好实现。同时，开展指名道姓的争论还在客观上迫使文章作者要很好研究对方观点，并且尽可能充分而明确地论证自己的观点，而不能模棱两可、不偏不倚，使人们抓不住要领。

第三，要善于运用范畴概念。在这方面要做到既不是一成不变的守旧，也不是故弄玄虚、乱搬乱套新名词、新概念；同时进行合理的逻辑推理和分析，并深入浅出地加以表达。

经济学论文的特点在于要运用科学的范畴概念进行推理和分析，因此如何选择和运用范畴概念就十分重要。在这个问题上，首先我们不能受传统观念的束缚，抱住原有的范畴概念不放，一概拒绝吸收新鲜的东西。如像前一时期，甚至把使用良性循环、宏观经济、微观经济、需求弹性、供给弹性、需求拉动型物价上涨、成本推动型物价上涨等比较新的概念，都指责为"盲目引进"西方经济理论的"偏向"，列入需要加以清理的范围。其实，社会主义经济同资本主义经济，一方面有本质的区别，同时也有某些共同之处，因为两者同是高度社会化经济，同是商品经济。因此，资产阶级经济学中用于分析高度社会化商品经济的一些范畴和概念、一些分析方法，以及某些具体结论，在不同程度上也是适用于分析我国社会主义经济的。因此，上面列举的如宏观经济等范畴概念，以及西方经济学中某些对商品经济运动规律的概括和论述，对我们研究社会主义商品经济，把握其发展变化的规律性是有用的，没有理由完全拒绝。

其次，我们在引入或借用西方经济学范畴概念时，要采取认真的科学分析的态度。资产阶级经济学总的说是为资本主义制度辩护和服务的，其中有些范畴概念和结论反映着资本的属性，或把资本主义讴歌为符合人类本性的永恒的制度，这属于其庸俗的部分，我们是不能引进的，引进了就会混淆社会主义和资本主义的原则区别，理论研究和论文写作就脱离了科学的轨道。还有，在写科学论文时，也不要故意搬弄西方经济学中那些新颖的名词概念，把一些本来可以写得通俗易懂的原理，弄得莫名其妙。真理是最朴素的，容易为人们掌握的，但有时却被一些故弄玄虚的人变成玄而又玄、无法理解、高深莫测的东西了。有些新的名词概念是可以用来更深刻揭示事物运动的规律性或本质的，但在使用时要注意使大家能看懂和接受，包括做必要的注释，说明其来源和含义，使用这个概念的目的和意义等。

此外，写经济科学论文同写其他任何文章一样，要求条理清楚、逻辑一贯、论理充分、语言生动、通俗易懂等，这里就不多说了。

根据以上所述，写作经济科学论文的要求是很高、很严格的，也是不那么容易全面做到的。但是既然是要写科学论文，哪怕是年轻的科学工作者，恐怕也要努力按照这些要求来做，这也可以算是一种规范化的科学训练。让我们共同努力吧！

（选自《经济专家论写作》，中国经济出版社 1989 年版）

谈学术论文的基本要求

张岱年

这里，我谈一谈关于学术论文基本要求的一些粗浅看法，其中有些是个人过去撰写哲学史论文的简单经验。

一、首先要充分了解学术界在某一方面的已有成就

撰写学术论文，必须选定论题。选定论题，要依据自己学习研究的心得，而提出自己学习研究的心得，必须充分了解当前学术界在某一方面的已有成就。每一时期，学术界总有许多争论的问题，解决这些问题是时代的要求。对于学术界争论的问题，要有一定的认知；对于争论各方面的意见，要有一定的了解。每一时期学术争论的问题很多，要从中加以选择。如果对于某一问题做过比较深入的研究，而有一定的心得，就可以写成论文了。

学习研究的心得是论文的必要条件，如果没有心得，那是不可能写出有价值的论文来的。有了初步心得之后，还要广泛地考察别人已经提出的见解。如果发现自己所想到的，事实上别人早已讲过了，自己的见解并不是什么新见解，这就要重新思考，另提新见。

　　有时学术界对于某一问题并无争论，而自己在研究探索的过程中，忽然发生疑问，经过深入的考察，可能提出与以前的一般见解不同的新说。学术史上的重大突破，常常是如此。这样写出的论文，往往是学术史上划时代的新发现。但是，任何创造性的新发现，都是长期研究的结果，总有一个累积的过程，绝不是短时间内所能完成的。

　　人类的学术领域，经常在不断开拓之中。我们既要研究那些历久常新、争论未决的问题，也还要注意长期以来受人忽视的问题，要注意最近开拓的新的学术领域。例如，清末民初关于殷墟甲骨的研究，在当时确实开辟了前所未有的新园地。今年出现了一些新科学，如科学学、哲学学之类，都有总结过去、开拓新域的性质，推陈出新，蔚为奇观。然而，探讨这些新科学的问题，更需要有广泛的基础。

　　学术发展是一个累积的过程。后人只能在前人已经达到的基础上继续前进。前人已经发现的真理，必须接受；前人曾经犯过的错误，必须注意避免。这样，才能在人类追求真理的道路上向前迈进。我们要力求有所发现，有所发明。但是，只有充分了解当前学术界已经取得的成绩，才能真正向前更进一步。只有懂得了当前已经达到的水平，才能超过这个水平。

二、要充分掌握关于某一问题的所有资料

　　在选定论题之后，就要对于从古到今有关这个问题的资料进行广泛的考察；有时对于间接有关的材料，也要加以调查。只有这样，才能真正了解学术界关于这个问题已经达到的水平。

马克思撰写《资本论》，遍读了当时西方各国全部有关经济材料。列宁写《唯物主义和经验批判主义》，也阅读了当时西方几百种关于哲学、物理学的著作和论文。这是我们研究学术问题的典范。

掌握关于某一问题的全部资料，这种方法，过去有一个比喻，叫作"竭泽而渔"，即研究某一问题，要把所有与这个问题有关的材料一个不漏地阅看一遍。经过"竭泽而渔"的功夫，写出的论文，就具备了坚实的基础，就不易驳倒，就有重要的学术价值。当然，百分之百地无所遗漏地阅读一切有关的资料，有时限于条件，不易做到。但是，重要的有代表性的资料，是一定要注意考察的。

举个例子来说，譬如写关于孔子学说的原始材料，如《论语》《左传》《国语》《礼记·檀弓》等关于孔子言行的记载，必须进行深入的研究。这些材料中有许多具体问题，古往今来，议论纷纭，都要进行一番调查。此外，汉唐宋明关于孔子的议论，清代考据学家关于孔子的考辨，也要加以研究，尤其是五四运动以来关于孔子的评论，更要注意了解。必须经过这样的广泛的阅读之后，才有可能写出关于孔子的有价值的论文来。研究别的思想家，也应如此。

如果想写一部关于哲学史的著作，首先要对于历代著名哲学家的著作进行广泛深入的研读，要了解每一个重要哲学家的学说体系的具体内容，对于其中的问题进行精细的剖析；同时还要对于已有的哲学史著作进行广泛的考察，了解每一部哲学史著作的优点和缺欠，哪些思想需要进一步的阐发，哪些问题需要加以澄清，哪些不正确的解释需要加以纠正。只有进行了艰苦的深入细致的钻研探讨之后，才可能写出具有新水平的哲学史著作来。

三、独立思考，提出自己的新见解

写学术论文，要从学术界已经达到的水平向前迈进一步，即令是微小的一步，也要有所前进。

过去评论有价值的论文，常说是"发前人所未发"，即发现了前人没有发现的客观事实或前人没有发现的客观规律。这就是很大的贡献。初学写论文，不一定能够完全做到"发前人所未发"，但也要提出自己的见解，决不能人云亦云，仅仅重复前人已经讲过的意见。

清代著名学者戴震讲治学方法，强调"空所依旁"，即不要依旁前人的成说。从一个意义来讲，研究学问，"空所依旁"确实是必要的。一方面，我们不能忽视前人已经取得的成就；另一方面，我们也不应受前人已有结论的束缚。这两个方面是相辅相成的。学术研究的对象是客观实际，而客观实际有无穷无尽的丰富内容。前人已经提出的结论，只能是更前进一步的探索的引导。

过去若干年中，有一种不良的风气，即窥测风向，看风向写文章，不管真实情况如何，专门看权威的意向，完全以某一种权威的是非为是非。这种研究学问的态度，不是科学的态度；这样写出的文章，不可能是具有科学性的文章。我们现在要纠正这种不正之风。

四、持之有故，言之成理，有益于社会主义建设

"持之有故，言之成理"是学术论文的起码要求。持之有故即有事实的根据；言之成理是条理清楚、观念明确。持之有故的反面是主观武断、违背事实；言之有理的反面是思想混乱、没有条理。学术论文的起码要求是有事实的根据，有逻辑的明晰性。

真理的标准在于实践，仅仅"持之有故，言之成理"，还不一定正确，必须能够经受实践的检验，即付诸实践，取得预期的效果，简略地说，可以说是"行之有成"，即有成功的实践效果。

先秦时代唯物主义思想家荀子，写了一篇《非十二子》，批评十二个思想家。他认为这十二个思想家的学说都是"持之有故，言之成理"的，但都难免偏谬。例如他评论墨翟、宋钘说："曾不足以容辨异，悬君臣。然而其持之有故，其言之成理，足以欺惑愚众。"他批评慎到、田骈说："不可以经国定分；然而其持之有故，其言之成理，足以欺惑愚众。"他评论惠施、邓析说："不可以为治纲纪；然而其持之有故，其言之成理，足以欺惑愚众。"可见荀况认为仅仅持之有故，言之成理，还是不够的；他认为"经国定分""为治纲纪"，才是最重要的。因为他是地主阶级思想家，所以认为墨宋二子"不足以容辨异，悬君臣"是一个严重缺陷。这表明了他的阶级立场。

我们是社会主义国家，巩固社会主义的经济基础，完善社会主义的上层建筑，是我们的首要任务。所以，我们写文章，

应该有益于社会主义的建设。有益于社会主义建设，即是有益于人民物质生活与精神生活的提高。

社会主义建设有广泛的需要，不但要建立高度的物质文明，也要建立高度的精神文明。我们坚决反对狭隘的实用主义，不能把学术探索的领域看得过于窄狭。同时，我们搞学术研究，也要考虑研究的实际效果。脱离实际的空谈，对于社会发展毫无裨益的虚浮议论，都是应该避免的。科学的研究，一定要有益于社会的向前发展。

五、解放思想，坚持真理

我们从事科学研究，目的在于追求真理，所以，研究学问，首先要有追求真理的热忱，爱好真理的真情实感，坚持真理的无畏精神。追求真理，就要从客观实际出发，承认客观事实，抱实事求是的态度。

马克思主义的辩证唯物论与历史唯物论，为我们开辟了认识真理的广阔道路。马克思主义哲学总结了人类有史以来进步思想的精华，揭示了自然界、人类社会、人类思维的基本规律。马克思主义哲学的基本原理，是经过实践检验的科学真理。马克思主义创始人强调没有终极真理，他们向来没有说过自己的学说是终极真理。马克思主义是科学，科学是永远向前发展的。社会实际已经发展了，理论也应该随历史的发展而发展。我们今天的任务就是在马克思主义创始人开辟的大道上继续前进。

科学研究，必须解放思想。解放思想，就是从谬误中解放出来，从迷信中解放出来，从思想僵化的状态中解放出来。解放思想不是要求主观随意，而是要求更密切地符合客观实际。解放思想的目的在于更深刻地认识真理。

从古以来，就有努力追求真理的人。就有不畏艰难，不怕威胁利诱、专意阐扬真理的唯物主义者。假如没有这些无畏的探索真理的勇士，那么，人类的认识史就完全是一片空白了。在以往剥削制度的束缚之下，还有许多无畏的追求真理的学者，在今日光辉的社会主义时代，我们不能勇敢地探索真理，坚持真理吗？我期待年轻同志们在寻求真理的道路上能够取得超迈前代的新成果。

（选自《张岱年全集》，北京大学出版社 1996 年版）

论文写作断想

周叔莲

谈怎样写作，这对我是一个很大的难题。虽然我写过一些经济论文，但是自己满意的很少，没有什么经验可谈。当然我看过很多很好的经济文章，我们经济学界的老师和朋友中很多人的文章写得很好。学习别人的经验，联系自己感觉到的某些问题，对写作经济论文有以下感想。

（一）写作经济论文至少会遇到三个难题：一是怎样抓住关键问题。二是怎样有说服力。三是怎样吸引人。写作过程中始终要注意解决好这三个难题。

（二）选好论文题目就不容易，抓住关键问题更为困难。任何问题都不是孤立存在的，一个问题也往往包括很多问题。抓住关键问题要求全面了解情况，了解各个问题之间的相互关系，了解每个问题的来龙去脉。还要了解这些问题研究的历史和现状，弄清哪些问题已经解决，哪些问题没有解决。对于已经解决的问题，就不要多花气力，而要下功夫解决那些没有解决而又必须解决的重要问题。

（三）好的经济论文除了提出问题，还要提出新颖、正确的观点。怎样才能做到这点呢？我粗浅的体会是：第一，要收集和研究充分的材料。第二，要认真学习马克思主义。第三，要学点西方经济学理论和哲学理论。第四，要学习历史，尤其要学习经济史，包括中国经济史和外国经济史。第五，既不迷信权威，也不为标新立异而标新立异。

（四）在和别人进行学术争论时，不要只收集对自己观点有利的材料。也许，更需要重视收集有利于对方观点的材料。要像列宁所说的那样，掌握全部材料的总和，然后得出结论。这样，才能使自己的观点有科学性，才能使文章有说服力。

（五）不仅要学会收集材料，而且要学会分析材料。这就要求掌握正确的思想方法。学习经济学的人要重视学习哲学，尤其要学好马克思主义哲学。哲学是教人思维的，学点哲学会使人更聪明些，对写经济论文大有好处。

（六）好的经济论文还应把观点表述好。有人问：写经济论文是形成观点重要还是表述观点重要？我觉得，也许形成观点更重要。但是话得说回来，假使观点表述得不好，即使新颖正确，又怎么能被人理解和接受呢？

（七）把观点表述好先要把它想清楚。有时文章写不下去就是由于问题没有想清楚。这时候怎么办？我的办法是：放下笔，出去散步，把问题想清楚了再回来写，写起来就快了。

（八）毛泽东同志说：文章和文件都应该有准确性、鲜明性、生动性。这对于经济论文也很重要。如果经济论文提出了重要问题，又具有准确性、鲜明性、生动性，就能既有说服力，又能吸引人了。郭沫若同志在回答怎样才能使文章写得准确、鲜明、生动这个问题时，曾说："写文章有一定的技巧。要使文章写得好，恐怕总得懂一点逻辑、文法和修辞。"写经济论文确实应该学点逻辑、文法和修辞。

（九）1951 年 6 月，为了引起人们重视文法语法问题，《人民日报》曾发表过题为《正确地使用祖国的语言，为语言的纯洁和健康而斗争！》的社论。现在我们写经济论文，仍有必要把文法语法问题提到纯洁祖国语言的高度来认识。这样做，可以严格要求自己，对提高经济论文的水平也有好处。

（十）为了写好经济论文，还要多写多改，熟能生巧。经常写，写好后多看几遍，多改几遍，不断总结和吸取经验教训，日积月累，总会有进步的。天下无难事，只怕有心人。写作也是如此。

（选自《经济专家论写作》，中国经济出版社 1989 年版）

关于写作经济论文的几个问题

胡乃武

经济论文的写作涉及到经济研究活动的全过程，其中包括论文题目的选择和确定，资料的搜集和整理，对所研究问题由感性认识向理性认识的飞跃，以及论文的写作、修改和完稿。可见，经济论文的质量如何，关键在于调查和研究工作是否深入。毛泽东同志曾经指出："你对于那个问题不能解决吗？那么，你就去调查那个问题的现状和它的历史吧！你完完全全调查明白了，你对那个问题就有解决的办法了。一切结论产生于调查情况的末尾，而不是在它的先头。"又说："调查就像'十月怀胎'，解决问题就像'一朝分娩'。"一般说来，要写作一篇经济论文，调查研究的时间应占绝大部分，写作的时间只需要占小部分。只有对所研究问题调查得很深入，占有的材料很丰富，才有利于实现由感性认识向理性认识的飞跃，形成有充分根据的独立见解，从而才能写出质量较高的经济论文。相反，如果在调查研究方面下的功夫很少，占有的资料不多，脑子里比较空，在这种情况下，无论在写作上花费多少时间，也断然不会写出高质量的论文的。这是写作经济论文必须首先明确的一个基本问题。在说明这个问题之后，写好经济论文就主要看掌握的技巧了。下面谈谈怎样掌握这些技巧。

一、怎样选择和确定论文题目

写经济论文，首先应选择和确定一个好的题目。因为题目对论文的质量有一定的影响。选择和确定论文题目，应当注意以下几个问题：

第一，要尽量选择社会主义经济建设和经济体制改革中提出的重要课题。这不仅因为经济科学研究必须坚持理论联系实际的原则，要为社会主义现代化建设服务；而且因为研究这样的课题也有利于激发研究者的热情和调动研究者的积极性。当研究成果对社会主义建设有所裨益时，这对研究者来说是莫大的欣慰。

第二，要选择有利于发挥自己专长和优势的课题。无论研究什么经济课题，研究者本身都必须具备一定的基本理论和专业知识。否则，他就不得其门而入，难以驾驭所研究的课题。因此，只有选择那种有利于发挥自己的专长和优势的课题，才能深入地进行研究，使研究成果有所突破，有所创新，达到较高的学术水平。

第三，要考虑研究某一课题所需的资料是否容易搜集。在选择论文题目时，往往会遇到这种情况：论文题目虽然较好，自己也有研究的兴趣和能力，但缺乏必要的文献资料，或短期内难以搜集到充分的资料，这就应改选别的课题。

第四，要考虑课题已经达到的研究深度。有些课题，前人已做过比较深入的研究。一般说来，选择这类课题进行研究，难度较大，不是短期内能够取得突破性进展的。因此，对于初做研究工作的同志来说，最好是选择既有现实意义而前人又研究不很充分的课题来进行研究。

第五，论文题目的大小，要同给定的研究时间、自己的研究能力相适应。初做研究工作的同志，通常犯的毛病是选题偏大，难以把握和深入，结果只能是泛泛而谈。因此，一定要根据给定的研究时间和自己的研究能力来确定课题的大小和难度。

第六，注意选择有争论的那些课题来研究。研究有争论的问题，容易启发思想，开阔思路。初做研究工作的同志选择这类题目是比较好的。因为面对各种争论，必然会促进自己思考，同意什么，不同意什么，总会讲出自己的一些道理。

第七，确定研究课题，需要有一个调查研究的过程。这个过程大体上是：首先只能大致确定一个研究方向，然后根据所确定的研究方向进行初略的调查研究。在调查中应了解该课题目前国内外研究到什么程度，需要深入研究的问题有哪些，研究这些问题所需的资料是否容易收集到，自己的理论准备和专业知识够不够，对该课题要做出较深入的研究需要多长时间，等等。只有经过这番调查研究，才能使所确定的课题切合实际。

二、怎样搜集和整理资料

搜集资料是研究活动的一项基础工作。道理很明显，如果不掌握大量的、全面系统的资料，便难以深入地进行研究，从而也难以做出合乎规律性的科学结论。马克思在总结自己研究工作的经验时指出："研究必须充分地占有材料，分析它的各种发展形式，探寻这些形式的内在联系。"

关于搜集资料的范围，按照周扬同志的意见，应当是"古今中外，正面反面"。具体地说，有以下几个方面：

（一）马克思主义经典著作。经济科学研究应以马克思主义为指针。因此，要根据所研究课题，选读有关马克思主义经典著作。

（二）党的方针、政策。党的各种经济政策，是以马克思主义为指针并结合我国的具体情况而制定的。因此，在经济研究工作中，必须掌握与课题有关的党的各项方针和政策。

（三）学术论著。阅读与所研究课题有关的论著，主要是从中了解该课题目前国内外研究到什么程度，掌握有学术价值的研究成果，以便使自己的研究有所前进，有所突破。

（四）实际部门的工作总结、调查报告和统计资料。进行经济研究，归根到底是为了解决中国经济建设中提出的问题。为此，就要深入实际工作部门，掌握与课题有关的全面的实际情况，过去的情况是怎样的，现在有哪些发展和变化，存在哪些矛盾和问题，有哪些可供参考的经验，等等。

（五）亲自做调查，掌握第一手资料。要研究现实的社会主义经济问题，就必须深入实际进行调查，掌握第一手资料，这是必不可少的资料来源。从学术论著中搜集到的资料，往往是反映几年前的情况和经验，而且要检验这些情况和经验，也有赖于第一手资料的掌握。

为了能够较快地搜集到研究所需的资料，还必须掌握搜集资料的方法，学会熟练地利用工具书。这里简要地谈谈如何查找资料。

如何查找资料。首先，应当充分利用图书馆和资料室，从图书目录和报刊目录索引中查找与自己论文有关的论著。如果是研究现实经济问题，查阅目录索引时应遵循由近及远的原则。因为近作总是要吸收前人研究的成果的。其次，应当充分利用中外经济统计资料汇编或统计年鉴，从中整理出与自己论文有关的系统资料。再次，还可向对自己所选课题有深入研究的专家请教，他会向你提供一些研究该课题必读的书目。最后，把搜集到的书目进行筛选，列出一些精读书目，作为写作论文的主要参考文献。

三、怎样进行研究

如前所说，研究工作贯穿于论文写作的全过程。可以说，从确定了研究课题之日起，就开始了研究工作。在阅读文献、摘录资料、管理资料的过程中，都要经常思考自己研究课题中的有关问题。当所需资料基本搜集齐备时，就应集中精力进行"去粗取精，去伪存真，由此及彼，由表及里"的研究活动。为了使研究工作能正确而有效地进行，应当注意以下几个问题。

第一，要运用抽象法。抽象法是经济科学研究的重要方法。马克思在《资本论》中指出："分析经济形式，既不能用显微镜，也不能用化学试剂。二者都必须用抽象力来代替。"所谓"抽象法"，就是从现象到本质、从特殊到一般、从具体到抽象的研究方法。通过科学的抽象来发现事物的本质，揭示事物发展的规律，使人们对客观事物从感性认识上升到理性认识阶段。毛泽东同志曾把这种方法通俗地解释为"去粗取精，去伪存真，由此及彼，由表及里"。所谓"由此及彼"，就是要注意研究事物之间的联系。事物之间本来是相互联系相互作用的，只有弄清事物之间的联系，才能揭示事物发展的规律。所谓"由表及里"，就是要透过现象揭示事物的本质。马克思指出，事物的本质是隐藏在现象形态后面的。一切现象形态"会直接地、自发地当作流行的思维形态再生产出来"；而事物的本质"却是要由科学来发现"。"如果事物的表现形式和事物的本质是直接合而为一，一切科学就都成为多余的了。"

第二，要运用逻辑的方法和历史的方法。这也是经济科学研究中常用的方法。恩格斯曾对这种方法做过精辟的论述。他说："整个说来，经济范畴出现的顺序同它们在逻辑发展中的顺序也是一样的。……历史常常是跳跃式地和曲折地前进的，如果必须处处跟随着它，那就势必不仅会注意许多无关紧要的材料，而且也会常常打断思想进程。""因此，逻辑的研究方式是唯一适用的方式。但是，实际上这种方式无非是历史的研究方式，不过是摆脱了历史的形式以及起扰乱作用的偶然性而已。历史从哪里开始，思想进程也应当从哪里开始，而思想进程的进一步发展不过是历史过程在抽象的、理论上前后一贯的形式上的反映；这种反映是经过修正的，然而是按照现实的历史过程本身的规律修正的。"列宁也指出："为了解决社会科学问题，为了真正获得正确处理这个问题的本领……，最可靠、最必需、最重要的就是不要忘记基本的历史联系，要看某种现象在历史上怎样产生，在发展中经历了哪些主要阶段，并根据它的这种发展去考察它现在是怎样的。"这种逻辑方法和历史方法的统一，马克思、恩格斯、列宁的著作中运用得很广泛。例如，马克思在《资本论》中，首先分析商品，进而分析货币，然后分析资本。这种分析方法，逻辑上是如此，历史发展顺序也是如此。

第三，论文中的观点应当是从大量材料的研究中得出，而不应当是先有了观点之后才去寻找材料加以验证。列宁指出："因为社会生活现象极端复杂，随时都可以找到任何数量的例子或个别材料来证实任何一个论点。"所以，"在社会现象方面，没有比胡乱抽出一些个别事实和玩弄实例更普遍更站不住脚的方法了。"

第四，在研究过程中，应当认真思考和检验前人关于该课题的研究成果，弄清哪些结论是正确的，哪些结论还带有片面性，哪些结论是站不住脚的。对于前人研究成果中的正确部分，要认真学习和继承；对于前人研究成果中的片面结论，应加以补充和纠正；对于前人研究成果中的不正确结论，应提出自己的商榷意见。总之，研究工作应从检验前人的研究成果入手。这不仅有助于研究的深入，而且也是防止研究工作中重复别人的劳动所不可缺少的步骤。

第五，在整个研究工作中，一般会经历如下的三个阶段：在第一个阶段上，研究刚刚起步，占有的资料不多，思路还不开阔，因而往往感到不知如何深入；在第二个阶段上，研究工作逐步有所深入，发现有许多弄不清楚的问题，千头万绪，理不出个头绪，因而往往会产生畏难情绪；在第三个阶段上，随着研究的不断深入和资料的大量积累，逐步形成自己的一些见解，这时又容易滋长自满情绪。按照上述认识发展规律，当研究工作遇到困难时，应知难而进，刻苦钻研，锲而不舍；当研究工作有了较大的进展，形成一些自己的见解时，应保持冷静的头脑，力戒自满，应以严谨的治学态度，认真论证自己的观点，扎扎实实地进行研究。

四、怎样进行论文的写作、修改和定稿

经济论文的写作，是要把研究成果以书面形式表达出来。为了把论文写得好一点，应当注意以下几点：

首先，要在缜密构思的基础上，拟定一个详细的论文写作提纲。这个提纲，应当是观点明确，条理清楚，逻辑严密，论证有力，论据充分。

其次，论文要开门见山，紧扣主题，精选材料，说理充分，简明扼要，绝不可拖泥带水。凡能用五六千字说清楚的，就不要拖长到七八千字。

再次，文字表达应当准确、鲜明、生动、流畅，段落要分明，标点符号要正确。为此，当写就初稿后，至少要认真修改三遍；推敲观点，斟酌字句，把一切可有可无的字、句、段落删去。还应通读两遍，使全文修改到朗朗上口为止。最后，定稿、誊清。

（选自《胡乃武文选》，中国金融出版社 2013 年版）

谈谈财经文章的写作

郭代模

财经文章的写作对于研究财经理论、宣传财经方针政策、总结实践经验以及解决问题矛盾有着重要的作用。对于财政、税务、财务、会计战线的同志来说，写作的目的是服务于财政、税务、财务、会计宣传，服从、服务于财政的改革与发展，服从、服务于科学理财、民主理财、节约理财和依法理财。通过写作与宣传，或从研究角度为财政改革与发展寻找政策理论依据；或从宣传角度为财政改革与发展进行政策解释、普及与落实；或从信息角度为财政改革与发展总结经验交流情况；或从可持续发展的角度为财政改革与发展提出解决问题和矛盾的思路。不管是为研究问题而写，为解决矛盾而写，为总结经验而写，还是为提供思路而写，归根到底，都是为了事业的发展、人民的利益、真理的追求和国家的富强。因此，可以讲，写作是有明确目的的脑力劳动，只有目的明确的写作才可以走上成功之路。

一、写作的内容

财政、税务、财务、会计工作的实践特别是其改革的实践，为我们提供了广阔的天地，既有其丰富的内涵，又有其广阔的外延。所以写什么，首先要从其内涵着手，写财政、写税务、写财务、写会计。同时又要着眼于外延，不拘泥于财政、税务、财务、会计，也可写与财政、税务、财务、会计有关的东西。科学研究的层次，一是基础层次研究，二是应用层次研究，三是发展层次研究。笔者认为财经类文章的写作同样也包括基础、应用、发展这三个层次。那么，写作的内容是什么？

从认识论的角度看，写作的题目在实践中，既有财政、税务、财务、会计昨天实践的经验需要总结，又有其今天实践的情况需要反馈，而其明天的实践，又需要我们以正确理论为依据、做指导。因此，这里的总结、反映、指导，为我们的写作提供了取之不尽的题材。

从写作的范围看，既有中国的，也有外国的；既有历史的，也有当代的；既有中央的，也有地方的；既有会计的，也有统计的，其范围是极其广阔的。所以，写什么是很有讲究的，也是很有学问的。为此，谨提出以下看法：

第一，围绕中心，高扬主旋律。笔者在财政科研所工作时，根据所领导的要求，将财政科研工作方针归纳为十六个字，即"围绕中心，抓住重点，服务现实，发展理论"。这既包括了部门科研工作的特点，又体现了理论发展的道路。我想，我们搞写作，也要有中心。这个中心，既有全党全国的中心，这就是中国经济的现代化建设和科学发展，在这个全党全国的中心下，作为财政部门又有自己的工作中心，这就是要实施积极的财政政策，战略性的结构调整，科学化的财政管理，为国理财，为民服务，促进发展方式加快转变和又好又快发展，促进经济、政治、文化、社会的协调发展。总之，围绕中心，高扬主旋律，就可以体现时代的主题、国家的大局，从而达到写作内容与写作艺术的统一。

第二，抓住重点，突出特色。何谓重点，笔者以为，重点或是财政改革发展中的主要矛盾，或是其主要矛盾的主要方面，或在财政改革发展中具有举足轻重的地位、有支配制约全局作用的东西。因此，一般而言，重点具有客观性、代表性、集中性和公认性。对此，财政部以及各地厅局每年都有工作部署，其重点要点显而易见。抓住重点应该说不是难事，难就难在突出特色上。世界之大，无奇不有；万事万物，千姿百态。四川人说："峨眉天下秀，夔门天下险，剑阁天下雄，青城天下幽。"这千姿百态也好，这四川的秀、险、雄、幽也好，其标志就在于它的特色和个性。无个性便没有其共性，共性寓于个性之中。有特色才能吸引人，有特色才能有读者，有特色才能有市场。所以，写什么一定要有特色，文章的题目要有特色，文章的形式要有特色，文章的语言要有特色。总之，抓住重点写、突出特色写，是很重要的，也是难能可贵的。

第三，捕捉"三点"，服务读者。写作是为了给读者看的，这就要让作品具有吸引他们的力量和魅力。因此，在写什么上，除了抓重点之外，还要善于捕捉实践中的热点问题、难点问题和疑点问题。捕捉住这三点，而且写得有血有肉，就一定会给读者以知识、以力量、以启迪。"三点"问题既散见于报刊，又流行于街头巷尾。由于"三点"问题大家都注目、都关心，写好了必定为读者所喜闻乐见。所以，"三点"问题是值得写的，难就难在写好上，应真正达到为读者解疑释惑和更新知识的目的。

第四，更新观念，更新知识。伴随着世界格局的变化，伴随着高新科技特别是高速信息公路的发展，地球越变越小了，知识更新越来越快了。改革开放以来，思想一次次解放，观念一次次更新，现代科学知识一次次涌来。特别是中国特色社会主义理论、社会主义市场经济知识，为我们更新观念、更新知识指明了方向，提出了更高的要求。从财政、税务、财务、会计来说，我们应运用新观念、新方法、新知识，重点研究中国特色的公共财政体系的完善，公共财政职能的健全，财政运行机制的转变，财政法制的建设，财政管理科学化精细化的强化；研究现代企业制度的建立，现代企业财务管理的加强，现代企业财务核算制度的建立，现代企业财务核算特别是会计电算化的广泛运用；研究会计改革的深化，会计语言的国际化；等等。这就是说，写什么，还要在更新知识、更新观念上花笔墨、下功夫。

二、写作的态度与方法

（一）关于写作的态度

古往今来，人们都把写文章看作是一项极为严肃的事情。三国曹丕在《典论·论文》中说，"盖文章，经国之大业，不朽之盛事"。杜甫诗中也讲"文章千古事，社稷一戎衣"。古今有识之士，都把写作视为自身修养和毕生事业的内功要务，舍得花精力、下苦功。故有人曰"倾注三江五湖水，挥动千钧写春秋"。小小一支笔为何重千钧，仔细品味确有道理。毛主席手中的笔，指点江山、激扬文字，写出了雄视百代的文章；鲁迅手中的笔，似投枪、匕首，使敌人胆战，让人民鼓舞。当然，笔既能为善，亦能为恶，在封建社会里，那些昏庸皇帝手中的笔，往往是祸国殃民、亡国败家的工具；"四人帮"手中的笔，不也是成为颠倒黑白、危害国民的工具吗？所以我们写文章，一定要态度端正。如前所说，我们要为思想而写，为美而写。为思想而写，就是要为人民的利益而写，为祖国的繁荣富强而写，为世界美好的明天而写；为美而写，就是要为社会的和谐、家庭的和谐、个人的和谐而写，与之同时，为自然界的美、为生态环境的美而写。

端正写作态度，一个根本性的问题就是端正写作作风，也就是必须弘扬马克思主义的文风。对此，习近平同志于今年5月12日在中央党校的讲话中强调了文风与党风的关系，"党风决定着文风，文风体现出党风"。他针对当前存在的文风不正的长、空、假的现象，提出了改进文风务求"短、实、新"的基本要求，进而提出了多管齐下、标本兼治的三条举措。他认为：改进文风，领导是关键，办法靠调研，群众是先生，会风改当先。所有这些，都为我们端正写作态度指明了方向、方法和途径，也对我们办好刊物提出了政治要求。

（二）关于写作的方法与技巧

第一，选题要准，题要醒目。

诗人、画家、文人、经济学家、社会学家感受事物的心灵是相通的。他们在观察同一事物而引发联想时，在诗人眼里是一首诗，画家眼里是一幅画，文人眼里是一篇好文章，经济学家眼里是一笔财富，社会学家眼里是一种启迪。

　　写文章一定要考虑好题目，选准题目。有一个好题目，文章往往就成功了至少一半，选题准不准直接关系到文章的成败。爱因斯坦说过："提出问题往往比解决更重要。"提出问题，也就是选题问题。文章的选题，一种是就范围而言的，即说明文章的论域；另一种是就内容而言的，即对文章的内容进行科学抽象和高度概括。选题要准，就是要摸准时代的脉搏，反映时代的特点，体现时代的要求。选题要准，就财政工作而言，就是要摸准财经生活的脉搏，或抓住重点，或击中要害，或切中时弊。当然这里必须以正面宣传为主。选题要准，同时也要物惟求新。李渔在《闲情偶记》中指出："人惟求旧，物惟求新。新也者，天下事物之美称也。而文章一道，较之他物，尤加倍焉。"可见，文章选题要在准中求新。选题要准，题要醒目，同时，还要在命题上下功夫。一个好的题目往往是文章成功的一半。如果大题目好，加上分标题好，那的确是美的享受。胡乔木说，"向群众宣传，发表文章，标题很重要"，"好文章没有好标题不行"，"标题好的就吸引人，引起人的兴趣"。总之，选题要准，题要醒目，要突出个人的才干和特色。

　　第二，立意要高，高在境界。

　　写文章一定要追求意境、追求真理。文章立意如何，事关文章价值的有无和大小。选题立意，不仅是写作学中的一个重要的美学原则，而且是文章写作成败的一个重要因素。画家的创作要突出意境，我们的写作也要讲究意境，意境就是写气质、写精神、写境界。意境是艺术创作的灵魂，也是写作的灵魂。当你登上庐山，然后品味毛主席的《七律·登庐山》时，便对毛主席那"一山飞峙大江边，跃上葱茏四百旋"的诗的意境有更深的理解！意境，是论文写作中的立论和主旨，也是写文章的立意和主题。立意要高，一是要明意，即完全理解写作的用意和目的；二要顺意，即有顺畅的逻辑思路和主线；三要达意，即要有达到"言之有物，持之有故，述之有理，自圆其说"的结论。总之，一篇好文章，要有一个基本主题、主线和中心，也就是说，要有一个统领全文的总纲，这个总纲在文章中犹如一面旗帜。旗帜树起来了，大的思路观点突出来了，然后纲举目张，把大中小论点排列得很醒目，这样一篇眉清目秀的文章就出来了。一篇好文章，立意要高，高就高在它的正确性、科学性，深入事物的内部，抓住事物的本质，揭示事物的规律。"意与理胜，则文字自然超众"，就是这个道理。当然，文章的境界之高低，与作者本人的世界观、人生观息息相关。文章的境界与清朝王国维所说的"三种境界"是不同的，那是成功者必须经过的三种境界，第一境界是"昨夜西风凋碧树，独上高楼，望尽天涯路。"第二境界是"衣带渐宽终不悔，为伊消得人憔悴。"第三境界是"众里寻他千百度，蓦然回首，那人却在灯火阑珊处。"但经历了王国维所说的"三种境界"，写文章恐怕也就有了较高的境界，如忧国忧民、爱国爱民、为国为民，等等。

第三，结构要合理，理当严谨。

写文章一定要讲究文章的结构，讲究谋篇布局。结构布局既是文章的质量要求，又是文章的形式要求。结构主要是由文章的内容决定的。构思严谨，无非是指文章思路清晰、层次清晰、内在逻辑性强和外在结构性美。结构的量化，是指文章各组成部分的比例关系，比例失调，文章结构就会扭曲。文章的结构首先体现在标题上，分标题的设立，意味着文章大结构的确立，分标题是文章最直观的结构；其次体现在段落上，段落的设立，意味着标题下的小构成及其文章的骨骼；再次体现在文章的论述、描述、记述的层次上。要建立合理、严谨的结构，就一定要按照文章的内容来设计，或以不同对象分解，或以不同视角划分，或以不同层次区分。

第四，观点要明确，更要正确。

写文章，观点一定要正确，不能模棱两可，含糊其词。文章的观点是否明确、正确，关系作者的世界观、价值观、人生观。搞创作写文章，总是表明作者的立场和观点。表明你坚持什么？反对什么？提倡什么？宣传什么？

至于什么是正确的观点，这里有一个判断标准问题。毛泽东同志曾经提出了判断文章是香花还是毒草的六条标准；改革开放以来，邓小平同志提出了"三个有利于"的判断是非的标准。观点是否正确，应该有衡量标准和尺度。这个标准和尺度，归根到底是社会实践，只有经得起实践检验的、经得起历史检验的观点，才是正确的观点。正确的观点，犹如画龙点睛，它可以使你的文章亮起来；而某一错误的观点，则可能使你的文章黯然失色乃至成为败笔。文章观点要正确，其中有一点很重要，就是少点绝对化，多点辩证法。毛主席的文章充满了辩证法，毛主席的书法里也充满了辩证法。毛主席说："字的结构有大小、疏密，笔画有长短、粗细、曲直、交叉，笔势上又有虚与实、动与静，布局上有行与行间的关系、黑白之间的关系。你看，这一对对的矛盾都是对立的统一啊！既有矛盾，又有协调统一。中国的书法里充满了辩证法呀！"财经文章的观点是否正确，要经得起社会实践的最终检验。

第五，语言要生动，文字要活泼。

语言要生动，在中国历代的文人墨客中留下许多美谈。如杜甫的名句："意匠惨淡经营中"，"语不惊人死不休"，前句讲的是经营意匠突出意境；后句讲的是锤炼语言激动人心。又如贾岛"鸟宿池边树，僧敲月下门"，其中"敲"字，贾岛本来想用"推"字，但反复吟咏，仍犹豫不决。后来还是韩愈为其做主改用"敲"字，这一字之改，敲门之声咚咚入耳，于是这推敲推敲，就成了反复斟酌的习惯用语。又如王安石的"春风又绿江南岸"，一个"绿"字，得来不易，初云为"到"，然后圈去"到"改为"过"，再圈去"过"改为"入"，再圈去"入"改为"满"……最后定为"绿"。这一字数改，改出了形象，改出了色彩，改出了生气。

语言要生动，功夫在文字。文字活泼形象，语言就会生动优美。文字功夫是基本功。基本功是苦功，是真功。"问渠那得清如许，为有源头活水来"。有了基本功特别是掌握了写作规律，就有了活水，就获得了写作上的自由，就使自己从必然王国进入了自由王国。

第六，好文章是改出来的。

古今中外，凡是文章写得好的人，大概都在修改上用过功夫。孙犁在谈到改稿时说，"越到老年，我越相信：好文章是改出来的这句话"。怎样才算修改的功夫够了呢？他认为有两条衡量标准。一个是内容正确，一个是读者容易接受。大家知道，《共产党宣言》是1848年问世的，作为国际共产主义运动的一个历史文献，当然不能再对原文做修改，但从1872—1893年的二十一年间，《共产党宣言》在一些国家多次再版，马克思、恩格斯为此写过七个序言，在完全肯定《共产党宣言》基本原理正确性的同时，对某些具体问题做了重要补充。这些补充实际上就是修改。总之，要经过多道关口的审、改。改稿见眼力，改稿见文采，改稿见功夫！

三、写作的功夫在文外

陆游曾对他的儿子说："汝果欲学诗，功夫在诗外。"这讲的是铺开稿纸动笔前的功夫。这些功夫归纳起来有以下几方面：

一是"读万卷书"的功夫。这就是知识积累的功夫。培根说过："读书使人明智，读诗使人灵秀，数学使人周密，物理学使人深刻，伦理学使人庄重，逻辑修辞之学使人善辩。"总之"胸中知识广，手中钥匙多，笔耕力量大"。只有加强自己的知识积累，读书破万卷，才能下笔如有神。笔者曾经跟财政科研所的研究生说，读书为明礼，要立志明大礼；读书要达志，要立志做大事；读书要立言，要集成当大家。读书有一个如何读的态度问题、方法问题。有了正确的态度之后，方法对头与否事关成败。人生百年，生命有限，读书必然是有目的的，有选择的，学校里读书是重要的，但更重要的是在工作实践中读书。一个人一要读点文，二要读点史，三要读点哲，但最主要的是把自己的专业读好。读书不能只看一般的书，关键要看名著，要看有权威性的书。消遣性的书容易打发时间，有分量的书则能真正提高自己。读书也要讲究结构，要处理好博与专的关系、宽与窄的关系、深与浅的关系；读书要讲究可持续性，既要有好奇心，更要有做学问的持久力。周恩来曾提倡秀才们多读点书。毛泽东更是读书的典范，他在心脏停止跳动前的9月8日，还在坚持看书看文件。

二是"行万里路"的功夫。行万里路就是"三贴近"，即贴近实际、贴近群众、贴近生活。"行万里路"的功夫，从文章的写作而言，关键是调查研究，了解情况，掌握第一手资料。调查研究的方法与形式不是单一的，但召开不同形式的座谈会，应是有效的办法，调查研究能否深入下去，能否抓得真实的材料，能否写出感人服人的文章，这对于作者而言是关键的。尽管要听到真话不容易，要掌握实情不容易，但我们也不能因为不容易就打退堂鼓，而不做调查研究。

三是积累整理资料的功夫。资料的积累有一个选择问题，资料的整理有一个分类问题，资料的运用有一个取舍问题。一篇好文章，往往是材料丰富、数据确凿的。资料的积累是一个长期的过程，一辈子写文章，就要积累一辈子的资料。资料积累犹如武人练功、书家练字一样，应该是曲不离口、拳不离手才行。积累资料要善于分类，分门别类就便于选用。积累资料要根据事业需要，根据个人偏好来考虑，有的通过买书而实现，有的通过上网而得到，有的通过笔记而掌握，有的记标题，有的记观点，有的则记数字。总之，资料的积累、整理和运用，实际上是一个知识的积累和升华过程。知识积累多了，升华快了，一个人的学问就厚实了，写起东西来，就能文若泉涌。

四是"打腹稿"的功夫。古人欧阳修说："吾平生做文章多在三上，乃马上、枕上、厕上也。盖唯此可属思耳。"左春台同志也曾认为：写文章的秘密就在于动笔写作以前要"属思"，或者叫作"打腹稿"。属思、打腹稿，就是用脑将自己要写的文章先勾出一个框架，再写出腹稿。善打腹稿的人，往往写文章一挥而就，写出的文章也很有逻辑。打腹稿也要有结构的设计、逻辑的思路和行文的程序。有些人不讲究打腹稿，想到哪里写到哪里，结果必然是乱石铺街、杂乱无章、缺乏逻辑性。总之，凡事预则立，要想少走弯路，就要多做准备。

五是"吃草""挤奶"的功夫。写文章是苦差事，是艰辛的创作过程，要有"吃的是草、掉的是发、挤出的是奶"的自我牺牲与乐于奉献的精神。实际上，写文章的过程就是一种磨砺、修身、抒发情怀的过程，一种价值取向诞生并进行描述表达的过程。因此，这一过程既是艰辛的脑力付出过程，又是艰辛的体力投入过程。"轻松写作"只是境界问题，而不是实际表现。前面已讲过，凡成就大事业、大学问者，要经历三种境界。要写成好的文章，必须调动起作者的全部智慧，并付出全部的心血。

（选自《财务与会计（理财版）》，2010 年第 11 期）

怎样撰写经济学论文

萧灼基

一、撰写学术论文是经济学研究的重要形式

撰写学术论文，是大学生和研究生的重要任务。大学生要写学年论文、毕业论文，硕士生要写硕士论文，博士生要写博士论文。研究生的论文，对授予学位有着决定意义。如果其他课程均已通过考试，但学位论文经过答辩不能通过，就不能授予学位。所以，对研究生来说，撰写学位论文是十分重要的。

不仅对大学生和研究生，对于一切从事教学和研究工作的人来说，撰写学术论文都有重要意义。

第一，学术论文是作者学术水平的重要表现。从论文中，人们可以看出作者在本门学科中是否具备坚实、宽广的理论基础和系统、深入的专业知识，是否能够从事创造性的科学研究工作，是否能够提出新的见解，对本门学科的理论建设和实际工作是否做出贡献。有的同志发表的文章不少，但没有给人们留下深刻的印象；相反，有的同志发表的文章不多，却给人们留下了深刻的印象。其原因是什么呢？主要是论文是否有新的

见解、新的观点、新的论述方法。论文是作者学术水平和研究能力的综合反映。同专著比较，论文可以较集中地反映作者的学术观点，可以较快地把新的学术见解公之于世。因此，人们往往主要是通过学术论文来了解作者的学术观点、学术水平和研究能力。

第二，撰写学术论文，可以为更大的科学成果做准备。一部重要的学术巨著，一项重大的学术成果，不是凭一时的灵感可以完成，而要经过长时间地积累材料、反复思索、不断琢磨，观点从不成熟到逐渐成熟，表现形式从不完善到逐渐完善，内容从一个侧面、一个问题到更多侧面、更多问题，以至到比较全面。因此，许多人在写专著之前，先写专题论文。马克思在写《政治经济学批判》《资本论》等著作以前，就写了大量专题论文。马克思说："我考察资产阶级经济制度是按照以下的次序：资本、土地所有制、雇佣劳动；国家、对外贸易，世界市场。……我面前的全部材料都是专题论文，它们是在相隔很久的几个时期内写成的。"后来，他对这些专题论文进行系统整理，建成了《资本论》这座无比雄伟的科学大厦。

作为一个研究生，一方面，要通过撰写学术论文，学习做研究工作；另一方面，也要通过撰写学术论文，为今后继续进行研究工作、撰写学术专著积累材料打下基础。有些学者的专著，就是在研究生时代确定选题、积累材料，毕业后长期研究完成的。我自己也有这方面的体会。我出版的《恩格斯传》，全书40多万字，并不是短时期写成的。在此之前，我已完成了许多专题研究，发表了不少有关的专题论文。《恩格斯传》就是把许多专题论文进行系统整理后写成的。

第三，学术论文也是对理论工作和实际工作的贡献。我们的学术研究，是整个社会学术研究的组成部分。学术研究的目的，是为繁荣科学文化，为祖国的社会主义现代化建设服务。有些学术论文，探索了理论问题，为繁荣科学文化做出贡献。人类的科学文化，就是通过世世代代人们知识的积累，通过不断的研究、探索，逐渐从低级向高级发展的。

在科学的历史上，提出被实践证明是正确的创新理论的作者，固然很有功劳，但那些进行了辛勤的劳动，提出了被实践证明是不正确的见解的作者，也有着不可磨灭的业绩。因为真理总是在同谬误的斗争中发展的。真理也是在学术交流中发展的。那些提出了不正确见解的作者，他的观点不仅可以从反面启发人们的思考，避免人们重蹈覆辙，而且在总体的错误中，有时也可能有某些正确的成分、因素，某些有益的微量元素，这些都会为创新理论提供养料。每个从事研究工作的人，都以自己的学术成果、学术论文参加学术理论界的讨论、辩论，在理论发展的长河中贡献自己的一份力量。

我国当前正在进行社会主义现代化建设和经济体制改革。现实经济生活中出现了大量新情况，提出了大量新问题，需要我们去发现、探索，进行理论论证和理论概括，提出对策，给予回答。这是我们这一代经济学家必须完成的历史任务。因此，我们要进行深入的研究，通过学术论文和其他形式，参加关于经济建设和经济体制改革的理论讨论，为国家建设出谋划策。

第四，撰写学术论文的过程，也是知识深化和知识更新的过程。一篇学术论文，虽然论述的问题比较具体，范围有限，但往往所涉及的知识领域较多，需要考虑的问题不少。这就需要动用以往的知识积累，进行综合的、深入的思索和研究，使我们已有的知识逐步深化。同时，当前新的成果、新的知识不断出现，知识陈旧率越来越高。因此，不管是研究生，还是从事各种职业的工作者，特别是高等学校的教师，都面临着不断更新知识的问题。当然，更新知识的途径很多。但我认为，从事科学研究，撰写学术论文，是更新知识的重要途径。我们都有这样的体会，为了从事一个专题的研究，撰写一篇学术论文，需要收集、翻阅大量资料，需要了解当前学术界有关问题的讨论和研究情况，需要分析和判断哪些观点已经陈旧，哪些观点具有创新意义，哪些问题已经解决，哪些问题意见存在分歧，哪些问题正在探索，哪些问题还是空白。这样，在撰写论文的过程中，我们实际已经掌握了有关问题的最新研究成果和最新知识。通过专题研究，使我们能够吸收和消化最新研究成果，保持清新的头脑，站在学术研究的前沿阵地。

二、学术论文要立足于创新

做研究工作，必须有所创新。一部著作，一篇论文，如果重复众所周知的内容，毫无创新的东西，就没有多少价值。因此，学术研究、学术论文一定要立足于创新。

第一，研究的领域要新。要研究新的领域、新的课题，做探索性、开拓性的工作。这样对社会的贡献就较大。有的同志写文章，从题目到内容都很陈旧，即使文章写得很认真，观点很正确，文字也无可挑剔，这种文章意义不大，发表的机会很少。现在需要研究的新领域、新课题很多，实践中提出了大量的问题需要我们去探索。只要面向实际，开动脑筋，就会发现许多重要的问题。

第二，观点要新。如果研究的领域和课题不新，但提出了新的观点，这也很有意义。例如社会主义商品经济问题，已经讨论了一百多年。近几年提出了许多新观点，大大深化了人们对社会主义商品经济的认识，对社会主义经济建设和经济体制改革也很有意义。一篇文章要有特色，最大的特色就是有自己的创新见解。只有见解新颖，才能丰富科学文化，才能为实践服务，才能为社会所承认和尊重。

第三，新的论证方法。有些文章，研究的领域、课题不新，也不一定有新见解，但把已经发表的论点加以综合，进行新的归纳，新的概括，新的论证，使某些观点的论述更加全面、更加系统、更加深刻，这也是创造性的工作，也是对学术界的贡献，也有重要的意义。

第四，新的资料，包括思想资料和统计材料。有的文章的课题、观点、论证方法都没有新的东西，但整理和利用了大量少为人们所知的资料。这也是有意义的。例如在讨论生产劳动与非生产劳动问题时，不同观点的同志引用的马克思的语录都是那么几条。如果有的同志能够从马克思的著作中，特别是从《资本论》手稿中找出一些新的材料，说明自己的观点，或者进一步论证已经发表的观点，一定会受到人们的欢迎。我国现在统计材料比较分散，一些文章引用的材料也较零散。如果有的同志对有关统计材料进行分析、对比、系统化和完整化，使这些统计材料具有更大的指证力，这也是一项重要的研究工作，也有学术意义。

以上几个方面，都表现了研究工作的创新性。当然，在一篇文章中，不可能要求同时具备几个创新。一篇文章只要有一方面的创新，就很不错。当然，创新越多越好。

三、撰写论文的过程

第一，选定题目。前面已经说过，选题十分重要。有人说，"题目选得好，文章做成了一半。"这不是没有道理的。如何选题呢？主要从实际中选，要了解社会经济生活中提出什么问题，哪些问题有研究的价值和研究的条件。有的问题很重要，很有价值，但缺乏研究条件，就不一定合适。在学校工作的同志要选择一些理论性、学术性、探索性较强的题目，以发挥理论基础较深厚、学科门类较齐全、图书资料较丰富的优势。

第二，收集材料。题目选定之后，要大量收集材料，任何研究工作，都必须从已有的思想资料出发。恩格斯说：同任何新的学说一样，马克思主义"必须首先从已有的思想材料出发，虽然它的根源深藏在经济的事实中"。这是十分正确的。马克思、恩格斯在创立科学社会主义的过程中，深入、系统地研究了德国古典哲学，英、法空想社会主义，英国古典经济学的著作，批判地继承了人类优秀的文化遗产，为我们树立了从事科学研究工作的光辉榜样。

我们进行科学研究，要把收集、整理和掌握资料作为重要的基础性工作。收集的材料主要包括三类:(一)马克思主义经典著作、党和国家重要文献;(二)学术界有关的专著、论文;(三)实际部门的研究报告、统计资料等。要从学术界已经发表的专著和论文中,挑出一些重要的篇章进行阅读、研究,其目的是为了了解学术界有关这个问题的研究情况、研究进展、研究成果、进一步研究的方向和重点,做到心中有数,既能吸取别人的成果,又在别人已经达到的基础上有所前进、有所创新。

第三,拟订提纲。在收集了一定材料,对各种材料进行一定的研究、分析、对比的基础上,拟订写作提纲。提纲一般不要过长。一篇万字左右的论文,写千把字的提纲就行。主要是把本文论述的范围、层次、基本观点和相互联系大致确定下来,使全文条理清晰,结构严谨,重点突出。

拟订提纲的过程,也是研究材料、独立思考的过程。提纲是在分析研究材料的基础上独立思考的结果。文章的基本轮廓、基本观点,在拟订提纲时应该基本确定下来。这样可以少走弯路,避免重大返工。

第四,写作初稿。收集了必要材料,经过了反复思考,拟订了写作提纲以后,就要动笔写作。初稿要尽量一气呵成。这一稿主要是摆材料、摆观点,不必过多考虑结构是否严整、论述是否完善、文字是否准确、篇幅是否适当。总之,先写下来再说。能用的材料尽量用上,需要说的话尽量写上,不怕重复,不怕冗长,不怕用词不当和文字粗糙。

第五,修改定稿。一篇文章,至少要修改两遍。第一遍修改(即二稿)主要是解决文章结构和基本观点的问题。在写作二稿时，对文章的结构、基本观点要反复推敲，力求结构谨严、观点正确、全面、重点突出。第二遍修改（即三稿），不仅要使文章结构进一步完善，观点更加全面、深刻，论述更加透彻，而且篇幅要合理，文字表达要精练、准确。修改两遍是最起码的要求。有些重要文章，要反复修改多次。我参加编写的《学习马克思的社会再生产理论》一书，除初稿外，修改了八遍。每遍都从体系、观点、文字、语录、公式上进行认真推敲。有时有些段落还一再改写，力求完善。

（选自《经济专家论写作》，中国经济出版社 1989 年版）

谈写经济文章

董辅礽

怎样写经济文章，这本身就是一篇难做的文章。因为，经济文章有各种各样，按分类来说，有理论文章、调查报告、工作研究和对策性建议、评论和小品等之分。各类文章之间的界限并不泾渭分明，而在各类文章的内部又可做进一步的细分。好像一条光谱那样，经济文章有着许多不同层次的色彩，各类不同的经济文章以及同一类经济文章又有不同的写作方式，并无固定的模式。同时，还因为，经济文章的好坏首先决定于它的内容，其次才是文章内容的表达方式或者文章的形式。如果谈怎样写经济文章，指的是如何使文章具有充实、深刻的内容，那就涉及到如何深入地观察、分析和研究经济问题。这是个很大的题目，不同的经济学科、不同的经济问题会有不尽相同的答案，很难在一篇谈怎样写经济文章的文章中谈周全。如果谈怎样写经济文章，指的是文章的写作技巧，这又属于语文写作的范围，显然不是"怎样写经济文章"这个题目所要回答的。可见"怎样写经济文章"，这篇文章并不好做。

文章难做，当然不是说不能做。因为经济文章，不论是哪类经济文章，要能写好，除了经济、政治、法律、哲学以至文学等等各种各样的文章共有的写作技巧以外，还是有一些作为经济文章所必须遵循的规范。我想以这个角度来做这篇文章。不过，我要先声明一句，我做这篇文章，并不是说我能够把经济文章写好，而是想从自己写经济文章的实践中，从别人写的经济文章的成功或不足中，谈一点自己的粗浅体会，用作自勉。

第一，经济现象错综复杂，必须运用抽象的方法，从纷杂的经济现象中去粗取精、去伪存真、由表及里，把纷杂的现象理出一个头绪，找出内在的联系。透过现象深入到经济问题的本质。经济问题是有层次的，其本质也是有层次的，有些层次浅一些，有些层次深一些。分析研究经济问题为的是透过各种经济现象揭示其本质。由于经济问题有不同的层次，依我们研究的经济问题的不同，我们所要揭示的本质的层次必有不同。举例来说，粮食价格问题——农产品价格问题——一般价格问题——价值问题，就是不同层次的问题，具有不同层次的本质。我们写经济文章，无非是把我们对特定经济问题所做的抽象分析的结果，即揭示出的特定层次的经济问题的本质，用文字表达出来。要写好经济文章，必须学会运用抽象思维的方式，把特定经济问题的纷杂现象做一番分析，理出其中的内在联系，揭示其中的本质。写经济文章特别是经济调查报告，由于离不开也不应该离开各种经济现象，很容易犯的一个毛病就是罗列现象，就事论事，"提不高"。这固然首先是抽象思维训练和抽象分析能力缺乏所致，但也同在经济文章的写作上不善于运用抽象思维方式来表达、叙述、论证特定的经济问题有一定关系。

写经济文章必须学会运用抽象法，揭示事物的内在本质联系，避免现象罗列，就事论事。

第二，经济现象中的抽象思维，是以大量的经济现象、事实为根据的，绝不是无事实根据的冥想。实证的研究固然如此，规范的研究也不例外。但是，由于经济研究具有抽象思维的特点，在经济文章中也容易犯发空洞议论的毛病，这可能是我国经济文章较为普遍存在的一种毛病。空洞的议论并不是科学的抽象的分析，它不是以事实为依据，不对经济现象做具体的分析，停留于概念的表述或者离开事实做概念上的推理。正确的做法应当是以事实为依据，运用科学的概念对经济现象做具体的分析，透过现象揭示事物的本质。写经济文章最难做到的是把议论与事实紧密结合：议论以事实为依据，对事实要以理论为指导做科学的分析和处理。不言而喻，不同类的经济文章在议论与事实的结合方式上有所不同。所以，调查报告侧重于对事实的分析，理论文章侧重于理论的阐述，但都应该避免或者罗列现象，就事论事，或者发空洞议论。至于提出对策性建议的文章，则更应注意建议的可行性，避免发空洞的议论。

第三，无论哪类经济文章都必须运用概念，因为概念是反映对象的本质属性的思维形式，离开了正确的概念就不可能对事物的本质做出科学的理论的概括。前面我们提出，写经济文章忌讳停留于概念的表述或者离开事实做概念上的推理。这自然不等于说，在经济文章中可以不必弄清概念，恰恰相反，写经济文章必须准确地运用概念。人们可以对某个概念有自己的特定的理解，但我们在写经济文章时必须对自己运用的概念有明确无误的理解，切忌概念运用中的混乱。有些经济文章自相矛盾，就是因为文章中运用的概念是混乱的，概念的混乱必然带来理论的混乱。谈自己的看法的经济文章必须注意概念的科学和准确，批评别人文章的文章必须弄清楚别人运用的概念，否则就会出现常常发生的打"三岔口"，这其实也是一种概念的混乱。

第四，经济文章的特点在于说理，文章写得好与不好在于立论是否正确、深刻，是否符合实际，是否能揭示事物的内在联系，对事物的本质做出科学的理论的概括，或者是否能提出切实可行的解决问题的办法，等等。这些都属于文章的内容，这里不能进一步去谈。既然经济文章的特点在"说理"，经济文章就必须运用逻辑思维的材料进行逻辑推理，在逻辑上必须严密。当然逻辑推理必须以经济的实践、事实为根据，逻辑推理的前提必须是正确可靠的，不是做概念游戏或数字游戏。好的经济文章必定是逻辑严密的，它会使人们在阅读中感到有一股巨大的逻辑力量，引导人们的思维沿着文章的逻辑去接受文章的结论。写经济文章容易犯的一个毛病，就是逻辑混乱，连形式逻辑的规则也不遵守。有些文章甚至推理的前提也站不住脚。逻辑的混乱首先自然是思维的混乱的表现，同时也多多少少与文章表达的混乱有关。

第五，写经济文章与写一本经济书籍不同，一篇文章不可能把问题全面展开，这就要求抓住中心，突出重点。无论大题小做或小题大做都是这样。有些文章令人读后感到不得要领，很平淡，印象不深，就同没有抓住中心，不能突出重点有关。

有些文章的作者可能把论述要全面与面面俱到混为一谈了。论述要全面指的是立论不能有片面性，而不是说要面面俱到，并非凡是与问题有关的方面不分主次，不论远近都得谈到，面面俱到并不一定能保证论述没有片面性，但却一定会使文章失去中心，没有重点，把文章的精辟之处淹没于芜杂的冗言之中。抓住中心，突出重点，说来容易，做起来并不容易。因为有些文章的做法，往往恨不得把自己的大大小小的见解一股脑儿地都堆砌到一篇文章里去，其结果适得其反：什么都讲到了，什么都没有讲透。这种追求面面俱到的想法，还易导致文章结构松散、层次不清、条理不明、上下不能相顾、前后不能呼应的毛病。所以，在写经济文章时，我们必须紧紧抓住文章的中心来展开，凡可省去的枝枝蔓蔓要舍得省去，中心抓住了，重点突出了，立论就有可能深下去了。

其他关于遣词造向、起承转合之类的写作技巧问题，写经济文章与写其他文章差不多，这里就不谈了。只不过有一点要提一下，这就是写经济文章不像写文艺作品，写文艺作品允许夸张、想象，写经济文章则必须用词准确，恰如其分，生动的文笔必须与冷静的思考一致起来。

最后，我想指出，要写好经济文章还是得多写，只有多写才能学会写，才会写得越来越好。要写好经济文章，当然首先要勤于思考，即用马克思主义理论去观察、分析、研究各种经济问题，勤于思考可以锻炼和培养敏锐的观察能力，形成自己对各种经济问题的见解，有了这些见解才能构成经济文章的内容。经济文章写得好或不好，首先取决于自己对经济问题观察分析研究得深或浅。但要把自己观察思考所得的好见解写成一篇好的文章，也还得要学会写。勤于动笔则既能促进思考，也能学会写作。

（选自《计划工作动态》，1986 年第 9 期）

五

文学篇

学习创作的体会

马识途

我开始写点作品虽说是早在二十世纪三十年代，但是因为参加革命工作后，一直在严酷而紧张的地下党斗争中讨生活，偶然写一点作品，不是自己烧了，便是被敌人抄了，很少发表。解放后，我担任了繁重的建设工作，几乎和创作绝缘了，真正又拿起笔来，是在二十世纪五十年代末了。因此我只能算一个长了胡子的文艺新兵，要我对大学中文系的青年同学谈创作经验，实在愧不敢当。不过在我拿笔杆子的这些年代里，我读过一些文艺前辈的创作经验谈及一些报刊上讨论创作的文章，结合自己的实际，做过一些笔记。我现在就对照寄来的提纲上的题目，从我的笔记本中抄出一点零零杂杂的段落来交卷，与其说是我的创作经验谈，还不如说是我学习别人的创作经验的体会吧，而且很可能不过是老生常谈而已。

一、作文与做人

要学习写作品，要首先学习做人，只有革命的人才能创作革命的作品。鲁迅大师说得好："我以为根本问题是作者可是一个'革命人'，倘是的，则无论写的是什么事件，用的是什么材料，即都是'革命文学'。从喷泉里出来的都是水，从血管里出来的都是血。"

鲁迅又说："为革命起见，要有'革命人'，'革命文学'倒无须急急。革命人做出东西来，才是革命文学。"因此我还进一步认为，不做革命作家也罢，首先去做一个革命人吧。我们过去有许多颇有才华的作家参加革命后，再没有搞创作了，然而他们却从事了更为伟大的创作，用他们的汗水，必要时用他们的鲜血，写出威武雄壮的诗篇来。他们之中有的人后来得了机会，又拿起笔来，写出了革命的华章。如果他们不是曾经一心一意去革命，他们的这些革命华章也是不可能出现的。因此我还想进一步说，正因为只想当革命家，不想当作家，结果他反而当了作家，而且是革命的作家。如果他那时只是千方百计地想去当一个作家，不敢去冒险犯难地参加革命斗争，也许他终于连作家也当不成。为什么？生活是源，作品是流，没有源头，哪来活水？

不想当作家，只想革命，结果他反倒当成了革命作家；只想当作家，不想去革命，结果他反倒当不成作家。这算不算是"作家的辩证法"？

二、源于生活，高于生活

这句话现在不怎么说了，然而我以为还是真理。没有生活，不能创作；没有深入生活，无法搞好创作；光是深入生活，不能高于生活，也不能搞好创作。何以故？

不深入生活，浮光掠影，浅尝辄止，不参加生活，只旁观生活，便不知生活的底蕴，不识人物的灵魂，当然搞不好创作。如果光是沉溺于生活之中，不能自拔，能入不能出，能沉不能浮，便不能站得更高，看得更清。这是"不识庐山真面目，只缘身在此山中"的道理。

如果只是深入生活，对生活和人物观而不察，研而不究，不能从纷至沓来的生活激流中，辨别主流和支流；不能从变化多端的众生相里，区分本质和表象，如果只将所见所闻照实写出，不分巨细，不遗毫发，便陷入于自然主义，则离高于生活的典型环境中的典型性格远矣！

要深入生活，取得大量素材，还要有敏锐的观察能力，致密的研究能力，深邃的思考能力，善于把一切人物和生活现象去粗取精，去伪存真，由此及彼，由表及里，得出生活的真理和人生的真谛来。

然而还不够，还必须在生活中和人民建立深厚的感情，和他们休戚相关，和他们共一样的命运，为一样失败而痛苦，为一样胜利而欢乐，和他们做一样的梦，唱一样的歌。在和他们同生共死的斗争中引起激情和创作冲动，这样才能进入创作过程。

敏锐的观察能力，深邃的思考能力，斗争激情和创作冲动从何而来呢？这决定于自己的世界观，决定于自己的立场和观点。这就有赖于深入生活中，在参加改造客观世界的同时，改造自己的主观世界，改造自己认识客观世界的能力。

对于一个作家说来，如果没有自己的生活基地，如果没有自己的知心朋友，他就会像脱离了大地母亲的大力士安泰，毫无能力了。

　　深入生活里去，不要看到一点就写，不要把自己当作为写作而来专门收集素材的特殊人物，而要和群众一起战斗，一直要等到积累多了，酝酿成熟，人物在脑子里活起来了，非写不可了，才动笔写。那时候，你不写也不行了，人物在催促你写，叫你吃不下饭，睡不好觉，在你的脑子里鼓噪，在你的肚子里躁动，呼吁他们出生的权利。你写起来吧，不过你的人物会驱使你这样写或那样写，写出他们的性格和本来面目，由不得你了。王国维说"无我之境"，又说"不隔"，此其谓乎？

三、长期积累，偶然得之

　　"长期积累，偶然得之。"周总理这两句有关创作规律的话实在好。必须长期积累，不要老是想到"我是为创作而来的"，"我下来是为了上去写作品"。应该是生活再生活，积累再积累。一朝积累多了，真如水到渠成，瓜熟蒂落，一件偶然的人和事的触发，一种不知从何而来的灵机一动，就如按了一下你的脑电门，你的思想的闸门哗然打开，笔下生波，一发而不可止。这便是创作过程的真正开始。这个"偶然"，往往是难以捉摸的，也许在你的睡梦中，也许在你的寂寞的旅途中，也许在你和友人的闲谈中，想起一件小事，一句闲谈，一个人物……忽然一个火星在你的脑中爆炸了，你的脑子忽然大放光明，你的情绪昂扬，创作冲动了，连拿笔展纸都来不及似的。那么你就写吧，不停地写，直到你筋疲力尽，直到你文思滞涩为止。

这样说来，未免太神了吧，是不是唯心主义的天才论，灵感论？我问过一些有经验的作家，都说有过这样的境界，而且他们的好作品大半是从这里产生出来的。这并非唯心主义天才论，灵感论。这其实不过是你长期积累，暗地酝酿，孩子已怀足了月份，非呱呱坠地不可了。水到了渠非成不可，瓜熟了蒂一定要落。这是渐变后的突变，世界上是有天才的，但天才不过是百分之九十九的辛勤努力加上百分之一的灵感而已。而灵感不过是在知识积累高压下爆发的火花，不过是化学变化的催化剂。

四、博观约取，厚积薄发

苏东坡的这两句话，可说是他一生创作的经验之谈。头一句"博观约取"，是谈的如何积累，后一句"厚积薄发"，是讲的怎样创作。

在积累素材的时候，应该"博观"，生活经验越丰富越好，看的东西越多越好，也就是"去观察、体验、研究、分析一切人，一切阶级，一切群众，一切生动的生活形式和斗争形式，一切文学艺术的原始材料。"积累越多越好，这还不够，还应该"约取"。对于积累起来的大量素材，在生活中观察到的人和事，千奇百怪的生活现象，如果一股脑儿囫囵吞下，不做分析研究，那也不过像在脑子里塞满一堆乱丝，理不出头绪，织不出彩锦来。要"约取"之后，才进行创作。

在创作过程中，要采取"厚积薄发"的严肃态度，经过约取之后的素材，在脑子里厚积起来，可以说胸有成竹了，可以发而为文了。但是苏东坡主张"薄发"，少写一些，精练一些。不要凭一点材料，便敷衍成大块文章。其结果如果不是妇人的裹脚布，也会是淡水一杯，没有味道。这是严肃的作家所不取的。

五、写不出的时候不硬写

这是鲁迅在《答北斗杂志社问》里的第二条。在这一条前面还有第一条："留心各样的事情，多看看，不看到一点就写。"在这一条后边还有一条："写完后至少看两遍，竭力将可有可无的字，句，段删去，毫不可惜。"

这对初学写作的人很有用处，对老写作品的人何尝又没有现实的意义？

"写不出的时候不硬写"，写不出，这说明你的生活素材积累不足，还没有进行深入的分析研究，对其中的人和事还吃不透，消化不良，酝酿不成熟。你硬要去写，就像强迫自己的生了锈的思想在自己的笔尖上生涩地流出来，这是很不痛快的事，甚至是很痛苦的事。未足月的婴儿强迫生下来，先天不足，即使存活了，生命力也是不强的。写不出来，硬着头皮写，必然是内容贫乏，文字生涩，"言语无味，面目可憎"。这样的作品印了出来，叫人去读，在舞台上演出，叫人去看，的确是一场灾难。

在现实生活中，这样的灾难，难道没有吗？他本来没有多少生活积累，也无真知灼见，抓一点东鳞西爪，凑一点道听途说，凭自己的聪明脑袋灵机一动，胡乱玄想一番，编些惊人情节，加之一点自以为合理的夸张，还撒上一点爱情的胡椒面，于是打扮起来，让它出头露面。这哪里能经受时间的考验？不过半年一年便销声匿迹了。

对这样创作狂的作者，最好请他读一读鲁迅五十年前说过的话："选材要严，开掘要深，不可将一点琐屑的没有意思的事故，便填成一篇，以创作丰富自乐。"

六、短些，更短些

短篇不短，长篇更长，这似乎已经成为一种风尚了。这到底表现什么？这不过表现我们有些作者还太不会驾驭自己的文笔。显然，古今中外，找不出这样的事实，一个作家的名望是和他排成铅字的数目成正比的。也没有听说作品的好坏与字数的多少成正比，这个道理谁不明白？可就是"短篇不短，长篇越长"之风如故，甚至还有发展。现在杂志上三五千字的短篇小说很难读到，《人民文学》提倡和示范过一下，似乎成效也不大。至于长篇小说，几乎都是洋洋洒洒几十万言，印出来是厚厚的一本。一本不足，印成上、下册，上、中、下册，一卷不够，来两三卷，每卷又可分为几册，尽管西汉演义、东汉演义、三国演义……地演下去就是了。

谁都知道，一个作品总是为了塑造人物，只要人物一经塑成，小说就可以收场了。能用速写的，决不用短篇，能用短篇的，决不用中长篇。看看鲁迅的短篇小说，几千字的很多，《一件小事》不过八百多字，契诃夫和莫泊桑的许多短篇也在几千字之内。《万卡》有多少字？《项链》有多少字？不是名传千古吗？以长篇来说，巴尔扎克的许多名著，屠格涅夫的许多名著，印出来都不过薄薄一本，不是都公认不朽吗？

我以为初学写作的人，最好多练一下笔，多写些速写、素描、特写、报告之类的短文。短篇小说最好写得短一些，尽量把不必要的字、句、段删去，毫不可惜，要敢于和自己过不去。至于长篇，多卷长篇，还是不着急去写的好。长篇一陷进去，千头万绪，很难掌握，搞得筋疲力尽，未必能成器。至于写多卷的长篇，甚至写史诗式的历史长卷，还是让有本事的大家去搞吧。

七、放一放，不要急于发表

创作是十分严肃而艰苦的劳动，然而也是富于诱惑力的事业。"作家"这个头衔可以是一顶光荣的桂冠，也可以是一个深邃的陷阱，如果你不正确对待的话。

不要急于求名，不要急于发表。不仅不要看到一点就写，不仅不要写不出来的时候硬写，不仅要把作品中可有可无的字、句、段毫不可惜地删去——像鲁迅说的那样，还要有否定自己的作品的勇气，以至否定自己当作家的勇气。把写的作品放下来，半年一载，忘掉它，只顾自己去认真地工作和生活；又不忘掉它，隔些日子，拿出来再看一看，想一想，改一改，什么时候觉得改得差不多了，再拿出来请人看看。——我记得这好像是作家茅盾的经验谈。我受益不浅。

我有一个并不想强迫人同意的做法。我发过誓愿，没有写到五十至一百万字的习作，不开始发表。开始发表作品后，能争取三篇中有一篇值得修改就算不错，而每篇的修改，不要少于三遍，每一遍都是自己连抄带改，不请人代抄。那种灵机一动，一挥而就，略加润色，便成绝唱的幸运，我一次也没有碰到过。至于那种本人口述，别人代笔，自己修改一下便定稿的做法，甚至利用录音机之类的现代化工具口授录下，秘书整理成书，自己过目定稿的大规模快速生产办法，简直是我不能想象的事。

八、先有人物？先有故事？

通常的说法，构思一篇小说，必定是先有人物性格，后结构故事情节，这自然只是大概的说法，事实上人物性格和故事情节总是不可分的。情节是性格的历史，故事是为塑造人物所用的嘛。

但是不知怎么的，我却往往是在自己的脑子里出现了一个比较好的故事，这种故事一般是在我过去的生活中积累起来，埋在脑子底层，一个偶然的触发，往事历历出现在我的眼前，我感觉很有点意思，有点趣味，想把它写下来。于是在不眠的深夜中，长期积累在我的脑子里的许多人物，便纷纷跑了出来，站在我的面前，要求在我想好的故事中扮演一个角色，催促我，压迫我，要我导演，呼吁他们的生存权利，闹得不可开交。于是我把这些熟悉的人物编列在我的故事中去，开始着手来写。但是真写起来，那些人物却并不服从我的调度，而按他们的性格发展行动起来，我想拗着按我原来结构好的故事叫他们扮演下去，也不可能了。我只好按这些活了的人物来写，以至我成为他们的奴仆，成为他们性格和生活的记录人。

表面看来，我好像和通常说的不一样，是先有一个好的故事，再找人物，然后由人物扮演故事。我把这种奇怪的现象向前辈作家邵荃麟同志请教，他思考以后，回答我说："其实你仍然是先有人物，再结构故事的，只是因为你的生活积累比较丰富，在你的脑子里积累的精彩人物形象很多，而你又无意把他们写出来，让他们在你的脑子里长期沉睡了。可是当你什么时候，一个偶然的机缘，触发了你的回忆，那些过去年代的斗争生活，那些奇妙的故事，那些生动的人物便涌现出来，要求你把他们写出来。于是就出来了这样的事：在你的不眠之夜里，这些人物纷纷出现你的眼前，要求在你的生动故事中扮演角色。这正说明你的生活积累够丰富了，你的人物酝酿成熟了，是到了应该进入创作过程的时候了。只要人物在你的脑子里是活的，他们一行动起来，故事情节俯拾即是。而且这些人物的活动，未必受你的预想的限制了。"

我之所以要说这一段往事，是想说明，要搞创作，生活积累是第一义的，生活贫乏，人物苍白，想凭一点道听途说或闭门编造的故事，便想动手写作品，往往是不会成功的。

九、虚构还是实构？

任何小说作品都不可能按生活原型做自然主义的描写，必须服从塑造典型的原则，进行必要的虚构。所谓虚构，就是在你的现实生活中不一定有，但必须是可能有的，而且是人物性格发展所必要的。因此，虚构不是作者可以随心所欲，向壁虚造的，而是为了再现典型环境中的典型人物所必要的。是势有必至，理有固然的。从这个意义上说，所谓虚构，实是实构，是在小说中具体存在的。

写小说的人大概都有这样的经验，当你的人物跃然纸上的时候，他们就会自动选取必要的情节，照他们的性格冲突自然地发展下去，不照作者事先构想的发展下去了。你本来要他死的，他却偏偏活了出来。苏联著名小说《毁灭》中的美谛克，据作者卡达耶夫说，结局便不是他原来设想的那样。这样的虚构叫人读起来，并不感觉是虚假的，而是真实的。可见每一篇小说都少不了虚构，但虚构些什么，必须按照塑造典型人物的规律办事，不能任意虚造。合乎规律而虚构的，读者读起来毫不感到虚假，而是真实可信的。不合这种规律而虚构的，读者读起来，便感到不真实、不可信。

十、要不要拟创作提纲

别人怎么样，我不知道，我在写作时，特别是写中长篇小说时，是一定要拟好创作提纲才动笔的。我的做法是这样：

首先写人物小传。把小说中人物的历史、性格、言行、癖好等等，不管小说中用得上用不上，都简明地写了出来。特别是主要人物性格表现，个性癖味，很富有代表性的语言，典型性的生活细节，一定要写进小传里去。如果这些人物是烂熟于胸，真叫呼之欲出，写小传并不困难。我以为写人物小传十分要紧，是创作成败的关键。如果小传写不出来，那就证明你对这个人物并未深刻认识，并非烂熟于胸，就是没有酝酿成熟，那就还不应该进入创作过程。我写小传时，本来是为长篇准备的，结果几乎写成为塑造一个人物的短篇小说。事实上我就曾经在刊物编辑部催索稿件，无以应命时，把我为一个长篇写的人物小传，加以改写，成为《老三姐》《小交通员》等短篇小说了。

创作提纲中第二件要办的是写"人物关系表"，也就是小说中这个人物和那个人物之间的关系，他们之间的家庭关系、社会关系、政治关系等等，也就是他们之间的矛盾和纠葛。这事实上就出现了小说中的一些精彩的情节了。

然后我就写故事情节和小说的结构提要。结构给小说搭起了架子，又好像是给人物搭起了台子，于是人物可以在这个台子上，按照性格冲突的推演，扮演出一出一出的或威武雄壮的或缠绵悱恻的悲喜剧来。

这个时候，你的精神可能极度兴奋，你为你的人物性格所激动，几乎和他们打成一片，他悲亦悲，他喜亦喜。这时你可以开始写作了。一开了头，最好就不受外事干扰，找一个清静的环境，一气写下去。能一气呵成最好，直到你筋疲力尽，文思枯竭，下笔滞涩为止。我在奋笔疾书中，有过被打断的痛苦经验。写得正带劲，有外事干扰，从此放下，几个月、一年两年再也拿不起笔来继续写下去，勉强再提笔来写，也觉生涩，难以为继，有的小说从此夭折了。

我有了写作提纲，写起来以后是否照提纲写下去？大体一样，很多不一样，有时完全走了样。当人物活起来了，他会按他的性格行动，我无法强迫他就范，不仅情节有许多变动，甚至人物性格在冲突的发展中也发生了变化，甚至原来考虑的主题也发生了变化，以致面目全非。我以为这并非坏事，不可强求，"强扭的瓜不甜"，还是顺乎情，合乎理，因势利导地写下去吧。在三番几次修改时，还可能有很大的变化，全部推翻了重写也是常事，或者改来改去，不成样子，于是放弃了。

在动手写小说时，我以为最难的是开头。有人说开好了头，便算写成了一半。开头就是难，这样写不是，那样写不是；从这里开头不行，从那里开头不行；从这个人物写起不行，从那个人物写起不行，稿纸撕了多少张，还是茫然无计。听说托尔斯泰写《复活》时，开了二十几遍头，还没有拿定主意。后来果然写出了那么一个非常漂亮的开头。所以不要怕开头多遍，劳而无功，这正是你突破前的必然过程，一定要坚持写下去，十次二十次，锲而不舍，也许忽然有一次越写越带劲，文思如潮涌，像放开了闸门，一发而不可止，这样就写开了头了。当然，也许定稿时，还要改写。

我写小说就是用这样很没有才气的刻板办法，未必可以借鉴。我知道有的作家才华横溢，并不写什么提纲，只要想好了，激动了，提笔就写了，一气呵成，斐然成章。我也这样试图省事地写过，就是不行。心中无数，越写越乱，不能卒篇。我总还要写一个哪怕很粗疏的大纲后，才开笔写起来。这就证明我缺乏才华，无大出息的。

十一、文学是语言的艺术

文学是语言的艺术，一篇小说的成败决定于人物塑造的好坏，而人物是用文学语言来塑造的，正如高楼大厦是由钢筋水泥、砖瓦木石建造起来的一样。如果建筑材料很粗劣，建筑物即使建成，也不适用和美观。文学语言粗劣，文字没有光彩，人物也不会有光彩，读来会索然无味。

文学语言是从生活中汲取而又加以锤炼而成的。如果不去长期深入生活，不和群众交朋友，群众不和你说知心话，就无法学到群众生动活泼的语言，知识分子腔是干瘪无味的。我们读一些名著，总为其语言的生动和精巧而惊叹，真如亲临其事，亲见其人，亲闻其声。有的一句很富于特征的话，便把这个人物树立起来了。很复杂的场面，三言两语就描写好了。这种功夫只有深入群众，留心语言，并且反复练习才行。我以为随身带上一个本本，留心别人说话，把精彩的语言记下来。平时多看多写，记日记写信，搞速写和素描，写一般风光，一个场景，一个人物肖像，抒一段感情，都抱着严肃的态度，兢兢业业从事，磨炼自己的文字表达能力，这是一个作家的起码的要求。有的初学写作者，连文字都不通，就想一鸣惊人，从事鸿篇巨制，是不足取的。至于要磨炼出自己别具一格的语言特色，就更不是一蹴而就的事了。

十二、中国作风与中国气派

现在写小说的格式，一般是从西方传来的。着重刻画人物性格，注意细致的心理描写，以及结构的紧凑，文字的简练，都是可以取法的。但是我总特别喜爱我国的古典小说，喜欢为中国老百姓所喜闻乐见的中国作风和中国气派。而且我在学习写作品时，总想追求一种独特的民族风格。什么叫中国的作风和气派，我说不上来。但是我着力在追求什么风格，别人读我的作品时给我肯定的是什么，我是思考过的。并且把它归纳成以下的几句话，写在我的创作笔记本上，以之勉励自己，想努力去追求一种特别的风格。这几句话是：

> 白描淡写，流利晓畅的语言；
> 娓婉有致，引人入胜的情节；
> 鲜明突出，跃然纸上的形象；
> 乐观开朗，生气蓬勃的性格。
> 曲折而不隐晦，
> 神奇而不古怪，
> 幽默而不滑稽，
> 讽刺而不谩骂，
> 通俗而不鄙陋。

十三、起点、顶点、终点

我当然看到了大量的文学创作的后起之秀，初露头角后，决不自骄自满，而是更加刻苦努力，因而一篇又一篇，一本又一本地向人民贡献自己的作品，向显露创作才华的文艺高峰攀登。然而我也还见到有的青年发表了很有水平的第一篇短篇小说或第一部长篇小说后，再没有读到他的第二篇第三篇短篇或第二部长篇小说。即使读到了，却是质量已不如前，甚至再没有读到他的新作了。这就是说，他有一个好的创作起点，可惜同时成为他的创作顶点，甚至成为他的创作终点。这其中自然可能有各种特别的原因。但是我是不相信世上真有"江郎才尽"的事的。江淹晚年写不出好作品来，不是他的"才尽"了，是他已安于逸乐，不再热爱生活了。如果有的青年作者发表了一篇作品，一举成名，便停步不前，再不想深入生活，更加艰苦锻炼，不是把自己放在长跑路上的起点上，而是站在顶点上，甚至在风头上飘飘然起来，这便到达他的创作终点了，这是非常可惜的。

因此，"不要把自己的创作起点当作自己的创作顶点，甚至创作终点，要永远站在创作起点上，再接再厉，勇往直前！"我愿意把这一句话用来和踏上文学创作这个艰苦行程的初学写作的青年同志们共勉，并作为本文的结束语。

（选自《文艺通讯》，1980 年第 1 期）

诗人必须说真话

艾　青

诗人必须说真话。

常常有这样的议论：某人的诗受欢迎，因为他说了人们心里的话。我以为这种议论不够全面。全面地说，某人的诗受欢迎，因为某人说了真话——说了心里的话。

人人喜欢听真话。诗人只能以他的由衷之言去摇撼人们的心。诗人也只有和人民在一起，喜怒哀乐都和人民相一致，智慧和勇气都来自人民，才能取得人民的信任。

人民不喜欢假话。哪怕多么装腔作势、多么冠冕堂皇的假话都不会打动人们的心。

人人心中都有一架衡量语言的天平。

也有人夸耀自己的"政治敏感性"，谁"得势"了就捧谁，谁"倒霉"了就骂谁。

这种人好像是看天气预报在写"诗"的。

但是，我们的世界是风云变幻的世界。这就使得"诗人"手忙脚乱，像一个投机商似的奔走在市场上，虽然没有市侩的鬼精，也常常下错了赌注。

"政治敏感性"当然需要——越敏感越好。但是这种"敏感性"又必须和人民的愿望相一致。以个人自私的动机是嗅不出正确的东西的。

这就要求诗人既要有和人民一致的"政治敏感性",又要有和人民一致的"政治坚定性"。

"不倒翁"只能当玩具,却不宜作为做人的样板。

谁也不可能对什么都兴奋。连知了也知道什么时候才兴奋。

有人反对写诗要有"灵感"。这种人可能是"人工授精"的提倡者,但不一定是诗人。

把自己不理解的,或者是不能解释的东西,一律当作不存在,或者是认为非科学,这样的人只能居住在螺蛳壳里。

外面的世界是瞬息万变的:有时刮风、有时下雨,人的感情也有时高兴、有时悲哀。

所谓"灵感",无非是诗人对事物发生新的激动、突然感到的兴奋,瞬即消逝的心灵的闪耀。所谓"灵感"是诗人的主观世界与客观世界最愉快的邂逅。"灵感"应该是诗人的朋友,为什么要把它放逐到唯心主义的沙漠里去呢?

无差别即无矛盾。

对一切都兴奋就是对一切都不兴奋。

诗人要忠于自己的感受,所谓感受就是对客观世界的反映。

并不是每首诗都在写自己,但是,每首诗都由自己去写——就是通过自己的心去写。

没有兴奋而要装出兴奋,必然学会撒谎。自己没有感动的事不可能去感动别人。

当然，说真话，惹出麻烦，甚至会遇到危险；但是，既然要写诗，就不应该昧着良心说假话。

（选自《出版工作》，1979 年第 2 期）

写作经验琐谈

冰　心

　　我非常感谢函授学校，因为它给了我这样一个好的机会，来和大家见见面。我不是来讲课，我是来答辩。在学校里答辩的时候，顶多有十几个老师。今天在我面前的却有一千多个老师，所以心里很紧张。可是，是个学生总得要见老师的。现在我就尽自己的所能，来回答老师们提出的问题。请老师们批评指教。

　　我先念一念大家所提的关于"写作问题"的十个问题。

　　1.怎样确定文章的题目？确定题目时应该注意哪些问题？

　　2.怎样确定一篇文章的中心意思（主题）？怎样围绕中心意思来写？

　　3.怎样根据文章的中心意思取舍材料？

　　4.怎样使文章的结构谨严而不松散？

　　5.怎样把一件复杂的事情有条有理地写清楚而又简明扼要？

　　6.怎样把文章写得生动活泼而不平板？

　　7.在一篇文章中要列举许多事实时怎样避免记流水账的

毛病？

8. 怎样把文章写得简短？

9. 怎样修改自己的文章？

10. 怎样练写作基本功？

这十个问题，如果离开具体的文章，说实话，我一个都答不上来。我想，最好的回答办法是拿出自己的作品来做分析。如果拿别人的作品，他是怎么构思的，怎么取材的，取的是什么，舍的是什么，我都不清楚，不好讲，所以我就拿了我自己的作品。这并不是说我的作品好，而是说作品为什么写成那个样子我自己清楚。

这十个问题，我把它分成两个部分。第一部分讲第一个到第九个问题，第二部分讲第十个问题。

前面说过，我讲的时候要拿自己的作品来讲。现在就先讲我是怎样写《咱们的五个孩子》的。关于这五个孤儿的事情，《北京晚报》一月八日有过报道，题目是《他们虽然失去了父母》。《人民日报》一月十一日也有过报道，题目是《孤儿不孤》。当我接受了《人民文学》编辑部给我的任务以后，心里有三种顾虑：首先，报告文学要写新的东西，如果人家都已经报道过了，你再来重说一遍就没有多大意义了，而且那两篇文章都写得很好；其次，我感到"孤儿不孤"在我们中国新社会里不是一件新奇的事情，似乎不必重复地报道，因为在我的周围就有好几个孤儿都是在党和政府的照顾下上学就业的；第三，这样多的宣传，这样多的关怀，像春雨似的洒到孩子们身上，会不会使得他们觉得自己很特殊，有了飘飘然的感觉。我心里是有这些顾虑的，但是结果我还是去采访了。

　　采访，写报告文学，在我还是头一次。写这篇报道的时候，我就把我的这些想法写出来，作为文章的开头。第一次去的时候，是先到街道办事处看那位田迈琴同志。后来又到了孤儿的家里，看了田大婶，就是那位街道积极分子田淑英。第二次，是去看看孩子们所在的几个学校，跟每个老师谈了一些话。又看了服务站的那位陈玉珍同志。先看什么人，后看什么人，我并没有按着看的次序来写。我写这篇文章的中心意思，不只是说明"孤儿不孤"，不只是觉得一个孤儿在中国做到不孤，有吃的有穿的就完了。我写这篇文章的中心意思是：在我们中国，有些孩子尽管失去了父母，但是在党和国家的关怀之下，在周围人们的关怀之下，还要把他们培养成建设事业的接班人。所以我在想题目的时候，就觉得不能再用"孤儿不孤"这个题目。有个相声，题目叫《举目皆亲》，也很好，但也不能表达我上述的意思。《咱们的五个孩子》这个题目是从哪儿来的呢？我是怎样抓住这个题目的呢？那是在我去访问陈玉珍的时候，她称那几个孤儿为"咱们的五个孩子"。我觉得这句话非常好，非常亲切。"咱们的五个孩子"，就是说他们是咱们大家的五个孩子。咱们不只是照顾他们吃、穿、上学、上班，还要想到怎么样培养他们成为接班人。因此，我就拿这个做了题目。在写的时候，我就把陈玉珍作为第一个对象，头一个从她那儿拜访起。实际上我们第一次去拜访她，她不在服务站里，我把这个事实就省去了。

　　我们拜访过的人很多。比方说，到办事处去，不但看见了田迈琴同志，还有办事处主任张景星同志，他也同我谈了很多话，也替孩子们做过许多事情。过年的时候，他还去替孩子们包饺子。到田大婶家去的时候，就更热闹啦。要都写，那真要写成一篇很长的流水账。因为他们家是个大杂院，十四家人家住在一起，家家都替孩子们做过一些事，田大婶也都提到过。同时，田大婶还同我谈到她自己。她也是个孤儿，是她父亲的一个朋友收养了她。有个坏人要她父亲的朋友出卖她，她父亲的朋友很生气，跟那个人打了起来。这些事要都写进去，就会喧宾夺主。我到学校里去的时候，不但去看了老师，还看了校长。校长谈话的范围就更宽了，不但谈到这几个孤儿，还谈到学校里的其他孤儿，不但谈到老师对孤儿的关心，还谈到同学们对孤儿的关心，还谈到他们怎样组织以孤儿为中心的队日活动。这些材料在我的笔记上，已经写了小半本了。此外，我还从办事处拿回来人们给孤儿们写的一些信，是从全国各地寄来的。那些信，写得真叫人感动。

　　写文章的时候，我就想，这么多的材料，怎么办呢？怎么样才能写得不那么拖泥带水呢？唯一的办法，就是凡是同孤儿没有直接关系的事都把它丢掉。要是实在舍不得丢掉，就留下作为副产品，在别的文章里再写。有些即使同孤儿有关系的，也把它总起来说，不把它分开说。就是那位陈玉珍站长，她同我谈的时候，也不只是谈五个孤儿的事，还谈了她自己的事，她站里一些人的事，我就全不写了。连她们所谈的替孤儿做这做那的一些事，我也省略了很多，我着重写的是最后的那一段，就是陈玉珍从孤儿家拿了活回来之后这一段。为什么呢？因为题目是从这一段里拿出来的。陈站长不是从孤儿家拿回了许多活儿吗，她担心大家忙，做不了，所以她说："我又拿回这些不算工钱的活儿来，一时做得了吗？等我一回到站，大家果然就问，这是哪家的这许多活儿呀？我一面打开包袱，一面说：'是咱们的五个孩子的。'大家一听，二话没说，就都忙起来，一个人洗，九个人补，很快地就给做完送去了……"我就着重在这一段。因为我的文章的题目是从陈玉珍的嘴里说出来的。

同田迈琴同志的谈话写得最多。为什么？这就是我前面说的孤儿不孤这件事在我们新社会不算新奇。田迈琴告诉我："这个办事处底下有三十个居民委员会，经管的是这一地区居民的卫生福利事业。这些户里的老、弱、病、残，从解放后，就一直是政府照顾下来的。这一区里孤儿就有三家……"我们现在所说的这么些事情，其实不过是一个居民委员会底下许多户里面一户的事情。那么就可以想到，全国在政府关怀之下的人是有多少了！

关于田大婶，她有八个孩子，大的一个是解放军战士，一个是模范公安人员。要是说起她这一家人来，也是有许多可以提的；但是我着重写的是田大婶所介绍的孤儿的父亲这一家人家的过去。还有她们院子里各户人家的新旧对比，这里我只留下两件事情。就是田大婶所说的："我常常对孩子们说，'旧社会那种苦，你们可真是没法想。连你父母从前的苦境，你们都不知道，更不用说别的了。我们这院子里从前有个老头子，单身一人，一天早起，我们发现他趴在门口雪地里，死了，巡警阁里来了人，拉出去也不知埋到哪里，还不是喂了狗了！这院里还有一个孩子，出门玩去，就让人拐跑了。你们说那时候我们这些人就没有同情心吗？那时候这里是个人吃人的世界，自己死活都顾不了，还顾得上别人吗？你父母要是死在解放前，你们兄妹五个，现在已经不知都到哪里去了！大的学坏了，流落了，小的让人拐了，卖了，折磨死了，有谁管呢？感谢党吧，感谢毛主席吧，忘了这些，你们死去的父母也不容你。'"田大婶说这一段话的时候，我很受感动。所以特别把这一段写进去了。田大婶同孤儿住在一个院里，她知道有许多人来看孩子们，她说的人很多。但是我不能都写进去，都写进去又成了流水账了，所以我就把送东西的，给孩子们做事的，都放在后面总起来写了。我只写了一个解放军同志，一个理发师，谈到一个工人的时候，我就把话掐断了。实际上田大婶还是说下去的，我就没有让她说了。我写的时候是这样写的："还有一位工人……"底下田大婶没有说完，就说："这时候院子里响起一阵孩子说笑的声音，田大婶望一望窗外说，'同山在厂里，同义在幼儿园，中午只有同庆姐弟三人回来，我们到他们屋里去坐坐吧。'"因为再写下去，故事恐怕就会重复拖沓了。我把许多人替孩子们做过的一些事，都搁在写孩子们房间里的摆设时来写。我是这样写的："我们拉着孩子们的手，一同走进一间朝南的屋子，大玻璃窗外透进温暖的阳光。屋里四平落地，床上被褥整洁（这是街坊们帮他们洗的），墙上挂满了相片和年画（这是许多人送给他们的），桌上堆满了书（这也是人家寄的）。中间墙上是一幅毛主席的挂像，他的深沉的眼光，仿佛时时刻刻在慈祥地注视着在这屋里劳动、学习、睡觉的几个孩子，也慈祥地注视着到这屋里来的，给孩子们包饺子、送元宵、挂花灯、送年画的一切人。（包饺子是张景星同志，送元宵是一位解放军同志，挂花灯、赠年画是两个少先队员。）他的慈祥的目光也注视着这屋里新发生的令人感奋的一切。"我就把这些事都归并到这里来写了。

我前面提到担心这样多的关怀，会使得孩子们特殊化的问题，访问了许多人之后，我感到我的担心是多余的，我这样写："在我和办事处干部田迈琴、街道积极分子田淑英谈过以后，我感到我的担心是多余的：等到我访问了孩子们的工厂领导人、学校和幼儿园的老师，看过了许许多多封的来信——特别是少年儿童们的来信，我彻底感到我们的在党和毛主席教导下的广大人民，是懂得怎样关怀我们的接班人的成长的。"下面是照着他们弟兄排行的次序往下写的。第一个是说看到他们的大哥哥周同山。其实我先去的是崇文区，那几个孩子的学校和幼儿园都在崇文区，后来才到周同山的那个工厂去的。我因为怕那样一说就乱了，所以先从大哥哥写起。底下写的是同庆，这里我着重写的是"同庆的老师、文昌宫小学五年级班主任张少华，她是从同庆的母亲死后就对她特别关怀的"。然后是写同来。同来是五个孩子中最淘气的一个，非常爱动、敏感。同来的那位老师，非常严格、细心。在教到《一个孤儿的回忆》的时候，怕同来难过，他先把同来叫到一边，告诉他新旧社会里的孤儿是如何的不同。在孩子的事情登上报以后，他又跟同来说："上报的'光荣'不是你的，应该归于党，归于毛主席，没有新中国就没有你们，你应该更要好好学习，天天向上。"小同贺的老师叫李和平，是二年级级任，年纪很轻，对小同贺特别关心。还有小同贺的一年级的老师周秀文，我也写上去了。

我写这篇文章，还得感谢《人民日报》《北京晚报》的记者同志们，因为有的人如法华寺小学的老校工，我没有会见过；还有周同山的日记，我也没有看到，是从晚报的报道里抄来的。我应该感谢他们。

底下讲到孩子们的来信，"孤儿们收到的信件，我看了有上百封，不止一次地我流下了感动的热泪。这里面最使人感动的是少年儿童们的来信。从这些信里，我看到了我们的党对下一代人的教育的成果，我看到了我们祖国和全人类的前途和希望！"我为什么着重这两句话，因为从孩子们所写的信中，能够看出他们是受到了党的教育，才能写出这样的信。能写出这样的信的孩子，是可以培养成我们的很好的接班人的。这是我们祖国的希望。我是有点自豪。我们国家有这么多的人口，有这么好的教育，对全人类也会有很大很大的好处。

最后我的注意力是放在这上面：这么多人关心这五个孩子，这五个孩子自己怎么样呢？他们是不是能不辜负党和政府以及周围的人们的关怀呢？他们拿什么来表示呢？我就写了以下的一段。这对孩子们是个鼓舞，对关心他们照顾他们的人是个安慰。我是这样写的："要知道咱们的五个孩子，对于党和政府以及周围一切人们的慈爱和关怀，是怎样感谢地接受，而又怎样地像一面明朗晶莹的镜子一般，把这温暖的阳光反射出来，映照在周围的人们身上，我们不能光看他们给人们写的感谢信，我们要看他们怎样地以实际行动，来表示自己没有辜负党和政府的培养关怀。"小同庆送纸给唐金增，是张老师告诉我的；周同山给人家送回钱包，他在日记里是这样写的："……我跑到那里找到了失主，她表示非常感谢我，她问我住在哪里，叫什么名字，我说了一句：'住在北京'就跑了回来。因为，在我们首都北京，在我们全中国，这种助人为乐的事太多了。"用孩子自己的话，比我说多少话都有力量，所以我就偷了一个懒，我说："孩子们把话都说尽了，我还有什么可说的呢？"正巧这篇文章要在《人民文学》六月号发表，六一是国际儿童节，最后我就借这个机会向这几个孩子说出我的祝愿。这就是《咱们的五个孩子》写成的经过。

写这篇报道，我看了许多材料，《人民日报》《北京晚报》的报道，相声《举目皆亲》，《中国妇女》外文版等的材料我都看了。不算采访和看材料的时间，光写约莫写了两三天。写出来的初稿有一万五千字，后来把像流水账的东西去掉一些，发表的时候不到九千字。

下面讲怎样写《走进人民大会堂》。

同志们想必都到过人民大会堂。这是一个很大的题目，很不容易写，使人感到不知道从哪儿写起。走进人民大会堂，简直是目迷五色。外宾们参观人民大会堂的时候，都非常惊奇，非常羡慕。我第一次去参观的时候，人民大会堂还没有完工，我们是从西门进去的。进去以后，听一位同志做了情况介绍，介绍虽然简短，但也是包罗万象：什么时候设计，什么时候施工，得到多少地区和单位的支援，出了多少模范人物，而且还有许多建筑方面的术语。遇见这样的题目，从哪儿下手呢？根据我的经验，就是从"初念"下手，就是写你的头一个感觉，所以我还是从我的第一个感觉写起。

在这次参观以前，虽然没有到里面去看，可是从天安门前走过，我们就看到冰里、雪里、风里、雨里，有许多工人在那里平地，搭脚手架，搬运材料，紧张地劳动；等到进去以后，忽然看到这么一个出人意料的庄严美丽的大会堂。这个强烈的惊喜，是你的一个初念。但是，这个初念，也不能没有个中心。这个中心是什么呢？就是说，这个奇迹是总路线的产物，是"鼓足干劲，力争上游，多快好省"的产物；要不是这样，就不可能在十个月之内出现这么一个人民大会堂。我就是照着这个中心写的。我一走出人民大会堂，这篇文章的轮廓就有了。没有去掉什么，也没有增添什么，文章写好之后只是改了几个字。就用文章里的第一句话做题目。因为如果光说"人民大会堂"，或是"记人民大会堂"，我觉得都不能表示出我当时当地的那种感觉。文章写好以后，我想不出题目来，就用了文章里的第一句话，就是《走进人民大会堂》。

走进人民大会堂，使你突然地虔敬肃穆了下来，好像一滴水投进了海洋，感到一滴水的细小，感到海洋的壮阔无边。

这是说进去之后，感到人民大会堂是那么大，感到自己是那么小，在这时候，你就产生一种非常虔敬的感情。

　　走进万人大礼堂，使你突然地开朗舒畅了起来，好像凝立在夏夜的星空之下，周围的空气里洋溢着田野的芬芳。

　　你静穆，你爽畅，你想开口，可是说不出话，你感到欢喜的热泉，在你血液里汹涌奔流，在你眼眶边盈盈欲坠！

万人大礼堂上面的灯布置得像天上的星星一样，抬头看的时候，你不觉得是在房子里，而像是在一片空旷的地上，闻到的不是屋子里的空气，而是一种田野里的芬芳。这是进到万人大礼堂时我的初念。底下就是细看了。

　　你定了神，抬头望。你望见高高的圆穹上，饱满圆大的葵花蕊中，一颗伟大的红星，发射着条条灿烂的金光。

　　三重荡漾的波浪形的灯环内外，嵌满了璀璨的围拱的群星。

这是写大礼堂的屋顶，下面是写座位。

　　在这里，看不见一根"承天"的"八柱"。

　　从上下三层九千七百多个座位上，上望庄严阔大的主席台，群众和领导者之间，没有一丝视听上的间隔。

"八柱承天"是一副旧对联里的句子。是说天空是有八根柱子撑着的。人民大礼堂里一根柱子也没有，这是个很新颖的设计。没有柱子，就不会挡住台上台下的视线。我特别举出这个来，就是想象征在我们国家里，领导同人民群众之间是没有一点隔阂的。这是从底下往上看，下面是：

　　　　从主席台上向前看，这三层楼台连成一片，成了一望无际的浩荡的群众的海洋。
　　　　台上台下都围抱在无边无际的、万星熠熠的宇宙之中！

　　以下是说我走过许多地方，都没有看见过这么伟大的建筑。据我所知道的，日本的国会礼堂造了二十年。我还看见过法国的、英国的、美国的、瑞士的，还有其他国家的，都没有看见过这么大这么好的礼堂。所以我说：

　　　　你走遍天下，你看见过这么伟大，这么崇高，这么瑰丽，这么充满了庄严的诗意的人民大会堂没有？
　　　　你没有想到你会用自己的肉眼，看到这么辉煌的奇迹吧？你的想象力太贫弱了，你经不起这童话般的强光袭击，你以为是做梦。

　　的确是这样。头一次走进人民大会堂，你简直就像是走进了童话的世界。下面说：

　　你不是做梦，这是在总路线的红星高悬前导下，亿万群众欢呼跃进的激流之中，风里，雨里，冰里，雪里……把人人理想的人民大会堂，用土，用石，用钢，用铜，用玻璃，用锦缎……以神炫目夺的速度，扎扎实实，坚坚固固地摆在我们面前的。

　　这是人民的力量和智慧的结晶！

这一段，我就把人民大会堂还没有盖好以前在外面所看到的都写在这里了。这里有从上海来的红星，有从东北来的钢材，有从青岛来的玻璃……写到这里自然而然地就会往前想了。

　　人民的力量和智慧得到解放和发展，还不过十年。这种童话般的楼台，在眼前的北京，已不止十座八座。

那一年，是我们的建国十周年。北京不止建筑了人民大会堂，还有其他的一些建筑，这里就不一一列举了。

　　试想十年以后，百年以后，人民的力量和智慧，更有无限量地发扬光大的时候，我们的祖国，该是怎样的一个美丽庄严的世界！

写文章的人都有他自己喜欢用的一些比喻，我自己喜欢用大海中的一滴水做比喻，现在再回到头一段来：

　　朋友，让我们把自己的一滴水，投进这浩荡无边的力量和智慧的海洋中去吧。

　　开头是说像一滴水投进了海洋，觉得自己是那样渺小；这里是说要死心塌地把自己的力量和智慧投进这个海洋。

　　下面讲怎样写《全世界人民和北京》。

　　这个题目，是《北京晚报》出的。从一九六三年起，《北京晚报》就有个征文，总的题目就叫《我和北京》。

　　征文开始的时候，《北京晚报》就来找我写文章，可是我好久都写不出来，特别是看多了《我和北京》的文章，我就越不敢写了。

　　《我和北京》这个题目，同《走进人民大会堂》一样的大。在北京住过的人，从外省来的人，从外国来的人，都有他自己对北京的观感。像我这样在北京住了这么久的人，怎么会没有话讲呢，可是我就是不知道从哪儿讲起。这时候，我还是相信我的初念。就是拿到这个题目的时候，到脑子里来的头一个思想是什么？这个头一个思想，往往是最深刻的也可以说是长久隐藏在灵魂深处的，那么，我就照实写了。这篇文章，删得很多，最初引用了许多外国朋友的话，后来都删掉了。因为写得太详细，就会影响到文章的概括性。这篇文章，我是这样写的。

　　"我和北京"这题目，在我的脑海中不知翻腾多少遍，不是没有文章写，而是不知从何写起。一个在北京住过大半辈子的人，对于今天这个在全世界人民心目中，流光溢彩的北京，还能没有话说吗？

常言说，"会说的不如会听的"。我还觉得，"会写的不如会念的"。你的感情只要有一点不真实，读者一下子就会念得出来。所以，要对读者真实，首先要对自己真实，要把自己的真实的感情写出来。因此我一开始就说出自己的实话，"不是没有文章写，而是不知从何写起。"底下还是实话：

　　我坐在窗前，拈起笔，压下沸腾的情绪，静静地想：正因为我在北京度过了大半辈子，我和她有万缕千丝的牵连，我对她有异样复杂的情感，特别是在解放十四年后的今天，无论我从哪方面下笔，都描写不出她的翻天覆地变化的全面！捧起一朵浪花，怎能形容出大海的深广与伟大？

这里我用起"浪花""大海"来了。但是这个比喻我自己还是满意的。因为浪花的确很小，大海实在很大，捧起一朵浪花来实在没法形容出大海之大。例如《我和北京》的征文里有多少朵浪花，有写得非常非常好的，但毕竟还是一朵浪花。所以这样写我自己满意，读者是不是满意，那再说。

我写过北京没有呢？写过的：

　　记得在四十年前，青年的我，远远地在地球的那一面，回忆着我热爱的北京，我是这样辛酸地写的："北京只是尘土飞扬的街道，泥泞的小胡同，灰色的城墙，流汗的人力车夫的奔走，我的北京。我的故乡，是一无所有！"

那是我在美国读书的时候写的。那时候在外国，看到人家街道宽阔、干净，有汽车，有电车，没有尘土，没有灰色的城墙，没有流汗的人力车夫，只看现象，不看本质，仿佛人家过的是不受压迫的生活，至少不像我们这样。对比起来，我就说："我的北京，我的故乡，是一无所有！"但是我也写"北京虽然是一无所有，但是它是我的家，灰色的城墙里，住着我所喜爱的人，飞扬的尘土，何时再容我嗅到故乡的香气。"你看那时候我就只有这么一点微薄的愿望，我只要闻一闻北京泥土的气味就满足了。过去我写到北京的时候就是这一次，这就是四十年前我所写的北京。

从那时直到十四年前的北京，真是一无所有吗？她在三座大山的重压之下，有的是贫穷，有的是痛苦，有的是愤怒，有的是耻辱……她在灰尘和血泊之中，挣扎呼号。

这些就用不着我说啦，大家都晓得北京所受的耻辱是太多了。我就生在庚子年，大家想想庚子年的北京是个什么样子！

终于在十四年前，来了千万双钢铁般的手臂，把她扶了起来，一个洪钟般响亮的声音，在她的天安门上，向全世界宣告："中国人民站起来了"，使得全世界的各个角落，千千万万白色，黑色，黄色，棕色的脸，一齐回转过来，以震惊热烈的神情，向着北京仰望。

　　从那时起，我的热爱的北京，像一朵朝阳下亭亭出水的芙蓉，皎洁，挺拔，庄严，美丽，在万头攒动，万目共瞻之下，愈升愈高……

　　因为我头一次写北京是在外国写的，所以再写到北京的时候，就很容易把外国人对北京的看法、对中国的看法跟十四年前对比。以前在外国，作为一个中国人是没有什么光荣的，受尽了人家的歧视，这是说不完的。但是从十四年前起就完全不同了。写这篇文章，我就采用了对比的写法。

　　芙蓉就是莲花。我们中国的传统，词汇里常常用"出水芙蓉"来形容非常干净、非常美丽、晶莹透亮的神圣的东西。在这个地方就不能用"大海"来比喻了，它就是一朵出水芙蓉。

　　在拂面的浩荡东风之中，中国人民高举的革命大旗的旗影下，我们听到了多少白色，黑色，黄色，棕色皮肤的朋友们，对我们所说出的，兴奋激动，热情洋溢的话语：北京的繁荣欢乐，给他们以深切的鼓舞；北京的飞跃前进，给他们以奋斗的力量；北京的同情和支援，在他们艰苦曲折的、争取平等、自由、民主、独立的道路上，映照出无限的光明。

　　下面就是外国朋友们讲的话，"北京的繁荣欢乐，给他们以深切的鼓舞"，因为中国的胜利就是他们的胜利；"北京的飞跃前进，给他们以奋斗的力量"，他们觉得我们中国是给他们做了一个榜样；"北京的同情和支援，在他们艰苦曲折的、争取平等、自由、民主、独立的道路上，映照出无限的光明。"下面还有：

　　他们说：你们知道不？在今天，世界上有多少双热切的耳朵在倾听着从北京发出的声音？有多少双兴奋的眼睛在仰望着从北京举起的旗帜？我们大家都深深地知道，在北京，有一颗和真理一样朴素的伟大的心，和全中国人民，和全世界被压迫民族、被压迫人民的心，融在一起，在同一个节奏下跳动！

"和真理一样朴素"是高尔基形容赞美列宁的话，说列宁这个人就和真理一样朴素。我在这里写的"伟大的心"，大家都会明白这就是毛主席的心。

　　我的一无所有的北京，我的疮痍满目的北京，在短短的十四年之中，竟然变成一个全世界人民所热爱所仰望的、光辉灿烂的北京，这岂是浅薄渺小的我，所梦想得到的？
　　呵，我的崭新伟大的北京！我含着晶莹的顶礼的热泪，向你捧上一颗感激奋发的微小的心，这颗心，将永远在你的伟大的心的领导之下，和全世界人民的心，一起坚强地跳动，直到我们的斗争彻底胜利的明天！

这篇文章就是这样结束的。

这篇文章，原来征文的题目是《我和北京》，但是，应征的人都不一定用这个题目。尤其是我写的这篇文章的内容，写到的不是我一个人和北京的关系，乃是全世界的人同北京的关系。这同当前形势以及我参加的一些社会活动是结合着的。一想起北京就不光想到我一个人，也不光想到北京人，而是全国人，乃至全世界人。因此，文章的题目是《全世界人民和北京》。

这篇文章的中心意思就是："我们大家都深深地知道，在北京，有一颗和真理一样朴素的心，和全中国人民，和全世界被压迫民族、被压迫人民的心，融在一起，在同一个节奏下跳动！"

以上是不是把九个问题都回答了，我不敢说；但是，我就是这么一个学生，我所能够回答的就是这些了。

以下再回答第十个问题：怎样练基本功。

两年以前，我在这里给函授学校的同志们也讲过这个问题，说来说去还是那几句话。我也看到不但是我，就是别的同志来讲，差不多都是那几句，只不过是我讲得浅薄，别人讲得深刻而已。

讲到练基本功，总是说要多看、多读、多写。多看别人的文章，多读别人的文章，多写自己要写的文章。这些，前些年我都讲过；但是，我觉得今年比前两年，我有点进步了。我想到这个题目，不是小学生给我出的，也不是中学生给我出的，而是函授学校的同学们给我出的。同志们不是小学生，不是中学生，都是做革命工作的，都是做群众工作的，都是宣传员。所以光是对大家说多看呀，多写呀，就很不够，多看，多读，多写，不过是个手段，重要的是看什么，读什么，写什么。无论什么书抄起来就读，无论什么材料拿起来就写，我觉得不一定都好。看什么，读什么，这里有个选择的问题，有个文艺批评的标准问题。毛主席讲过：政治标准第一，艺术标准第二。我们有些文学遗产，精华少，糟粕多，一些辞藻艳丽的东西，往往是思想感情很不健康的东西。我有个朋友说："中国的词非得有病态的人念才觉得有味。不病的人，念着念着，你就会工愁善病了。"这话是有道理的。除非有挑选的眼光，有一种标准，才能化腐朽为神奇。所以说看什么，读什么，写什么，都要很好考虑，我认为无论是看、读、写，都要厚今薄古。

在讲怎样练基本功的时候，我就想起毛主席的教导来了。

毛主席《反对党八股》这篇文章，我自己常常学，每学一次，就有一次新的体会，得到新的启发。如果大家同意，我就把里边的几句话念一念。

毛主席说："但我们是革命党，是为群众办事的，如果不学群众的语言，那就办不好。现在我们有许多做宣传工作的同志，也不学语言。他们的宣传，乏味得很；他们的文章，就没有多少人欢喜看；他们的演说，也没有多少人欢喜听。为什么语言要学，并且要用很大的气力去学呢？因为语言这东西，不是随便可以学好的，非下苦功不可。第一，要向人民群众学习语言。人民的语汇是很丰富的，生动活泼的，表现实际生活的。我们很多人没有学好语言，所以我们在写文章做演说时没有几句生动活泼切实有力的话，只有死板板的几条筋，像瘪三一样，瘦得难看，不像一个健康的人。第二，要从外国语言中吸收我们所需要的成分。我们不是硬搬或滥用外国语言，是要吸收外国语言中的好东西，于我们适用的东西。因为中国原有语汇不够用，现在我们的语汇中就有很多是从外国吸收来的。例如今天开的干部大会，这'干部'两个字，就是从外国学来的。我们还要多多吸收外国的新鲜东西，不但要吸收他们的进步道理，而且要吸收他们的新鲜用语。第三，我们还要学习古人语言中有生命的东西。由于我们没有努力学习语言，古人语言中的许多还有生气的东西我们就没有充分地合理地利用。当然我们坚决反对去用已经死了的语汇和典故，这是确定了的，但是好的仍然有用的东西还是应该继承。现在中党八股毒太深的人，对于民间的、外国的、古人的语言中有用的东西，不肯下苦功去学，因此，群众就不欢迎他们枯燥无味的宣传，我们也不需要这样蹩脚的不中用的宣传家。"这一点我觉得我们都要好好地学。我们要学人民的语言。你看现代作家里，凡是生活在人民群众中的，生活在火热斗争中的，他的语言就非常丰富。还有外国的、古人的作品中的可以吸收的东西也要学，当然我们不要去学什么"冷冷清清"，什么"小园香径独徘徊"，我们要学那种生动活泼的有生气的东西。这样去学，是够我们学一辈子的。这种学习，真是"除死方休"。

毛主席还引用了鲁迅先生讲怎样写文章的一段话：

　　"第三篇，是从《鲁迅全集》里选出的，是鲁迅复北斗杂志社讨论怎样写文章的一封信。他说些什么呢？他一共列举了八条写文章的规则，我现在抽出几条来说一说。

　　第一条：'留心各样的事情，多看看，不看到一点就写。'讲的是'留心各样的事情'，不是一样半样的事情。讲的是'多看看'，不是只看一眼半眼。我们怎么样？不是恰恰和他相反，只看到一点就写吗？"

　　鲁迅先生著作等身，他是不是看到一点就写呢？不是的。看到一点就写，一定很肤浅。比如说，你看一个人只看了一眼，他的眉眼之间有什么特点你都没有看出来，那你当然写不好。所以要多看看，这是很重要的。

　　"第二条：'写不出的时候不硬写。'

　　我们怎么样？不是明明脑子里没有什么东西硬要大写特写么？不调查，不研究，提起笔来'硬写'，这就是不负责任的态度。"

　　硬写实在很苦。我们小时候做作文，实在苦得很，就因为那是硬写。那时候老师出的题目就很难写，例如"富国强兵论"，这里边又有政治，又有经济，又有军事，不但我写不出，在座的恐怕也没有几个人能写得完全。可是老师就给我们出这样的题，那才叫硬写呢。不过这种题目也有好写的时候，反正不但你不懂，老师自己也不懂，那你就写呗。写的人不会调查，又不会研究，出题的人也没有调查，也没有研究。他要有调查研究，就不会出这个题目了。现在我们要是脑子里没有什么东西就别硬写。自己别给自己吃这种苦头。

"第四条：'写完后至少看两遍，竭力将可有可无的字，句，段删去，毫不可惜。宁可将可作小说的材料缩成速写，决不将速写材料拉成小说。'

孔夫子提倡'再思'，韩愈也说'行成于思'，那是古代的事情。现在的事情，问题很复杂，有些事情甚至想三四回还不够。鲁迅说'至少看两遍'，至多呢？他没有说，我看重要的文章不妨看它十多遍，认真地加以删改，然后发表。文章是客观事物的反映，而事物是曲折复杂的，必须反复研究，才能反映恰当；在这里粗心大意，就是不懂得做文章的起码知识。"

写出来的文章，不但要反复地看，要多看几遍，还要反复地读。我刚才说过："会讲的不如会听的""会写的不如会看的"。你写得好不好，读者一看就看出来了，一听就听出来了。所以你写好了以后，顶好读一读，看看有没有人家听不懂的地方，有没有拗口或不顺的地方。

"第六条：'不生造除自己之外，谁也不懂的形容词之类。'"

这就是说，你用的形容词，你懂，别人不懂，就失掉了写文章的意义。文章是写给别人看的，不是"结绳记事"。结绳记事是自己结个疙瘩自己记住，别人晓不晓得没有关系，写文章就不行了，你生造形容词别人看不懂，等于不写。而且你白费工夫写，人家还得白费工夫猜。

"我们'生造'的东西太多了，总之是'谁也不懂'。句法有长到四五十个字一句的，其中堆满了'谁也不懂的形容词之类'。许多口口声声拥护鲁迅的人们，却正是违背鲁迅的啊！"

我念的这两段是关于学习语言的。《反对党八股》这篇文章我希望你们都常常学，细细看。

有话即长，无话即短，我打算讲的就是这些。

（选自《语文学习讲座丛书——阅读与写作》，商务印书馆1980 年版）

怎样写小说

张贤亮

我个人写小说的历史不长，只写了两年。1957 年以前，我是写了一点诗，后来由于历史的原因又中断了。后来的二十二年，我就没有接触过文艺创作。我生活在离这儿四十多里的一个小村庄里。我能够看到的书就是《艳阳天》，还有几本《解放军文艺》。所以，这二十二年，我和文学艺术世界隔绝了，我倒还很希望哪儿有一个人讲怎样写小说，我也很愿意去听一下。

后来我怎么写起小说来了呢？也是个偶然的机会。写了一篇以后，就越发不可收拾地写起来了，写了些东西。我就根据我个人创作小说的一些体会，跟同学们谈一谈。我相信在这儿的同学们的文学理论水平有很多比我高，所以，理论方面的东西我就不多谈了。

谈谈我个人的体会，这样谈也许对同学们的帮助会大些。曹禺说过一句话，会写戏的人，他自己写戏；不会写戏的人，教别人怎样写戏。我就算一个不会写小说的人，教别人怎样写小说吧。

认识自己有没有进行文学艺术创作的素质

我现在说得很坦率，尤其在第一部分讲的。我们在阅读稿件当中发现的一些问题，也许有冲犯在座的同学们的一些地方。不过希望同学们理解，因为我觉得只有真诚坦率，才对同学们有所帮助。我调到了《宁夏文艺》编辑部后，由我来管小说，给我最大的一个感触，就是很多写作者很勤奋。据我所知，像生活在海原、固原的山沟沟里的一些年轻人，到现在写了有三四十万字，但从来没有发表过。

他们寄来的稿件，有的就是用白粗纸写的，他们连电灯都没有，稿纸上有一股煤油味。他们这样勤奋，但写不出满意的作品来。我们编辑部人手少，不能够对他们进行很具体的帮助。我在这里举的是比较个别的例子。那么，还有一些勤奋的作者，也写了很长时间，但也没有把满意的作品写出来。所以，我是很不客气地对你们第一次讲话就要说这么一句：同学们接触文学艺术创作的时候，必须要很好地认识自己，这是非常重要的——认识自己有没有进行文学艺术创作的素质。

我早就想给一些青年创作者提出这个问题，我所说的素质不单纯是才能，才能是后天可以培养的。比方说，想当芭蕾舞演员，一个矮胖子去参加目测就给测下来了；你想当空军驾驶员，近视眼首先就不行，他们都有个身体条件在那儿限制着。你选择你的终身职业和发展的时候，必须首先做好对自己能力的估计。如果发现这条路对自己不合适的话，就不要浪费时间了。我看了很多有关小说创作经验的文章，里面都没有谈到这一点。因为谈到这一点，容易造成两个不好的影响：一个不好的影响是，这个作者是勤奋写作的，但他没有适当地给予他培养的人啊，作者容易灰心丧气。说不定这个作者是有素质的，说不定一个很好的作家就这么作废了。还有一个不好的影响是，这个家伙在吹牛，他已经成为了一个作家了，他觉得他有素质了，就认为别人没有素质（同学们大笑）。所以，人家一般不愿谈这个问题。

我可以提出这个问题，因为我觉得有一些年轻人大可不必在这个上面花时间，我才提出所谓的素质和才能，因为有的人适合在这个方面发展，有的人适合在另外一个方面发展，这也并不是说你没有素质和才能是没有用的人，说不定你有很伟大的数学天赋。

所以，在进行文学创作之前，我觉得同学们首先要很好地认识自己的发展方向。究竟哪个方向适合，才不必浪费那么多时间。其实，爱好不等于素质。说你爱好文学艺术，你就有文学艺术创作的素质，不一定的。爱因斯坦爱好音乐，他不见得能当作曲家，结果他在物理学上有惊人的发展。所以，有某个方面的爱好，并不等于有某个方面的素质。

语言文字这一关要自觉地去攻克

我再说下面的问题。从大量的来稿中，我们发现了一些什么问题呢？这个问题和稿件质量有关。现在，我接到了好多宁夏大学同学们的来稿。当然了，这些同学们的作品，因为出自宁夏的最高学府，要比工厂、农村、矿山、机关那些青年人的作品，语言文字确实要清楚、流畅、明白得多了，可是还存在着不少问题。我们说文学就是一门语言的艺术，语言不过关，就谈不到其他。你就是再有丰富的想象力，构想的故事再巧妙再曲折，你的感情再充沛或者再细腻，你没有语言的表达能力，一切都没有用。这就好像我们有句谚语说的那样：茶壶里煮饺子，有货倒不出。

他们的作品构思还可以，语言文字却很差。当然，我说的差是相对而言的，主要是指比发表的水平还差，尽管比社会上的一般文学青年还是要好。怎么会造成这样的状况？有这样一个作者，他书读了也不少，鲁迅、茅盾、巴金的读了，外国的像高尔基、契诃夫、莫泊桑的读了。

我就想，他书读得也不少，而他本人也正在北京大学上学，怎么会在语言文字方面还没有准确地而且是有文采地表现出来他思考的东西。就是他在读书的过程中，没有有意识地去捕获语言。

据我所知，在大学里读书学习的人总认为，自己的语言文字在高中的时候就已经过关了。到大学学习阶段，讲到文学作品的时候，大多是讲主题、讲构思、讲结构，语言文字方面讲得少了。而同学们说是阅读作品、分析作品，也都是分析作品的主题思想啦，时代背景啦，作者意图啦，结构啦，都是这个。

同学们如果发现自己有文学创作的素质，非要补语言文字方面的知识不可。你想搞舞蹈，舞蹈的一些基本动作都不会；要想搞声乐，嗓子都没调理好，这是不行的。所以，你要想进行小说创作，语言文字这一关要自觉地去攻克。不要认为自己上了大学，这一关已经过了。语言文字是没有底的。有时候找一个确切的词都不好找，尤其是我们的汉语同义词分类多。就说这个"走"吧——有走，有踱，有蹓，有步，一个动作可以有很多同义词，从这些同义词中选一个恰当的词，你就要费很多脑子。

你要准确地表达你的意思，什么地方应该用踱，什么地方应该用走，什么地方应该用蹓，把这些基本的问题解决了以后，你脑子大概已经像电子计算机一样，在百万分之一或者几百万分之一秒的时间里，自然提笔而成（同学们笑）。

因此，我觉得同学们现在要想进行文学创作，语言文字这一关必须要过。当然，这也是老生常谈。既然是老生常谈，就应该经常谈一谈（同学们笑），也就是向书本学习，向老百姓的口头语言学习。

我现在收到好多稿子，很可惜的，问题首先就出在语言文字这一关上。比如1977级、1978级、1979级的同学，其中的很多人已经有一段社会经历了，包括工作经历，同样也有自己的见解和思想。我看了他们的作品之后，发现他们是有生活、有认识的。但这些作品实在是词不达意。

对于一个编辑来说，如果这样的作品没有特别突出的意义，是不会在你的稿子上像老师批改学生的作文一样下功夫的，只有忍痛割爱，只有一一退回。

作者的艺术趣味必须广泛

我从青年作者的来稿中，还发现了这样一个问题，可以说是一个带有普遍性的问题。就是说，这个作者有文学创作的素质，也有志于创作小说或者是诗歌，而且也发表过一篇两篇作品。他有一定的创作才能，有一定的写作经历，问题是艺术的趣味过于单纯，写小说就看小说，只是把契诃夫、莫泊桑、托尔斯泰的小说拿来读。这是一个很大的缺点。你要进行文学艺术中的任何一种创作，艺术的趣味必须广泛——音乐、美术、雕塑、戏剧、电影，等等。你必须要具备很广泛很扎实的艺术底子。

小说、诗歌、散文、评论，凡是进行文学创作，作者的艺术趣味必须广泛，你不能说自己是创作诗歌的，就专门读诗歌，这就错了。有广泛的艺术趣味，才能够有扎实的艺术修养，才能够把自己钟情的那个门类的文学创作搞好。

我写小说的时候，比如《灵与肉》里许灵均牧马那一段，那相关的音乐就在我的脑子里回响着，那大自然的风光就会自然而然地成为一种音响效果，从我的脑子里传到我的耳朵里来了。这样一来，我下笔时不仅有叙述和描写，还会有一种身临其境的感觉和情绪。我们有的作者写小说场景，一般局限于人物出现和活动的那个地方，单调得很，枯燥得很，引不起读者的兴趣，原因在于作者缺乏美术方面的修养。要多方面地写，当写小说人物活动的情节时，他所活动范围的色彩、画面、音响，那些风声、雨声、鸟声，都要在你脑海里出现。这样，只要你语言文字掌握得熟练了，作品应该有的气氛就自然而然地出来了。这样就能够抓住读者，当然也能够抓住编辑。

我们常看到一些小说写得比较动人的地方，这个时候就是把编辑和读者带进去的时候。要像电影一样写出画面，这样才能把编辑和读者带进去。是立体的多方面的，不是平的单方面的，让眼耳口舌鼻等全部都能够感觉到。所以巴尔扎克曾说写到高里奥老头死的时候，他自己都哭了——作家就得有这么一股痴情。这个痴情从哪来？就是全部的艺术感，全部的感情都进去了。同学们写东西时，你自己都没进去，还想把别人带进去？那不行，连自己都是旁观者。

还有你们写小说的时候，自己脑子里要演电影，这样就使你所描写的全部场景，像电影画面一样，一幅一幅地以蒙太奇手法在眼前变化。应该说基本上掌握了语言文字后，你在写作的时候，你脑子里也在演电影，那你的情节线索就不会单一了。小说的传统写法就这一条——情节线加气氛。就这么一条，这就是传统小说写法。

好小说会有内在的节奏感

小说就是情节线加气氛，情节线就是故事，故事或者是曲折或者是不曲折。光看情节线，就像娃娃脱裤子一样，给你弟弟给你妹妹脱裤子，有的给老大脱了再给老二脱什么的。这还不是小说，小说还要加气氛——情节线在发展过程当中的氛围、气场，只用光秃秃的情节还不行，你必须想到怎样才能让读者进去。因此，气氛渲染也很重要。

怎样才能渲染好气氛呢？必须有广泛的艺术趣味。你不能总是强调语言文字，那些音乐啦、色彩啦什么的也必须把握住，能够把握住这几点，写小说就差不多了。不过，这是个很艰苦的过程。还有一个，就是写小说实际上和艺术的各个门类都是相通的。小说是语言的艺术，和音乐也有很多相似之处，一部好的小说会有一个内在的节奏感。

我发现很多作者来稿没有掌握这个东西，有的稿子看完以后让人觉得很凌乱，这是结构方面的问题。根子在什么地方呢？根子在这样的小说作品没有内在的节奏感。我们看外国的小说，契诃夫哪怕几千字的小说，或者鲁迅的《孔乙己》——这篇小说很短，大概两千多字吧，这样短的小说，叙述和发展还有曲折，什么时候应该起，什么时候应该伏；什么地方略略交代过去，什么地方应该很细微地描写；有的地方十年，鲁迅只写"十年过去了"；可有的两秒钟的事情，鲁迅却写得很细。

这怎么把握呢？什么地方应该写粗，什么地方应该写细，当然这个主要与叙述的内容有关。但是，如果发挥你自己的艺术才能，掌握了事物发展的过程，能够把握住内在的起伏，便能够使读者读小说像听一首歌曲一样。情节的发展也好，故事的发展也好，时间的发展也好，其实也是只可意会不可言传。第二个问题，就在于你本身的艺术修养，有没有形成那样一种内在的节奏感。所以，我说同学们，你们应该多听听音乐，尤其要听交响乐，这个作用是潜移默化的，对于你们以后写小说、写诗歌会带来很多好处。

小说要靠描写，而不是单纯靠叙述

还有一个问题，要谈到情节发展的内在节奏。我们说小说是要靠描写的，不是要单纯靠叙述的。可是，大量的来稿包括同学们的来稿，叙述多于描写，就好像写个人材料似的，写出来的东西和材料一样——张三，今年三十三岁，江西或宁夏人，有一个爸爸，还没有结婚，文化程度高中毕业。这完全是叙述，把一个人交代了一番，描写的地方没有。同学们，这不叫小说，顶多叫大故事。

小说创作之时，注意叙述是必要的，但最主要的是描写。你要把气氛描写出来，而且情节发展也靠描写，不靠叙述。比如，人物的行动，他走到学校门口，是怎样走到的，一路上他脑子里都想些什么，这才叫小说。他走到学校门口，见了谁谁谁，两人握了手进来了，这叫叙述。描写和叙述的区别，同学们一看小说就能看出来。同学们写小说的时候，一定要注重描写。

我们要看蒲松龄的《聊斋》。我看古典作品，用古文写的小说，感觉它的叙述部分极好。开头：王生，山东淄博人也，少时独自……接下来，就说他到哪一个寺庙里去借斋。可是，我们编辑接到的稿子很多就像叙述材料似的，这也是一般作者常犯的通病，在同学们的来稿中我发现也是这样的——当然，我说得很坦率。

有些时候，我很怕跟年轻的文学爱好者打交道，就像鲁迅所说的文学青年都非常敏感。我和他们交谈的过程中，不知道什么时候就触犯了他们（同学们笑），我却还不明白。

应该很好地向古文学习

还有一个很重要的问题。有些来稿很啰唆，交代不清，文字写得很长。我刚才说了，五千字以下的稿子很少，写得很长，啰里啰唆，反而不清楚说了些什么事情，语言不干净。我曾经问一个作者看过一些什么书，他说他看了很多。古典的呢，他看了《三国演义》《水浒传》，这当然很好。同学们要记住，一定要向古文学习。

我今天给同学们交个底，我二十二年在那个山沟沟里边，我刚才说过除了《艳阳天》、几本《解放军文艺》，几乎没有别的书可读。给我平反后，我就能够拿起笔来写东西，而且二十二年里除了我给领导写个检查（同学们笑），再没提过笔。

也有好多人问我，你为什么一平反就能够写东西，一写就能发表？因为我有这个底子，有很扎实的底子，我五岁开始读唐诗，就在被窝里抱着书读唐诗，一直到十岁，开讲就讲《左传》，我的古文基础要比我现在的当代文学的基础还要强；到十二岁小学毕业的时候，我能用古文随便地写一封信，所以我占了最大的便宜。中国人最讲究文章的布局，讲究语言的简洁，在世界上没有一个国家的语言有我们这样的。

我们有些年轻作者那么勤奋，也读了不少书，为什么下笔还不那么干净呢？我想主要是没读古文，只读《三国演义》《水浒传》了，这还不算数。

《古文观止》三百篇文章，我劝同学们认真学一学；古诗词，肚子里起码得装几百首。当然这是间接的作用，不是直接的作用。不是说古文读好了，马上可以写小说，可是这个间接的作用也是非常有用的。有同学会说，外国作家总不会中国的古文吧，人家还是写呢！

人家有人家那么厚的底子，人家那么厚的底子是从人家那种文化发展起来的。人家那种底子我们是不能学习得了的，正像他们学习不了我们的古文一样。

英文也好，法文也好，他们有着一贯的西方文化，每一个作家都是这样。像高尔基虽然没有进过学校，可是他的西方文化的底子是非常厚的，然后他才写。

我们中国作家，当然要发展我们民族的东西了，我们应该很好地向古文学习。"五四"以前，白话文当时并不怎么风行。鲁迅在五四后写的《狂人日记》，他为什么能用白话文写出那么美的小说来呢？鲁迅古代汉语的底子非常厚。同样我们知道，毛主席也是这样，他的古文底子也是非常厚的，所以他才能用白话文写出那么多东西来，而且是好的东西来。现在的作家光从外国转转看还不行，也还不够，必须还得有好的古文底子。

（选自《好作文》，2022 年第 1 期）

现代戏创作的几点思考

陈　彦

　　有人把我创作的《迟开的玫瑰》《大树西迁》《西京故事》称为"陈彦现代戏三部曲"，其实我在创作完《迟开的玫瑰》《大树西迁》后，一直想转向古典戏创作，主要是觉得现代戏创作太累，太难把握，我们都生活在现实当中，由于人们对当下生活的谙熟，对现实生活深度、广度的切腹感知，而容易对现代戏提出更高更苛刻的要求，因而，现实题材的戏曲创作就尤其难以为剧作家所青睐。但也有忍不住的时候，那就是某种生活与自己的创造神经突然对接上了，被打动了，被感化了，被纠缠不休了，并有所悟道，就容易"重操旧业"，《西京故事》就是这样的产物。

　　我写现代戏从未接受"命题作文"，觉得那是十分难办的一件事情。《迟开的玫瑰》是因为我所居住的院落，一个下水道老不通，常常满院漂起污秽物，而使我把目光投注到一个捅下水道的师傅身上，他不来，一院子的生活都会因下水道的泛滥成灾而龌龊不堪，他一来，一院子的日子又会因下水道的正常流通而阳光灿烂。我们愿意看到的，永远是城市表面的整洁光滑，而不太喜欢看到亮丽背后的瘢痕点点。尤其是喜欢看塔尖的高高耸立，而不愿正视塔底的艰难负重。我们理想中的生活，是人人都能人尽其才，而其实真正的生活，又是绝大多数人都得无奈地按照生活无常的轨迹前行，而不能以理想的标示按图索骥。《迟开的玫瑰》中女主人公乔雪梅，就是在这种无常、无奈中，既怨尤、又持守、继而无怨无悔的小人物。在这个戏初创阶段，当时的社会时尚价值观普遍以为，一个女性唯有奋斗成女强人、大款、大腕、社会白领，才是实现了人生价值，否则，就是"不值得省察的人生"。但严酷的生活本身，永远不是我们审视生活时能随意给它贴上观念标签的尤物，生活就是生活，我们能够正视的就是它不能够理想化的真实性、深刻性，而一切观念，永远都是观者审视作品时不同社会背景下的不同认知角度而已。随着时间迁移，所有观念论争都会成为笑谈，唯有生活的真实能够穿越时空隧道而经久存在。《迟开的玫瑰》已经演出十三年，全国十几个剧团移植，我想，它之所以有了这一点生命力，就在于它没有"观念先行"，它的立足点是生活本身的不具有理想色彩的真实性。

到创作《大树西迁》时，西安交大本来是要我创作几十集电视剧的，谁知进行了长达半年的深入生活后，觉得有难度，尤其是上海与西安两方为西迁的史实有诸多争议，不好下笔，加之我这时已担任院长职务，没有大块时间搞电视剧那种"长线"劳动。但我心里一直觉得是个事，那么多大教授接受采访，他们多已两鬓斑白，接受采访时，真诚希望西迁史实通过文艺形式昭告于世的心情溢于言表，让人难以忘怀，我觉得自己不能欺骗这些共和国的教育功臣。终于有一天，这些生活搅动着我写出了《大树西迁》。在《大树西迁》舞台剧构思时，我采取的是用"底层小人物"的故事，"以小见大"地映像重大西迁史实的方式，以主人公孟冰茜这个青年教师的心路历程为纵线，切开六个重要历史时期的横断面，通过共和国五十年的兴衰变迁史，让人看到知识分子艰难而又曲折的奋进历程和拳拳报国之心。孟冰茜本来是一个西迁反对者，由于爱自己的导师、丈夫，而来西部，一生始终有"东归"上海的梦想，可阴差阳错，又始终没能回去，儿女也全然散落在大西北。当最终她回到魂牵梦绕的上海时，才发现自己的生命已完全融入西部，对故土上海反倒彻底陌生化了，在百无聊赖中，她又自己回到了西部，由此完成了全剧的精神西迁。这个戏如果说从创作上有可取之处，那就是在重大历史事件叙写时，坚持从小人物的角度开掘事件本质内涵，从而规避了"正面强攻"可能引起的"方案之争"与其他诸多非戏剧化因素的介入，从而更艺术化、更具有象征意味地表现生活，以达到对生活与知识分子性格、命运以及精神历程的更高层次涵盖。

　　《西京故事》的创作，完全出于一种心理需要。我本来准备从《大树西迁》后转入历史题材创作，可我在西安所居住的文艺路地区，每天都有一两千农民工为生计翘首以盼，这是一个自发的劳务市场，它就在我们单位对面流动着，有时也会聚集到我们单位门口，在一些城市人眼中看来，这就是一块咋都清理不掉的"牛皮癣"。我们的现实生活，已与农民工群体密不可分，城市的所有皱褶中，几乎都走动着农民工的身影。每每看着这些身影，我就想着他们可能有的故事。在这些农民工中，也有我老家的亲戚，他们也来找我寻求过活计，在与他们闲聊中，我深深震惊着他们生活的苦焦与无奈，也深深感动着他们的韧性与负重精神。我暂时放弃了历史题材创作，又一次进入现实，开始了长达三年之久的关于农村人进城寻梦的《西京故事》的创作。

这部戏写得很累，一遍又一遍过去，都觉得没有传递出这个生活群体的真实境况。如果仅仅是泛泛地表现一下农民工艰难的处境和寻找到一次改变生活困境的突围，似乎意思不大，我希望寻找到的是撑持这种困境、并努力改变命运的那股一以贯之的精神气力，以及在这股气力背后深深蕴藏着的生命价值。他们在如此艰难的生活条件下，背负着人格、尊严被歧视、嘲弄的现实，忍辱负重、抗争生活，如何一点点改变窘境，并一步步赢得做人的尊严，当是目前写城市农民工生活所应充分关照的问题。剧中罗天福带着妻子儿女一家四口进西京寻梦，儿子面对城市优裕得超出他想象的纷繁生活，以及做人尊严处处受到严峻挑战的现实，再也固守不住传统教育下所持守的道德底线，不仅背弃了父亲的意愿，而且毅然出走，形成了尖锐的父子冲突。而这种冲突的更大背景，恰在于今天整个社会矛盾冲突的着力点，也紧紧扭结在这种满足欲望与道德持守、改变命运与放弃信念、实现梦想与颠覆价值的角力上。我想，观众之所以能够引起共鸣，就在于主创人员的共同审美传达，与观众也十分焦灼的人生命题相吻合，因而才有了首轮演出即冲百场的历史纪录。

　　我创作过十二部现代戏，也走过不少弯路，只是近十几年的创作，才慢慢摸到一点属于自己所看重的规律。我对现代戏创作有这么几点不成熟的思考：

一、开掘常态题材，关注平常生活，让现代戏
　　创作真正进入艺术思维和创造

　　从数量上讲，现实题材戏曲作品并不少，然而，能够长期坚持演出的并不多。

　　有很多戏，排出来演几场，或参加一下什么活动，就束之高阁了。过几年，你要硬拉出来演，就发现什么都不对了，那些有趣的话语没趣了，那些热点问题不热点了，那些感人的情节不感人了，那些有意味的思考也没意味了，总之，哪里看着都不对，只让人深感：戏曲真的很落后，现代戏真的没搞头。究其原因，就是戏曲现代戏创作功利性太强，目的指向太明确，一想着写现代戏，就是英模人物、成功人士，或者重大事件，抑或地方盛世清明。当然，这些东西也不是不能写，但"一窝蜂"地表现，长此以往，就给现代戏造成了极不好的影响，似乎就是新闻人物事件的立体再现，充其量也就是个深度报道，既然艺术创作异化为新闻摹写，那就难免要跌入新闻速朽的窠臼。

　　戏曲现代戏首先应该是艺术创造，既然是艺术创造，那么在事件、人物筛选上，就要进行有价值的艺术甄别。这种甄别不仅包括生活的普适性，更包括这种生活对时间和历史的长久印证能力。从这个角度讲，努力开掘常态题材，关注平常生活，

可能是现代戏真正把握生活本质规律，从而与生活自身的恒常性一道进入艺术恒久性的最重要通道。因为对于没有限定的寻常生活的发掘，更能使一个创作者身心自由地迈入艺术王国进行创造劳动，而这种经过艺术家完全粉碎、咀嚼、消化、省察了的生活，再精心传成艺术之器时，艺术家对于生活的历史认知把握和对艺术自身的永恒性追求，便沁入心脾地化合到他的"器物"之中，这个"器物"自然就有可能避免"流感"侵扰，从而构筑起够抵抗"短命效应"的强健体魄。

二、持守恒常价值，关护真实内心，远离时尚观念，努力让现代戏创作能够形成文化积累

在文艺创作上，大家都特别希望涉足"永恒主题"，所谓永恒主题，其实就是人类永远都在演出的那些生活。这些生活经过艺术家内化后重新排序、演绎，赋予一定的价值意义，从而成为始终照耀人类前行的精神灯塔。因而，文艺创作的恒常价值坚守就显得十分重要。持守恒常价值其实就是固守作品的生命力。人类经过几千年的文明史积累，已总结出了诸多生命演进的常识与通识，也可以叫价值范式，其实我们更多的时候，是需要站在当下，做好承继既往价值谱系的工作，把那些最有价值而又被时尚不断遮蔽、湮没了的东西持续"打捞"上来，让它们在新的生活现场重放光芒。现在许多所谓后现代的东西，我们已能明显读出中华民族传统元典的意味，这就是有价值的文化的恒常性与螺旋式上升的不灭轨迹。随时能颠覆与改变的价值观，肯定不是值得"打捞"的瑰宝。同样，随便即能创造

出来的新价值新观念，也肯定不是隔夜还能发光的金子。人类精神创造活动是循序渐进的，任何企图用断裂法创造新的价值观念的做法都是不现实的。因此，戏曲创作更应以一种成熟心态，远离时尚，远离猎奇，远离怪叫，持守恒常，真正把心思用到关护人的真实内心上去，把心思用到钻探生活的真实原浆上去，只有这样，才可能切入到生活的本质，"打捞"起有价值的"干货"，从而创作出有价值意义的作品。从这个意义上讲，持守恒常价值、恒常伦理，关护真实内心，远离时尚喧嚣，放弃新旧观念争辩，可能是现代戏这种直接取材于当下生活的艺术创作的最重要"法宝"。

三、戏曲现代戏更应关注小人物，关注大众精神生态，这是戏曲这种草根艺术生存本质所决定的

任何一位创作者，都希望自己的作品能够广泛作用于社会。如果不能为社会所接纳，我们创作的意义又是什么？民族戏曲数百年的历史证明，能够流传下来的作品，一定是持守正道，持守恒常价值、恒常伦理，向上向善，并特别照耀弱势生命的。戏曲这种草根艺术，从骨子里就应流淌为弱势生命呐喊的血液，如果戏曲在发展过程中忘记了为弱势群体发言，那就是丢弃了它的创造本质和生命本质。当下生活，千姿百态，千变万化，在十三亿生命奔小康的路上，有多少焦灼的心灵和多少值得我们去关护和抚摸的真实内心哪，从这个意义上讲，现代戏创作大有可为。我们应该发出有价值的声音，现代戏也有能力在当下生活中发出有价值的声音。于喧嚣中，力戒浮躁肤浅，力戒

热粘硬贴，力戒助强凌弱，力戒娱乐至死，深刻探讨社会问题，关注大众精神生态，从而让现代戏在我们越来越现代化的生活中立足更稳，并真正取得一份有价值的收获。

（选自《西安交通大学学报（社会科学版）》，2012年第32卷第1期）

文学的信念与理想

陈忠实

我的文学信念形成的时间很漫长，是从不自觉到自觉的过程，也有去伪存真的问题。最初的很长一段时间里，单就个人的因素看，写作确实就是一种兴趣和爱好。它的萌发是一种兴趣，包括已经能发表很多作品的时候，在很大程度上还是一种个人的创作兴趣，一旦沾染上了文学，发表了些作品，同时也就产生了名利之心。再后来，把文学创作当作一种生活目标来追求的时候，毫无讳言，具体到个人出路的非常实际的问题时，我还是从自身考虑得多。尽管在陕西省已成为有影响的一个作家了，但具体到我写作的真实心理，仍然是兴趣。

最初的兴趣是在中学读书时引发起来的，不自觉地连续练习写作。到高中毕业时，处在国家"困难时期"的非常重要的关头，是我人生最重要的转折点，也是我人生最困难的、最苦恼的一段时期。后来我回忆当时，不能进大学学习，对一个青年无论从个人出路、发展，还是从报效祖国、服务人民，即从公与私的角度，所有的路一下子都被堵死了，在一切都不可能的时候，我很自然地把自己的精神集中到文学爱好上来。这也是我当时唯一能选择的道路。这样，反而排除了一些轻易能够进入社会，包括谋一个好的工作这样侥幸的心理，反而归于一种死心塌地的沉静。

进入这种自修状态，我的目标很明确，自修四年发表第一篇作品，就是我的大学学历完成的标志。那是我从最基本的文学修养开始练习，摸索写作的道路。在这一时期，最重要的是文字修炼，其实是以文学创作为寻找自己的人生出路，尽管如此，选择文学的动力还是对文学的兴趣。回忆那一段时间，我总以为，一种虽然时间不长却极度的恐慌和痛苦过去以后，我才进入学习的最好的沉静状态，开始了文学创作的准备。最初是广泛阅读，包括背诵、记日记、写读书笔记、生活笔记，这些笔记不仅锻炼了文字功力，而且锻炼了我观察生活的敏锐性。我很清醒，如果文字功力不足，想把发生、发展的事情表达出来，实现自己的人生理想，想当作家是不可能的。

到能发表一些作品，并在社会上产生比较多的影响的时候，文学创作仅仅作为个人生存的目的，反而淡化了，退居次位了，不是主要矛盾了。社会承认你是一个作家，你就要对自己创作的进一步发展提出更高的目标。这大约应该是到了二十世纪的八十年代中期。我清醒地意识到，社会承认你作为一个人的创造价值，但社会同时也强迫你必须认识到它承认的是什么样的作家。换句话说，你要做一个什么样的作家才能与社会的发展趋势相一致，否则，你即使成了作家也难以获得一个作家的安慰和自信。这个意识在写《白鹿原》之前的八十年代中期已经非常强烈了。在这个时期，我的创作已经在社会上有一些影响，短篇小说在全国获过奖，也出了几本中、短篇作品集。后来出书的兴奋感渐渐地淡化了，强烈地意识到一种压力，作为一个作家，在陕西和在中国当代文学中，自己给自己打一下分，掂量一下自己的分量，就明白自己达到了什么样程度，包括生命年轮，五十岁都成为我很大的心理压力。这时候，文学信念开始形成，新的创造欲望膨胀起来，想在文学这个事业上形成属于自己的、应该不为人淡忘的东西，也就是努力为自己在文学的领域里占一席之地的想法强烈了。我同时也产生着另一面的心理危机，如果当代读者把我的全部作品淡忘了，这个作家存在的意义恐怕仅仅只剩下"活着"了。

原来我只有一句豪言壮语：应该在中国的图书馆里挤进一本书，哪怕是一篇文章也好。因为图书馆不是任何人、任何书都能挤进去的。一方面，这个时候的创作欲望，不再是在重要刊物上发表作品并获奖，也不是为了获得评论家给予的表扬，这些都很难再激起我的创作；另一方面，与此相辅相成，关于对文学创作的理解也产生新的欲望。创作心态正是在这一时期发生了重大转折。八十年代中期，文学创作和理论都非常活跃，所有新鲜理论不论是中国的还是外国的对我产生了很大的影响，尤其是关于创作的人物心理结构学说、文化心理结构学说。过去很长一段时间里，到接触这个理论以前，接受并尊崇的是塑造人物典型理论，它一直是我所遵循和实践着的理论，我也很尊重这个理论。你怎么能写活人物、写透人物、塑造出典型来？文化心理结构学说给我一个重要的启示，就是要进入到你要塑造的人物的心理结构并解析，而解析的钥匙是文化。这以后，我比较自觉地思考中国人的文化心理，从几千年的民族历史上对这个民族产生最重要的影响的儒家文化，看当代中国人心理结构的内在形态和外在特征，以某种新奇而又神秘的感觉从这个角度探视我所要塑造和表现的人物。最明确的作品是《四妹子》《蓝袍先生》，这是我的创作实验的两部作品。

特别是《蓝袍先生》发表后的反应，诱发了我强烈的创作欲望，鼓舞我进一步在更大的层面上深层次解析民族的文化心理结构，《白鹿原》就是在这样的创作思路下开始构想的。它展现的不仅是两个个别的、具体的、家庭的文化心理结构，而且是整个民族的精神和心理结构。从这一点上看，《白鹿原》里的各类人物，他们彼此间的诸多纠葛和命运的冲撞，其实仅是个载体。抓住对人物文化心理结构的解析，一条新的创作思路便在我的眼前敞开。我曾说过，我当时的思路和精神状态，是最活跃的，充满了新鲜感。好像进入一种新的精神天地、思想天地、艺术天地，整个形成了思想和艺术世界极大的兴奋感和探秘感。到了这时，我才有信心完成《白鹿原》这部作品。由于有这些东西的引导让我感觉到了一个全新的境界，创作欲望和思想激情自然就达到了一个我从未有过的高涨状态。由于是个人生命体验性的东西，对人的鼓舞和心理自信的强化，就显得非常内在，不是谁轻易可以摧毁的。

作家探索的勇气和艺术创造的新鲜感所形成的文学信念是无法比拟的，我感觉好像要实现一个重要的创造理想，但是也有达不到目的的担心存在。一个作家关键的东西是自我把握，自我把脉太重要了，不能简单地不加分析地听任社会上一些人对你的"褒"和"贬"。如果久久得意于自己的一时表扬，目光也会短浅起来，无法把才智发挥到极致。重要的是使自己不断跨越已有的成就，对自己不断提出更高的新目标和新要求。

关于"文学依然神圣"这个话题，主要是有感于现实而发的。九十年代中期，我们的商品经济进入最初的活跃阶段，社会生活形态、人际关系受到猛烈的冲击和颠覆。颠覆未必是坏事，我们原有的观念太陈旧了，这个颠覆的过程把那些陈腐的东西颠覆掉，但也未必产生的都是全新的、正确的、科学的生活观念。颠覆本身具有二重性，尤其是这个过程中对原来比较神圣的一些东西和情感，也都被轻蔑了。所谓的"造导弹的不如卖茶叶蛋的"，从事文学事业的作家也像造导弹的专家一样被贬值了，社会真正看重的是卖茶叶蛋的实际收入，而轻视造导弹或搞创作人的创造性的社会价值，人们普遍关注的不是劳动的意义，而是物质性的结果。这个结果甚至简单到单指个人收入。被中国人一贯认为神圣的文学，包括受敬重的作家头衔，在这个时候也不那么神圣了，这种精神劳动在普通人眼里未必能胜过卖茶叶蛋的，这是那个时段里最为形象的比喻。重要的是我们作家群体里包括文化界，也有一种无奈的自我调侃乃至对市侩观念的认可，对创作的发展造成了影响。"文学依然神圣"的口号是我在炎黄优秀编辑颁奖会上讲的，它虽然被社会传播了，但仍然有人怀疑：难道文学真的依然神圣吗？根据现时代的生活特征，文学果真还能神圣下去吗？作家、科学家都已经被边缘化了，挣钱人神圣了，是否确实把自己变成当代的堂吉诃德了？生活实际上运转得也很快，我感觉从2002年的今天回头看五六年以前的生活，这中间的变化不小，应该说人们现在对文学的看法比以前要冷静和正常，这是重新经过选择、思考和鉴别的结果。

让人忧虑的是创作上的浮躁、快速化、平面化和理论上的平庸或者说庸俗化。这不是某一个作家、评论家或某一个地区的现象，而是带有普遍性的，整个文坛都在议论这个话题，各类报刊都在从不同的角度讨论这一问题。创作现在到了最快速化的时代了，一年生产的长篇小说（不说中、短篇）近千部，是过去"十七年"的总和的几倍。这个快速创造量、出版量固然呈现出了繁荣的局面，但读者对文学界本身的不满足并没有因此而有所缓和。人们依然关注的是提高作品质量的问题，那种一般化地写、泛泛地以及媒体不着边际的"炒作"，严重地倒了广大读者文学阅读的胃口。这样一个局面，当然与浮躁的生活环境所产生的急功好利的浮躁心态有关，但从一个作家创作的角度讲，最致命的东西还不是这个，作家的能力、解析当代社会和历史生活的思想穿透力，关键还在这方面。现在大量历史题材的小说、皇帝小说（也没看很多，从电视上看），大多局限在权力的诉说之中，甚至有一种对封建权力的崇拜和阴谋权力的某种兴趣，这种东西展开的故事往往很热闹，斗争很激烈，观众兴趣很大。但是作为一个作家，我只问他的思想和立场是什么？作家透视历史宫闱的力量有没有？从历史发展的角度看，封建制度确有它辉煌的一面，但其作为人类历史发展过程的一段，毕竟是一个非常落后的社会制度，回头看看历史，我觉得作家首先要有穿透封建权力的思想和对独裁制度批判的力量，但是现在看不到，全部是把历史当作对有所作为的皇帝的歌颂，甚至在歌颂有所作为的那一面的同时，把其对老百姓非常残忍的一面或隐而不提，或全部抹杀了。作家的思想穿透力远远没有达到"五四"时代新文化先行者对于历史认识的力度。平面化和浅层化对此既难以发现就只好绕着走，似乎没有高招解决这一问题。但我相信许多作家都在做着各种努力。做努力是一方面，时间又是一方面，因为这是无法回避的。作家创作要提升档次，有文字表现能力包括一些新的表现手法、艺术形式等，对许多作家来说都不成问题，那还剩下什么制约着作家不能登上一个新的创作台阶？就是思想和境界。如果思想无法穿透生活深度，不能超出普通人很多，那么作品怎会有思想的力度和深度的东西，自然不会引起读者的兴趣了。

作为一个作家的文学理想，当然是要创造出思想内涵包括文学形式上的一种全新的形态，一个作家如果没有属于自己思想和艺术形态上的一种全新的、有异于所有人的作品形态的作品，那么，这个作家是立不住的。各国的文坛都是这样残酷。作家希望创造出属于自己独有的艺术世界、艺术形态，但作品发表出来的结果却是属于人民的、民族的。一个作家的文学理想不能不涉及为民族精神的更新和发展提供点什么。每一个作品对作家来讲都是不一样的，作品的形成过程、体验的方式和结果都不一样，体验决定着作家的精神状态，也制约着艺术形态。体验是独特的、个性化的，表现它的艺术形式也是独特的、唯一的，这才有可能形成作家独特的创作风格，而最为关键的是作家本身不能削弱也不能淡忘自己对新的艺术形态的探索和追求，不能满足于已经取得的由相当成熟的艺术实践经验支撑的创作成就，这才有可能不重复自己也不重复他人。再就是要不断磨砺自己的思想，面对你所感兴趣的生活，不论是现实的还是历史的，必须有能力穿透到一个新的层面上才会有新的发现。应该说艺术和思想是互为交融的，一个新的艺术形态不会孤立地从天而降，它是与那种新的思想在穿透历史的过程中同步发现、同步酝酿、同步创造而成的。这需要不断更新相关的观念，尤其是像我这个年龄的作家，由于过去接受非文学的东西太多，不排除非文学的意识，就很难接近本真的文学，排除快解禁快，排除得越彻底接近本真文学的意识越纯，才能进行真正意义上的艺术创作。至于作品，不管其大小，哪怕是一个短篇，只要这些东西具备了，对一个民族建树自己的文化都是有益的。

作家应该留下你所描写的民族精神风貌给后人。不管是历史的还是现实的人生，一经作家用自己的生命所感受的体验后，表现出来的就应是这个民族在特定历史时段整个精神层面的一种比较准确的、具有普遍性的东西。我们从阅读国外作家的优秀作品中，常能对某个国家的某个时段里人的精神状态，包括人的快乐和痛苦，感受到有一种虽异样却颇深刻的体悟。作为一个作家也应该肩负起这样的责任，在这个国家和民族发展的历史上留下你的真实描绘，把这个时代人的精神形态和心理秩序艺术地告诉给后人，让他们从这些已经成为过去的现象里把握那个时代人的精神脉搏，并引发出有益的启示。在西方文化大量涌现的今天，作家们理应提供一个又一个优秀的文学文本，不是消极地保护民族文化，而是以创造优秀作品来丰富、更新、发展民族文化。有了真正优秀的作品，才能长民族文化的自信心，并在国际文化、文学的交流中赢得我们应有的平等地位。

当然，作为一种社会责任，社会应该尊重和爱护作家，但作家的文学理想却必须把为民族创造优秀作品作为坚定不移的奋斗目标。如果我们没有这样的理想、意志和雄心，必然完成不了文化上平等的交流，甚至连一点回流的力量都没有。文学和电影的状况一样，是西方向中国倾入之势，起码在目前尚无法改变，只能靠一定的政策来制约。把争取在多少年后达到一种平等的交流作为文学理想的一个重要的内容，我看是应该的。

没有优秀的文学文本，要改变外来文化的倾覆之势是不可能的，这种看法应该让作家普遍地深刻认识到。真意识到这一点了他就有"天降大任于斯人"之感，他也许就能静下心来，不再浮躁；也就不会满足于一些小小的荣誉，小有成就就欢呼雀跃。说到底还是对文学创作这种劳动的意义的理解。这个问题本来不难解决，你只要往图书馆书架下一站，你只要抽出几本经典的作品来，认真读一下就会明白真正的文学是什么，就会意识到自己取得的某些成绩，虽然对个人而言是值得庆贺的事情，但你马上就会明白不应该耽搁太久，离高峰还很远，只能把这当作攀向另一个高峰的台阶，争取获得实现另一次突破的途径和力量，而不应沉醉太久而耽误了行程。常看到有人在很低的台阶上取得了很小的成绩时，以为就攀上最高峰，尤其对那些具有潜在能力的作家来说，因为对文学的理解不足和艺术视野的狭窄，往往把他的天才和智慧浪费了。

我的创作原则没有变，"未有体验不谋篇"。尽管这一个时期没有写小说，但是写了很多的散文，对于文学的思考自觉不自觉地从来没有间断过。创造新欲望的产生，从我感觉上讲，也是对创作过渡到另一种理解的自然过程，我的习作是从短篇开始的，现在重新开始短篇小说写作，仍然很新鲜。就我而言，70年代末到80年代中期的写作，我感觉还是不断接近文学本身的过程，直到完成《白鹿原》，这个过程当为一个阶段的完成，也就是说完全接近文学的本身。现在我对短篇写作探索兴趣很大，短篇题材天地非常广阔，作家怎么写都探索不尽，尽管前人（中国人和外国人）创造了无以计数的短篇，仍然留给我们很大的创造余地，谁也不挤（影响）谁。现在才发现，我仍然是对关中现实生活的敏感程度远远超出对历史题材的兴趣和敏感性，《白鹿原》应该说是一个例外。我过去一直关注的都是现实题材，却突然写了一个《白鹿原》这样的历史题材，现在又重新面对我最容易触发心灵和神经敏感的现实生活，包括阅读报纸和感受运动着的生活。最近的五六个短篇都是这种题材的作品。我已经形成了这样的写作习惯，即使写短篇小说，也必须是一个短篇与一个短篇绝不应雷同，不能形成一个似曾相识的稳态模式。在我的创作感觉里，因为每一次体验到的内容不一样，就不可能用一种艺术形态表现它，甚至语言的色彩。每一个短篇都要找到一个新的适宜于表述这体验的艺术形式，它们各有姿态，包括语言姿态。这样的创作发展到以后会是怎么个样子我也不好把握。我的创作是靠感受，感受和体验不是按计划发生的，所以以后的状态真的不知道。

（选自《文艺争鸣》，2003 年第 1 期）

我怎样写散文

季羡林

　　我从小就喜欢舞笔弄墨。我写这种叫作散文的东西，已经有五十年了。虽然写的东西非常少，水平也不高，但是对其中的酸、甜、苦、辣，我却有不少的感性认识。在生活平静的情况下，常常是一年半载写不出一篇东西来。原因是很明显的。天天上班、下班、开会、学习、上课、会客，从家里到办公室，从办公室到课堂，又从课堂回家，用句通俗又形象的话来说，就是：三点一线。这种点和线都平淡无味，没有刺激，没有激动，没有巨大的变化，没有新鲜的印象，这里用得上一个已经批判过的词儿：没有灵感。没有灵感，就没有写什么东西的迫切的愿望。在这样的时候，我什么东西也写不出，什么东西也不想写。否则，如果勉强动笔，则写出的东西必然是味同嚼蜡，满篇八股，流传出去，一害自己，二害别人。自古以来，应制和赋得的东西好的很少，其原因就在这里。宋代伟大的词人辛稼轩写过一首词牌叫作《丑奴儿》的词：少年不识愁滋味，爱上层楼，爱上层楼，为赋新词强说愁。而今识尽愁滋味，欲说还休，欲说还休，却道天凉好个秋。

要勉强说愁，则感情是虚伪的，空洞的，写出的东西，连自己都不能感动，如何能感动别人呢？

我的意思就是说，千万不要勉强写东西，不要无病呻吟。

即使是有病呻吟吧，也不要一有病就立刻呻吟，呻吟也要有技巧。如果放开嗓子粗声嚎叫，那就毫无作用。还要细致地观察，深切地体会，反反复复，简练揣摩。要细致观察一切人，观察一切事物，深入体会一切。在我们这个林林总总的花花世界上，遍地潜伏着蓬勃的生命，随处活动着熙攘的人群。你只要留心，冷眼旁观，一定就会有收获。一个老妇人布满皱纹的脸上的微笑，一个婴儿的鲜苹果似的双颊上的红霞，一个农民长满了老茧的手，一个工人工作服上斑斑点点的油渍，一个学生琅琅的读书声，一个教师住房窗口深夜流出来的灯光，这些都是常见的现象，但是倘一深入体会，不是也能体会出许多动人的含义吗？你必须把这些常见的、习以为常的、平凡的现象，涵润在心中，融会贯通。仿佛一个酿蜜的蜂子，酝酿再酝酿，直到酝酿成熟，使情景交融，浑然一体，在自己心中形成了一幅"成竹"，然后动笔，把成竹画了下来。这样写成的文章，怎么能不感动人呢？

我的意思就是说，要细致观察，反复酝酿，然后才下笔。

创作的激情有了，简练揣摩的功夫也下过了，那么怎样下笔呢？写一篇散文，不同于写一篇政论文章。政论文章需要逻辑性，不能持之无故，言之不成理。散文也要有逻辑性，但仅仅这个还不够，它还要有艺术性。古人说："言之无文，行之不远。"又说："不学诗，无以言。"写散文决不能平铺直叙，像记一篇流水账，枯燥单调。枯燥单调是艺术的大敌，更是散文的大敌。首先要注意选词造句。世界语言都各有其特点，中国的汉文的特点更是特别显著。汉文的词类不那么固定，于是诗人就大有用武之地。相传宋代大散文家王安石写一首诗，中间有一句，原来写的是"春风又到江南岸"，他觉得不好，改为"春风又过江南岸"，他仍然觉得不好，改了几次，最后改为"春风又绿江南岸"，自己满意了，读者也都满意，成为名句。"绿"本来是形容词，这里却改为动词。一字之改，全句生动。这种例子中国还多得很。又如有名的"鸟宿池边树，僧敲月下门"，原来是"僧推月下门"，"推"字太低沉，不响亮，一改为"敲"，全句立刻活了起来。中国语言里常说"推敲"就由此而来。再如咏早梅的诗"昨夜风雪里，前村数枝开"，把"数"字改为"一"字，"早"立刻就突出了出来。中国旧诗人很大一部分精力，就用在炼字上。我想，其他国家的诗人也在不同的程度上致力于此。散文作家，不仅仅限于遣词造句。整篇散文，都应该写得形象生动，诗意盎然。让读者读了以后，好像是读一首好诗。古今有名的散文作品很大一部分是属于这一个类型的。中国古代的诗人曾在不同的时期提出不同的理论，有的主张神韵，有的主张性灵。表面上看起来，有点五花八门，实际上，他们是有共同的目的的。他们都想把诗写得新鲜动人，不能陈陈相因。我想散文也不能例外。

我的意思就是说，要像写诗那样来写散文。

光是炼字、炼句是不是就够了呢？我觉得，还是不够的。更重要的还要炼篇。关于炼字、炼句，中国古代文艺理论著作中，也包括大量的所谓"诗话"，讨论得已经很充分了。但是关于炼篇，也就是要在整篇的结构上着眼，也间或有所论列，总之是很不够的。我们甚至可以说，这个问题似乎还没有引起文人学士足够的重视。实际上，我认为，这个问题是非常重要的。

炼篇包括的内容很广泛。首先是怎样开头。写过点文章的人都知道：文章开头难。古今中外的文人大概都感到这一点，而且做过各方面的尝试。在中国古文和古诗歌中，如果细心揣摩，可以读到不少开头好的诗文。有的起得突兀，如奇峰突起，出人意料。比如岑参的《与高适薛据登慈恩寺浮图》开头两句是："塔势如涌出，孤高耸天宫。"文章的气势把高塔的气势生动地表达了出来，让你非看下去不行。有的纡徐，如春水潺湲，耐人寻味。比如欧阳修的《醉翁亭记》开头的一句话："环滁皆山也。"用"也"字结尾，这种句型一直贯穿到底，也仿佛抓住了你的心，非看下去不行。还有一个传说说，欧阳修写《相州昼锦堂记》的时候，构思多日，终于写成，派人送出去以后，忽然想到，开头还不好，于是连夜派人快马加鞭把原稿追回，另改了一个开头："仕宦而至将相，富贵而归故乡。此人情之所荣，而今昔之所同也。"这样的开头有气势，能笼罩全篇，于是就成为文坛佳话。这样的例子还可以举出几十几百。这些都说明，我们古代的文人学士是如何注意文章的开头的。

开头好，并不等于整篇文章都好，炼篇的工作才只是开始。在以下的整篇文章的结构上，还要煞费苦心，惨淡经营。整篇文章一定要一环扣一环，有一种内在的逻辑性。句与句之间，段与段之间，都要严丝合缝，无懈可击。有人写文章东一榔头，西一棒槌，前言不搭后语，我认为，这不是正确的做法。

在整篇文章的气势方面，也不能流于单调，也不能陈陈相因。尽管作者每个人都有自己的独特的风格，应该注意培养这种风格，这只是就全体而言。至于在一篇文章中，却应该变化多端。中国几千年的文学史上，出现了不少不同的风格：《史记》的雄浑，六朝的秾艳，陶渊明、王维的朴素，徐、庾的华丽，杜甫的沉郁顿挫，李白的流畅灵动，《红楼梦》的细腻，《儒林外史》的简明，无不各擅胜场。我们写东西，在一篇文章中最好不要使用一种风格，应该尽可能地把不同的几种风格融合在一起，给人的印象就会比较深刻。中国的骈文、诗歌，讲究平仄，这是中国语言的特点造成的，是任何别的语言所没有的。大概中国人也不可能是一开始就认识到这个现象，一定也是经过长期的实践才摸索出来的。我们写散文当然与写骈文、诗歌不同。但在个别的地方，也可以尝试着使用一下，这样可以助长行文的气势，使文章的调子更响亮，更铿锵有力。

文章的中心部分写完了，到了结束的时候，又来了一个难题。我上面讲到：文章开头难。但是认真从事写作的人都会感到：文章结尾更难。

为了说明问题方便起见，我还是举一些中国古典文学中的例子。上面引的《醉翁亭记》的结尾是："太守谓谁？庐陵欧阳修也。"以"也"字句开始，又以"也"字句结尾。中间也有大量的"也"字句，这样就前后呼应，构成了一个整体。另一个例子我想举杜甫那首著名的诗篇《赠卫八处士》，最后两句是："明日隔山岳，世事两茫茫。"这样就给人一种言有尽而意无穷的感觉。再如白居易的《长恨歌》，洋洋洒洒数百言，或在天上，或在地下。最后的结句是："天长地久有时尽，此恨绵绵无绝期。"也使人有余味无穷的意境。还有一首诗，是钱起的《省试湘灵鼓瑟》。结句是："曲终人不见，江上数峰青。"对这句的解释是有争论的。据我自己的看法，这样结尾，与试帖诗无关。它确实把读者带到一个永恒的境界中去。

上面讲了一篇散文的起头、中间部分和结尾。我们都要认真对待，而且要有一个中心的旋律贯穿全篇，不能写到后面忘了前面，一定要使一篇散文有变化而又完整，谨严而又生动，千门万户而又天衣无缝，奇峰突起而又顺理成章，必须使它成为一个完美的整体。

我的意思就是说，要像谱写交响乐那样来写散文。

写到这里，也许有人要问：写篇把散文，有什么了不起？可你竟规定了这样多的清规戒律，不是有意束缚人们的手脚吗？我认为，这并不是什么清规戒律。任何一种文学艺术形式，都有自己的一套规律，没有规律就不成其为文学艺术。一种文学艺术之所以区别于另一种文学艺术，就在于它的规律不同。但是不同种的文学艺术之间又可以互相借鉴，互相启发，而且是借鉴得越好，则这一种文学艺术也就越向前发展。任何国家的文学艺术史都可以证明这一点。

也许还有人要问："古今的散文中，有不少是信笔写来，如行云流水，本色天成，并没有像你上面讲的那样艰巨，那样繁杂。"我认为，这种散文确实有的，但这只是在表面上看来是信笔写来，实际上是作者经过了无数次的锻炼，由有规律而逐渐变成表面上看起来摆脱一切规律。这其实是另外一种规律，也许还是更难掌握的更高级的一种规律。

我学习写散文，已经有五十年的历史了。如果说有一个散文学校，或者大学，甚至研究院的话，从年限上来看，我早就毕业了。但是事实上，我好像还是小学的水平，至多是中学的程度。我上面讲了那样一些话，决不意味着，我都能做得到。正相反，好多都是我努力的目标，也就是说，我想这样做，而还没有做到。我看别人的作品时，也常常拿那些标准来衡量，结果是眼高手低。在五十年漫长的时间内，我搞了一些别的工作，并没有能集中精力来写散文，多少带一点客串的性质。但是我的兴致始终不衰，因此也就积累了一些所谓经验，都可以说是一得之见。对于专家内行来说，这可能是些怪论，或者是一些老生常谈。但是对我自己来说，却有点敝帚自珍的味道。《列子·杨朱篇》讲了一个故事：

> 昔者宋国有田夫，常衣缊黂，仅以过冬。暨春东作，自曝于日，不知天下之有广厦、隩室，绵纩、狐貉。顾谓其妻曰："负日之暄，人莫知者。以献吾君，将有重赏。"

我现在就学习那个田夫，把我那些想法写了出来，放在选集的前面。我相信，我这些想法至多也不过同负暄相类。但我不想得到重赏，我只想得到赞同，或者反对。就让我这一篇新的野叟曝言带着它的优点与缺点，怀着欣喜或者忧惧，走到读者中去吧！

　　我从小好舞笔弄墨，到现在已经五十多年了，虽然我从来没有敢妄想成为什么文学家，可是积习难除，一遇机缘，就想拿起笔来写点什么，积之既久，数量已相当可观。我曾经出过三本集子:《朗润集》《天竺心影》《季羡林选集》（香港），也没能把我所写的这一方面的文章全部收进去。现在北京大学出版社建议我把所有这方面的东西收集在一起，形成一个集子。我对于这一件事不能说一点热情都没有，这样说是虚伪的；但是我的热情也不太高：有人建议收集，就收集吧。这就是这一部集子产生的来源。

　　集子里的东西全部属于散文一类。我对于这一种文体确实有所偏爱。我在《朗润集·自序》里曾经谈到过这个问题，到现在我仍然保留原来的意见。中国是世界上首屈一指的散文国家，历史长，人才多，数量大，成就高，这是任何国家都无法相比的。之所以有这种情况，可能与中国的语言有关。中国汉语有其特别优越之处。表现手段最简短，而包含的内容最丰富。用现在的名词来说就是，使用的劳动量最小，而传递的信息量最大。此外，在声调方面，在遣词造句方面，也有一些特点，最宜于抒情、叙事。有时候可能有点朦胧，但是朦胧也自有朦胧之美。"诗无达诂"，写抒情的东西，说得太透，反而会产生浅显之感。

　　我为什么只写散文呢？我有点说不清楚。记得在中学的时候，我的小伙伴们给我起过一个绰号，叫作"诗人"。我当时恐怕也写过诗，但是写得并不多，当然也不好。为什么竟成为"诗人"了呢？给我起这个绰号的那一些小伙伴几乎都已作古，现在恐怕没有人能说清楚了。其中可能包含着一个隐而不彰的信息：我一向喜欢抒情的文字。念《古文观止》一类的书的时候，真正打动了我的心的是司马迁的《报任安书》、陶渊明的《桃花源记》、李密的《陈情表》、韩愈的《祭十二郎文》、欧阳修的《泷冈阡表》、苏轼的《前赤壁赋》和《后赤壁赋》、归有光的《项脊轩志》等一类的文字，简直是百读不厌，至今还都能背诵。我还有一个偏见，我认为，散文应该以抒情为主，叙事也必须含有抒情的成分，至于议论文，当然也不可缺，却非散文正宗了。

在这里，我想谈一谈所谓"身边琐事"这个问题。如果我的理解不错的话，在解放前，反对写身边琐事的口号是一些进步的文艺工作者提出来的。我觉得，当时这样提是完全正确的。在激烈的斗争中，一切涣散军心、瓦解士气的文章都是不能允许的。那时候确实有一些人想利用写身边琐事来转移人们的注意力，消灭人们的斗志。在这样的情况下，反对写身边琐事是无可非议的、顺理成章的。

但是，我并不认为，在任何时候，任何情况下，都必须义正词严、疾言厉色地来反对写身边琐事。到了今天，历史的经验和教训都已经够多的了，我们对身边琐事应该加以细致分析了。在"四人帮"肆虐时期，甚至在那个时期以前的一段时间内，文坛上出现了一批假、大、空的文学作品，凭空捏造，很少有事实依据，根据什么"三突出"的"学说"，一个劲地突出、突出，突得一塌糊涂。这样做，当然谈不到什么真实的感情。有的作品也曾流行一时，然而，曾几何时，有谁还愿意读这样的作品呢？大家都承认，文学艺术的精髓在于真实，古今中外，概莫能外。如果内容不真实，用多么多的篇幅，写多么大的事件，什么国家大事、世界大事、宇宙大事，辞藻再华丽，气派再宏大，也无济于事，也是不能感人的。文学作品到了这个地步，简直是一出悲剧。我们千万不能再走这一条路了。

　　回头再看身边琐事。古今中外都有不少的文章写的确实是一些身边琐事，决不是国家大事，无关大局。但是，作者的感情真挚、朴素，语言也不故意扭捏做作，因而能感动读者，甚至能让时代不同、地域不同的读者在内心深处起着共鸣。这样写身边琐事的文章能不给以很高的评价吗？我上面列举的那许多篇古文，哪一篇写的不是身边琐事呢？连近代人写的为广大读者所喜爱的一些文章，比如鲁迅的抒情散文，朱自清的《背影》《荷塘月色》等名篇，写的难道都是国家大事吗？我甚至想说，没有身边琐事，就没有真正好的散文。所谓身边琐事，范围极广。从我上面举出的几篇古代名作来看，亲属之情占有极其重要的地位。在错综复杂的社会生活中，亲属和朋友的生离死别，最容易使人们的感情激动。此外，人们也随时随地都能遇到一些美好的、悲哀的、能拨动人们心弦的事物，值得一写。自然景色的描绘，在古今中外的散文中也占有很大的比例。读了这样的文章，我们的感情最容易触动，我们不禁就会想到，我们自己对待亲属和朋友有一种什么感情，我们对一切善良的人、一切美好的事物是一种什么态度。至于写景的文章，如果写的是祖国之景，自然会启发我们热爱祖国；如果写的是自然界的风光，也会启发我们热爱大自然，热爱生活。这样的文章能净化我们的感情，陶冶我们的性灵，小中有大，小中见大，平凡之中见真理，琐细之中见精神，这样的身边琐事难道还不值得我们大大地去写吗？

今天，时代变了，我们的视野也应当随之而扩大，我们的感情不应当囿于像过去那样的小圈子里，我们应当写工厂，应当写农村，应当写革新，应当写进步。但是无论如何也离不开个人的感受，我们的灵魂往往从一些琐事触动起。国家大事当然也可以写，但是必须感情真挚。那一套假、大、空的东西，我们再也不能要了。

这就是我了解的身边琐事。收在这一个集子里面的文章写的几乎都是这样的身边琐事。我的文笔可能是拙劣的，我的技巧可能是低下的。但是，我扪心自问，我的感情是真实的，我的态度是严肃的，这一点决不含糊。我写东西有一条金科玉律：凡是没有真正使我感动的事物，我决不下笔去写。这也就是我写散文不多的原因。我决不敢说，这些都是好文章。我也决不说，这些都是垃圾。如果我真认为是垃圾的话，当然应当投入垃圾箱中，拿出来灾梨祸枣，岂非存心害人？那是虚伪的谦虚，也为我所不取。

我的意思无非是说，我自己觉得这些东西对别人也许还有一点好处，其中一点。可能是最重要的一点，我在《朗润集·自序》中已经谈过了，那就是，我想把解放前后写的散文统统搜集在这一个集子里，让读者看到我在这一个巨大的分界线两旁所写的东西情调很不一样，从而默思不一样的原因而从中得到启发。可惜我这个美好的愿望格于编辑，未能实现。但是，我并没有死心，现在终于实现了。对我自己来说，这是一件非常可喜的事情。可喜之处何在呢？就在于，它说明了，像我们这些从旧社会过来的知识分子，不管是"高级"的，还是其他级的，思想都必须改造，而且能够改造。这一点，我认为是非常有意义的。今天，人们很少再谈思想改造，好像一谈就是"极左"。但是我个人认为，思想改造还是必要的。客观世界飞速进行，新事物层出不穷，我们的思想如果不改造，怎么能跟得上时代的步伐呢？这是我的经验之谈，不是空口白话。我相信，细心的读者会从这一本集子里体察出我的思想改造的痕迹。他们会看出我在《朗润集·自序》里写的那一种情况：解放前看不到祖国和人民的前途，也看不到个人的前途，写东西调子低沉，情绪幽凄。解放后则逐渐充满了乐观精神，写东西调子比较响。这种细微的思想感情方面的转变是非常有意义的。它至少能证明，我们的社会主义国家确实有其优越之处，确实是值得我们热爱的。它能让一个人的思想感情在潜移默化中发生变化，甚至像南北极那样的变化。现在有那么一些人觉得社会主义不行了，优越性看不出来了，这个了，那个了。我个人的例子就证明这些说法不对头。这也可以说是我的现身说法吧！

　　细心的读者大概还可以从书中看到一种情况：解放前写的文章中很有一些不习见的词儿，这是我自己创造出来的。在这一方面，我那时颇有一点初生犊子不怕虎的气概。然而在解放后写的文章中，特别是在最近几年的文章中，几乎没有什么新词儿了。事实上，我现在胆子越来越小，经常翻查词典；往往是心中想出一个词儿，如果稍有怀疑，则以词典为据；词典中没有的，决不写进文章，简直有点战战兢兢的意味了。这是一个好现象呢，还是一个坏现象？我说不清楚。我不敢赞成现在有一些人那种生造新词儿的办法，这些词儿看上去非常别扭。但是，在几千年汉语发展的历史上，如果一个新词儿也不敢造，那么汉语如何发展呢？如何进步呢？可是话又说了回来，如果每一个人都任意生造，语言岂不成了无政府主义的东西？语言岂不要大混乱吗？我现在还不知道怎样解决这个问题。我眼前姑且把我解放前文章中那一些比较陌生的词儿一股脑儿都保留下来，让读者加以评判。

我在上面拉拉杂杂地写了一大篇，我把自己现在所想到的和盘托了出来。所有这一些想法，不管别人看上去会觉得多么离奇，甚至多么幼稚，但是，我自己却认为都是有道理的，否则我也不会写了出来。不过，我也决不强迫读者一定要认为是有道理的。

回顾五十多年的创作过程，看到自己笔下产生出来的这些所谓文章今天能够收集起来，心里不能不感到一点快慰。就算是雪泥鸿爪吧，这总是留下的一点痕迹。过去的五十年，是世事多变的五十年。我们的民族，还有我自己，都是既走过阳关大道，也走过独木小桥。这种情况在集子中约略有所反映。现在我们的国家终于拨云雾而见青天，我自己也过了古稀之年。我还没有制定去见马克思的计划。今后，我积习难除，如果真有所感——我强调的是一个"真"字，我还将继续写下去的。我们的国家、我们的民族，不管目前还有多少困难，总的趋向是向上的，是走向繁荣富强的。我但愿能用自己这一支拙劣的笔鼓吹升平，与大家共同欣赏社会主义建设的钧天大乐。

（选自《季羡林文集》，江西教育出版社 1996 年版）

也算经验

赵树理

近几年来，过分推崇我的朋友们，要我谈谈写作的经验，可是我一次也没有谈。一个并非专门写作的人，写了几个小册子，即使有点经验，也不过是些生活和其他工作中的经历，作为"写作经验"来谈，我总觉得不好意思。现在又有几位朋友要我谈，我用上边的理由回答了他们，他们有人说："那些'经历'也可以谈谈。大家既然要你谈，你要太固执，人家就要误会你是摆架子。"好！谈就谈谈吧！

先从取得材料谈起。我的材料大部分是拾来的，而且往往是和材料走得碰了头，想不拾也躲不开。因为我的家庭是在高利贷压迫之下由中农变为贫农的，我自己又上过几天学，抗日战争开始又做的是地方工作，所以每天尽和我那几个小册子中的人物打交道，所参与的也尽在那些事情的一方面。例如，《小二黑结婚》中的二诸葛就是我父亲的缩影，兴旺、金旺就是我工作地区的旧渣滓；《李有才板话》中老字和小字辈的人物就是我的邻里，而且有好多是朋友；我的叔父，正是被《李家庄的变迁》中六老爷的"八当十"高利贷逼得破了产的人。同书中阎锡山的四十八师留守处，就是我当时在太原的寓所。同书中"血染龙王庙"之类的场合，染了我好多老同事的血，连我自己也差一点染到里边去……这一切便是我写作材料的来源。材料既然大部分是这样拾来的，自然谈不到什么搜集的经验，要说也算经验的话，只能说"在群众中工作和在群众中生活，是两个取得材料的简易办法"。

再谈谈决定主题。我在做群众工作的过程中，遇到了非解决不可而又不是轻易能解决了的问题，往往就变成所要写的主题。这在我写的几个小册子中，除了《孟祥英翻身》与《庞如林》两个劳动英雄的报道以外，还没有例外。如有些很热心的青年同事，不了解农村中的实际情况，为表面上的工作成绩所迷惑，我便写《李有才板话》。农村习惯上误以为出租土地也不纯是剥削，我便写《地板》（指耕地，不是房子里的地板）……假如也算经验的话，可以说"在工作中找到的主题，容易产生指导现实的意义"。

语言及其他。我既是个农民出身而又上过学校的人，自然是既不得不与农民说话，又不得不与知识分子说话。有时候从学校回到家乡，向乡间父老兄弟们谈起话来，一不留心，也往往带一点学生腔，可是一带出那等腔调，立即就要遭到他们的议论，碰惯了钉子就学了点乖，以后即使向他们介绍知识分子的话，也要设法把知识分子的话翻译成他们的话来说，时候久了就变成了习惯。说话如此，写起文章来便也在这方面留神——"然而"听不惯，咱就写成"可是"；"所以"生一点，咱就写成"因此"，不给他们换成顺当的字眼儿，他们就不愿意看。字眼儿如此，句子也是同样的道理——句子长了人家听起来捏不到一块儿，何妨简短些多说几句？"鸡叫""狗咬"本来很习惯，何必写成"鸡在叫""狗在咬"呢？至于故事的结构，我也是尽量照顾群众的习惯：群众爱听故事，咱就增强故事性；爱听连贯的，咱就不要因为讲求剪裁而常把故事割断了。我以为只要能叫大多数人读，总不算赔钱买卖。至于会不会因此就降低了作品的艺术性，我以为那是另一问题，不过我在这方面本钱就不多，因此也没有感觉到有赔了的时候。这些就是我在运用语言和故事结构上所抱的态度，也可以算作经验。

（选自《山西文史资料》，1998 年第 8 期）

词的我见

柳亚子

关于词的议论，我是和一般词学大家截然不同的。现在，把我二十五年前根本的主张，和现在附和的主张，都写在下面，请诸君指教。

普通人的流行语，都说唐诗、宋词、元曲，以为两宋是词的黄金时代，而尤其是南宋。这主张，我是不赞成的。我以为唐五代的词最好，北宋次之，而南宋为最下。理由呢，是唐五代的词纯任自然，虽有辞藻也还不至于雕琢；而一到南宋，便简直是雕章琢句的时代了。北宋处在过渡的地位，当然是比上不足，比下有余。还有，北宋的清真，南宋的梦窗，一般人都推为大家，而我则最不欢喜这两个人。自然，这两位先生也有好句，像清真的"马滑霜浓，不如休去，直是少人行"，梦窗的"何处合成愁，离人心上秋"，都是不可埋灭的。我以为由北宋而退化到南宋，其转变的关键就在清真。而在南宋词人中，也有崛然奋起，好和北宋词家抗手的，却是稼轩。不过时代的潮流不许可，辛、刘的一派，终于敌不过姜、张罢了。这是我二十五年以前的根本意见，到现在还没有多大改换。

讲到音律，我在当时也是主张解放的。仿佛后来胡适之曾经这样讲过："清真以前是文人的词，清真以后便变而为乐匠的词了。"（原文不在手边，不知正确与否，大意是如此的。）这几句话很合我的脾胃，因为照我批判起来，清真本身就是一个乐匠。并且，我以为在词通于乐的时候，按律填词去做乐匠，也还有相当意义可言。后来，词是根本不能入乐的了，而一般填词的人，还在依梦窗四声，依白石四声，断断不休，到底干吗要这样做呢？我主张平仄是要的，而阳平阴平和上去入的分别，应该完全解放。这一点也是和老辈词人的见解根本不同的。

现在，时代转变了，老辈的词人渐渐打下去了。虽有抱残守缺之徒，我以为是终究要消灭的，不成问题。不过旧词人去了，新词人出来；而新词人的主张，却也颇有讨论的余地。新词人大概可分为两种：第一种是实际在作词，而表面上不用词的名义，更不借用旧词的调名，随意创造，这当然可以听他自由。例如我的朋友张凤，他创造一种或体诗，又叫活体诗，我拿来仔细一看，完全是自度腔的词罢了。那倒是无所谓的。第二种是袭用旧词的调名，而平仄和押韵又不能完全依照旧词，这我认为有些不对，应该纠正的。举一个例，就是我们文艺茶话会的老板章衣萍先生吧，他的《看月楼词》，白描圣手，全学李后主和纳兰容若，好是好极了，可是平仄和押韵常常要发生问题。在《看月楼词》出版以前，我是见过他的原稿的，曾经替他改正过几处。他在序言上还致谢我的修改，不过实际方面却并没有照我的改本，也许是手民的错误吧？这种袭用旧词的调名而平仄和押韵时有出入的东西，我以为简直是要不得。一来怕老先生借端攻讦，以为新词人完全在胡闹；二来也许以误传误，还要贻害青年呢！本来平仄和押韵也没有什么了不起，干脆地把它们都废除了，也未为不可。不过现在既经用了词的名义，更用了它的调名，那就不能不依它的平仄和押韵了。我希望衣萍老板在《看月楼词》再版的时候能够好好地整理一下，我是十二分愿意帮助他的。十天以前，和《新时代》主编者曾今可先生谈话，他对我讲主张填词不要用古典，完全以白话入词，但平仄和韵脚是要保存的。这议论我完全赞同，也就是我现在对于词的附加意见了。

俗语说得好："眼高手低。"我的议论是如此，可是我自己的作品呢？大概我的作品可分成两种：一种缠绵悱恻，是学唐五代以及北宋的，瓣香所在，从温庭筠、李重光直到李易安，这种词已在《文艺茶话》第二期上发表过几首，恕不赘述了。一种慷慨激昂，是学辛稼轩、刘龙洲的。抄几首在下面，免不了"掉书袋"的毛病，实际上也是应该打倒的东西吧！①

一九三二年

（选自《柳亚子文集补编》，社会科学文献出版社2004年版）

---

① 原文有词五首，此处从略。

文学创作杂谈

贾平凹

我在三十多岁时总有一种苦恼，有时候写着写着就不知道接下来要写什么了。为此我和许多朋友有过交流，我在美术界的朋友特别多，我的文学观念很多也是美术上过来的，他们也经常遇到不知道该画什么的问题。后来我明白这种状况就叫没感觉，一旦没感觉就歇下来等着灵感来。而灵感也并非完全是从天而降的东西，它更需要自我对文学的积累与体悟。

经典名著是学习创作的好方法

学习经典名著，学习大作家，我的体会是主要研究人家的思维，研究人家的观念，要思考你对这个世界是什么看法，你对这个社会是什么看法，你对生命是怎么体会的，在这个基础上你才能建立起自己的文学观。没有自己的文学观，人云亦云，随波逐流，写作必然没有灵魂，必然没有自己的色彩，也没有自己的声音。能有自己的文学观，其实也是一种个人能量的表现，文学最后比的是人的能量。

就拿题材来讲，我为什么要写这部小说，为什么要写这篇散文，为什么对这个题材和内容感兴趣，选择的题材就是个人兴趣和能量的一种表现。一个作家能量小的时候得去找题材，看哪些题材好，适合于写；一个作家能量大了之后，题材就会来找你，创作灵感也可能会随之而来。

创作灵感确实是一种很神秘的东西，它不来就不来，它要来的话，你坐在那等着它就来了。我经常有这种体会，就像收藏一样，我自己爱好收藏，家里摆满了很多乱七八糟的东西，常常是今天收藏了一个图案的罐子，过上三五个月，另一个类似图案的罐子自然就来了，又收藏到了。

在选材的时候，不要你听到或者是看到、经历到了一个什么故事，把你一时的兴趣勾起来了你就去写，起码出现这种情况的时候一定要琢磨这个故事有没有意义。非常重要的一点是，选材之前首先要看你的故事里传达的是个人的意识还是集体的意识，即便是集体的意识，在集体意识里面你个人的独特性又是什么样，一定要把这两点搞得特别清晰。

比如一车人去旅游，司机在前面开，到了九十点，你说司机停一下车，我们去吃饭吧，我估计满车的人都不同意停车去吃饭，因为大家那个时候肚子都不饿；等到十二点的时候，大家肚子都饿了，你说师傅把车停下来去吃饭吧，全车人都会响应和支持你。你表达的虽然是个人的东西，但却是集体意识，能表达集体意识的时候你把个人意识写得越独特越精彩越好。

你在写一个人的故事的时候，这个人的命运发展与社会发展在某一点交叉，个人的命运和社会的、时代的命运在某一点契合，你把这一点写出来，那么你写的虽然是个人的故事，但也就写出了社会的、时代的故事，这就是一个伟大的故事。就像一朵花，这个花是你种的，种在你家门口或者是你家外面的路口，可以说这花是属于你个人的，但是它超乎了个人，因为你闻到这朵花芬芳的时候，每一个路过的人也都闻到了这缕花香。

小说的语言和技术

写什么是关于胆识、观念、见解、趣味的问题，怎么写是关乎智慧、聪明、技术、技巧的问题，而无论什么题材，最终都要落实到文字上，它的秘诀都在于技术。

就拿语言来讲，我自己体会语言首先是与身体有关系的。为什么？一个人的呼吸如何，他的语言就如何。你是怎么呼吸的，你就会说什么样的话，如果你是气管炎，你说话肯定是短句子。不要强行改变自己的正常呼吸而随意改变句子的长短。

如果你强迫自己改变呼吸，看到外国小说里面有短句子，一两个字或者是四五个字就是一句，不管当时的处境和当时写的内容以及当时的情况，你就盲目地模仿，让自己气憋得慌，别人读着也憋得慌。

我自己平常也搞书法，看别人写字，每当看到有人把字缩成一团儿，我就猜想他肯定有心脏病，一问，果然是心脏有毛病。遇到一些老年人，身体不好的，他们要练字，我常常建议他们去练《石门铭》，那个是汉隶，笔画特别舒展，写那个能使人神清气爽，绝对好。

小说是啥，我理解小说就是说话，但说话里面有官腔、骂腔、笑腔、哭腔，有各种腔调，在我理解小说就是正常地跟人说话的腔调，你给读者说一件事情，首先把你的事情说清楚、说准确，然后想办法说得有趣，这就是好的语言，语言应该用很简单、很明白、很准确、很有趣的话表达出特定时空里的那个人、那件事、那个物的情绪。这种情绪要表达出来，就要掌握抑扬顿挫。

怎么把话说得有趣呢？就是巧说，其中有一点就是会说闲话，闲话和你讲的事情不一定准确，有时甚至是模糊的，但必须在对方明白你意思的前提下进行，就像敲钟一样，"咣"的敲一下，发的是"咣"的声音，接着是发出"嗡"的声音。文学感觉越强的人，越会说闲话，文学史上有好多作家是文体家，凡是文体家，都是会说闲话的作家。

之所以有人批评学生腔，是因为学生腔就是成语连篇，用一些华丽辞藻和毫无弹性的东西。成语的产生是在众多现象里面概括出来的，就像舞台上的程式表演一样，成语也是程式，会写文章的人就要想办法还原成语，善于还原成语，文章就生动有趣。

除了与身体和生命有关之外，语言还与道德、情怀、品质有关。一个人的社会身份是由生命的特质和后天修养构成的，如不同的器物就会发出不同的声音，敲钟是钟的声音，敲碗是碗的声音，敲桌子是桌子的声音。

之所以有的作品语言杂乱，那是因为它还没有成器，没有形成自己的风格。而有些作品有了自己的风格，但是里面都是些戏谑、调侃的东西，一看作品就知道这个作家不是一个很正经的人，身上有邪气。有的作品语言很华丽，但里面没有骨头，境界逼仄，那都是有些小聪明、比较机巧甚至轻佻的人写的。有些作品写得很干瘪，一看作者就是一个没有嗜好的人。

现实生活也是这样，有些人是特别好的人，但是特别枯燥，有些人是很有趣的，但是老沾你的光，你宁愿让他沾光还愿意和他待在一起。

一个女孩子跟我讲过，原来别人给她介绍一个男友，各方面的条件特别好，学历也高，但就是生活没有趣味，最后她宁愿找一个穷光蛋，有趣味的。从语言中能看出作家是宽厚的还是刻薄的，能看出他是一个君子还是一个小人，能看出他是富贵的还是贫穷的，甚至是能看出他的长相是什么样子的。

世界杯期间，我在报上读过一篇评球的文章，里面有一句话："球都踢成那个样了，还娶了那么漂亮的老婆。"我看了之后自己笑了半天。你好好评你的球、看你的球，管人家的老婆干什么。这句话正好暴露了作者的心态，他在嫉妒，心理阴暗。

我也看过一篇小说，是几十年前看的，我当时从农村出来不久，身上都是农民的那种东西，那篇小说开头第一句就说："女人最大的不幸是穿了一条不合体的裙子。"我是一个男人，不了解女人，但是我觉得也不至于那样吧，一个女人今天出门穿了一条不合体的裙子就是她人生最大的不幸？或许人家过的是贵族生活，是底层农民的儿子理解不了的，但这种文章肯定不是给我读的，所以我看到这句话之后就没有继续往下看，这不是给我写的。

小说的呼吸和节奏

节奏就是气息，气息也就是呼吸，语言上要讲节奏，对于一部作品来说，更要讲究节奏。什么是好的身体？呼吸均匀就是好身体。有病的人呼吸就乱，不是长就是短。呼吸对于生命太重要了，没有呼吸生命就终止了。人每天在不停地呼吸，但常常就遗忘了呼吸的存在。

这世界上有种奇怪的现象，凡是太好的东西总是被忽略、被遗忘。对你太重要了，你反而感觉不到它的重要，母爱也是，只有母亲对儿女是最爱的，但是做儿女的尤其在年轻的时候总觉得母亲啰唆烦人。

世界上凡是活的东西，身体都是柔软的，一旦死亡了就是僵硬的。你的作品要活，一定要在文字的字与字之间、段与段之间、句与句之间充满那种小孔隙，有了小孔隙它就会跳动，就会散发出气息和味道。

如何把握整个作品的气息，这当然决定了你对整个作品构想的丰富度，构思差不多完成了，也酝酿得特别饱满，这时你稳住劲儿，慢慢写，越慢越好，就像呼气一样，悠悠地出来。二胡高手拉二胡，弓弦拉得特别慢，感觉像有千斤重一样拉不过来。打太极也是一样的，缓而沉才有力量。写作的节奏一定要把握好，一定要柔、要慢，当然这种慢不是说故意地慢，而是把气憋着慢慢地放出去，但是也必须保证你肚子里有气，肚子里没有气也没有办法。

在你保持节奏的过程中，你要"耐烦"。写作经常让人不耐烦，为什么有的作品开头写得很好，写到中间就乱了，写到最后就跑题了，这是节奏不好。节奏不好也是功力问题。世上许多事情都是看你能不能耐住烦，耐住烦了你就成功了。

有人问过我小说和散文有什么区别，我说我搞不清，但我想到中国传统的戏曲，戏中有生旦净末丑，有念、有打、有做派，生角和旦角还经常有一些大段的唱词，如果把整部戏比作小说，唱段就是散文。戏里的唱段都是心理活动，是抒情。

按常规来讲，中国小说中的叙述就是情节，描写就是刻画，叙述要求有话则长、无话则短，要交代故事的来龙去脉，要起承转合，别人不清楚的东西多写，别人清楚的东西少写。这是我搞创作的时候对叙述的理解。

有些作品完全是叙述，从头到尾都在交代，就像人走路一样，老在走，老不站住，这不行。你走一走，站一站，看看风景，不看风景也可以去上个厕所，就像黄河长江一样，在每一个拐弯处都有湖泊、有沼泽，涨水的时候可以把多余的水放到这里，平常可以调节气候，作品也需要这样。

有些作品在交代事情过程中用描写的方法，有肉无骨，拖泥带水，本来三步两步就过来了，他半天走不过来，看得人累，他写得也累。中国人大多习惯用说书人的叙述方法，就是所谓的第三人称，但小说发展到现在，必须在叙述上有突破。叙述有无限的可能性，叙述原本是一种形式，而形式的改变就改变了内容。

举个例子，叙述是一个场景到另一个场景的过程的交代，应该是线性的。但现在的小说变了，叙述可以是尽力渲染，是色块的，把情景和人物以及环境往极端来写，连语言也极端，语言一极端就变形了，就荒诞了。这样一来叙述就成为小说的一切了，至少可以说在小说里占有极重要的部分，似乎没有更多的描写了，把描写放到叙述中去完成。

过去在描写一个场景的时候，经常是写意的那种东西，现在完全变成了工笔，工笔就是很实际很客观地把它勾勒出来。本来的情节混沌了，线条式的结构被打破了，描写从写意变成了勾勒。

现在的小说叙述多采取"火"的效果，火有热度，不管是人还是兽，看到火都往后退，有强烈的刺激，在刺激中有一种快感。但是一切变形、夸张、荒诞的东西，都是以写实为基础的，就像跳高，脚要蹬到地上才能跳得高，你蹬得越厉害，跳得可能越高；不掌握写实的功力，这种虚幻的东西就落不下来，就虚假，或者读时很痛快，读完就没有了。

中国传统的那种线性的、白描的叙述手法，是有水的效果，表面上不十分刺激，但是耐读，有长久的韵味。不好的地方是结构拉得太长，冲击力和爆发力不强，不适宜更多人阅读，只适宜一部分人慢慢嚼它的味道，大部分人读起来可能不痛快。

把这两个方面很好地结合起来，就是我们要不断探索和实验的方面。总之，不管怎样，目前写小说一定要在叙述上讲究。

有些道理我也说不清，说一说我也糊涂了。有些东西只能是自己突然想到的，突然悟到的。世上很多东西都是模模糊糊的，尤其是创作，什么都想明白了就搞不成创作了。为什么理论家不搞创作，因为他知道得太多，他都明白，就写不成。如一个男人、一个女人社会阅历长了之后就往往不想结婚了，道理是一样的。

我说得特别琐碎，又都是写作中的问题，不搞写作的可能觉得毫无意思。

但我再强调三点：一是作品要有现代性，二是作品要有传统性，三是作品要有民间性。现在的写作如果没有现代性就不要写了，如果你的意识太落后，文学观太落后，写出来的作品肯定不行。而传统中的东西你要熟悉，更得了解中国的审美方式。从民间学习，是进一步丰富传统，为现代性发展打基础、做推动。我把这三个问题归结为一点就是，我们可能欣赏西方的一些东西，但我们更要立足本土、关注中国。

（选自《群言》，2017 年第 5 期）

文学语言应该规范化

曹　禺

文学是语言艺术。一部文学作品的语言好不好，对作品艺术性的高低，至关重要。所以我们常说"语言是文学的第一要素"。

一部文学作品，它的读者越多，流传的时间越长，越说明这部作品是成功的，优秀的。古今中外的许多著名文学家，他们的众多作品都是不朽的传世之作。其中重要原因之一，就是这些作品的语言艺术水平是很高的。莎士比亚的戏剧名著，其语言艺术水平可以说是那时英国文学语言艺术的最高峰。我国的著名小说《红楼梦》的文学语言是高度成熟的，称得上是我国古代小说语言艺术的最高成就。

要想使作品读者多，流传的时间长，文学语言就要用全民族都能读懂的普通话来写作，就应该使文学语言符合规范化的要求。鲁迅、郭沫若、茅盾、巴金、赵树理等被人们称为语言艺术大师，他们的语言虽然各有自己的独特风格，但有一个共同的特点：十分注重文学语言规范化，都称得上是现代文学语言规范化的楷模。他们的作品，也都是值得我们永远珍惜的文学语言宝库。

　　我觉得，文学语言，应当百花齐放，每个人应当有自己的独特风格。同时，每个作家又应努力成为祖国语言规范化的模范，用自己的作品，促进祖国语言纯洁、健康地向前发展。

　　文学语言不规范化，就跟一个国家没有"法治"一样，势必造成语言上的混乱。试想，我们中国许多方言区的作家如果都用方言区的土话来写作，就会产生语言隔阂，彼此读不懂，作品也就不能在全国广大读者中流传开来。记得老舍先生曾说过，语言的规范化、语言的统一，是一项政治任务。要想使我们祖国的语言更加精纯、更加统一，要想使文学语言为全国各地的人民服务，要想通过语言促进我们国家各地人民的团结，作家必须做文学语言规范化的促进派。我很赞同老舍先生的意见。

　　文学语言要规范化，还要民族化，这两者是统一的。我们要深刻了解汉语的特点，在写作时努力表现出中国作风和中国气派，让中国老百姓喜闻乐见。学习外国语言的长处，是为了使我们祖国的语言更完美。要把外国好的东西借鉴过来，"化"成我们自己的，不能死学外国，搞"欧化"那一套，不能开放到连自己都没了。老舍先生到过英国、美国等国家，他学习了许多外国文学的长处，但是，他却从没有搞过什么"欧化"，始终执着于文学语言的民族化。他的文学语言，最具有民族特色。我们应该向老舍先生学习，像他那样为祖国文学语言的规范化和民族化而不懈努力。

　　　　　　　　　　　　（选自《语文建设》，1993 年第 11 期）

作家的劳动

路　遥

我在文学创作方面的劳动历史并不长，这里所谈的只是一些肤浅而零碎的认识。

一个人想搞创作，一开始就想接触一些创作方面的理论和技巧，这是必要的。但是，有一个重要的问题往往容易被忽视，这就是：如何正确认识和对待文学创作这种劳动。

搞文学，具备这方面的天资当然是重要的，但就我来说，并不重视这个东西。我觉得，作品在某种意义上，不完全是智慧的产物，更主要的是毅力和艰苦劳动的结果。

从工作特点来看，作家永远是个体劳动者。这种独立性的劳动非常艰苦，不能指靠别人来代替。任何外在的帮助，都不可能缓减这种劳动的内在紧张程度。有时候，一旦进入创作的过程（尤其是篇幅较大的作品），真如同进入茫茫的沼泽地，前不着村，后不靠店，等于一个人孤零零地在稿纸上进行一场不为人所知的长征。精神时不时会垮下来，时不时怀疑自己能否走到头。有时，终于被迫停下来了。这时候，可能并不是其他方面出了毛病，关键是毅力经受不住考验了，当然，退路是熟不要羡慕安逸和享乐，不要陶醉在一时的顺利和胜利中，我们应该不断地强迫自己自找苦吃！

对生活应该永远抱有热情。对生活无动于衷的人是搞不成艺术创作的。艺术作品都是激情的产物。如果你自己对生活没有热情，怎么能指望你的作品去感染别人？当然，这种热情绝不是那种简单的感情冲动。它必须接受成熟的思想和理智的指导。尤其是在进入艺术创造的具体过程中，应该用冷静的方式来处理热烈的感情，就像铁匠的锻造工作一样，得把烧红的铁器在水里蘸那么几下。不管怎样，作家没有热情是不行的，尤其是在个人遭到不幸的时候，更需要对生活抱有热情。

应该有自我反省的精神。如果说，一个人的进取精神是可贵的，那么，一个人的自我反省精神也许更为可贵。尤其是搞创作的人，这是一个最重要的品质，一个对自己经常抱欣赏态度的作家是不会有什么出息的，应该经常检讨自己，要有否定自己的勇气。有些人否定别人很勇敢，但没有自我否定的力量，而且对别人出自诚心的正确批评也接受不了，总爱让别人抬高自己。人应该自爱，但不要连自己身上的疮疤也爱。要想成就自己的事业，就要不断地进行自我检讨，真诚地听取各种人的批评意见；即使别人的批评意见说得不对，也要心平气静地对待。好作品原子弹也炸不倒，不好的作品即使是上帝的赞赏也拯救不了它的命运。这个真理不要光拿来教育别人，主要教育自己为好。

总之，文学艺术创作这种劳动，要求作家具备多方面的优秀品质。在塑造艺术形象的过程中，同时也塑造自己。艺术创作这种劳动的崇高绝不是因为它比其他人所从事的劳动高贵。它和其他任何劳动一样，需要一种实实在在的精神。我们应该具备普通劳动人民的品质，永远也不丧失一个普通劳动者的感觉，像牛一样的，像土地一样的贡献。伟大的歌德曾经这样说过："对于一个从不断的追求中体验到欢乐的人，创造本身就是一种幸福，他所创造的财富却没有意义。"这是一个劳动者更高的精神境界，愿我们大家都喜欢这句话。

（选自《早晨从中午开始》，北京出版集团公司、北京十月文艺出版社 2012 年版）